北の会津士魂

戊辰一五〇年記念出版

好川之範
yukinori yoshikawa

歴史春秋社

戊辰一五〇年記念出版

北の会津士魂

好《よし》川《かわ》之《ゆき》範《のり》

刊行にあたって

会津戦争一五〇年、箱館戦争一五〇年、
薩長へ怨みやまず

平成三十年は、あの忌まわしい戊辰戦争から節目の一五〇年を迎えた。

会津の戦いは国内各地の戊辰戦争の中で、最激戦地となり、日本の歴史に鮮烈な足跡を刻んだ。攻め込んできた敵の大軍から、「会津の山河を守る」という一念で、鶴ヶ城（若松城）の籠城戦に突入し、一カ月に及ぶ戦火を交えた。

五〇〇〇人が立て籠っていた。会津藩公松平容保《かたもり》（秩父宮勢津子妃祖父）はじめ、若殿喜徳《のぶのり》、照姫《てるひめ》、家老、会津藩士、その妻や乳幼児、老父母、病人、会津援軍の兵……。戦死者は夥しく、幕末三〇〇藩中最大の殉難者に達した。

敵軍は城中に赤ちゃんなど非戦闘員がたくさんいることを承知の上で、小田山の山上から鶴ヶ城へ向かって砲弾を無差別に投下してきた。これは広島や長崎の原爆投下と同質の「絶対悪」である。この戦禍は、昭和期に創作された「明治維新」なる洗脳的美名で覆い隠されてはならない蛮行である。当時お城の中で、いたいけな会津少年たちさえ絶叫していた「薩賊長奸《さつぞくちょうかん》」という薩摩や長州への怨念は、歴史の憤怒として今日なお継承すべき四文字である。

会津戦争が終わり、天下の名城鶴ヶ城は弾痕で無残な姿にさらされ、更に会津藩士と家族はふるさとを追われ、各地へ散りぢりになってしまった。とくに北海道、青森県に渡った会津人が多く、今やその数は計り知れない。

本書『北の会津士魂』は、北海道の大地で凄まじく、美しく生きた会津人群像を列伝風にまと

刊行にあたって

めた。執筆中に見つかった松平容保公の初の函館入港記録（国の重要文化財）、納東根室で人知れず死んだ会津藩最後の筆頭家老梶原平馬、箱館戦争軍資金十八万両を運んだ雑賀《さいか》孫六郎、札幌の校長先生第一号になった大庭《おおば》恭平ら会津の人びと五十五人に注目した。

会津戦争一五〇年、続く戊辰戦争最後の戦い箱館戦争一五〇年に際し、この一著を、人生なかばで命を断ち切られた戦死者、戦場に打ち捨てられた戦死者、埋葬さえ禁止された戦死者、戊辰戦争戦死者の合祀を創始とする靖国神社霊璽《れじ》簿《ほ》奉安殿に勝者のみ祀り、祀られなかった会津藩士など東日本北日本諸藩の戦死者、そしてその後の生き難い明治時代以降を気丈に生きた各地の会津人の御魂《みたま》へ謹んで捧げます。

御魂よ安らかたれ。

平成三十年五月

著　者

北の会津士魂　目　次

第四章　箱館戦争

第五章　斗　南　藩

第六章　明治時代

第九章　石川啄木・有島武郎の周辺

第十章　大正・昭和・平成

第一章

第一次会津藩北方警備

内藤　源助
高津　泰
山本　権八

内藤源助《ないとうげんすけ》

―最果ての会津藩軍将

ロシアの侵攻

蝦夷《えぞ》ハ往古より本邦に属し候。魯西亜《ロシア》ハ欧邏巴《オーロッパ》洲之東北境に有之《これあり》。会津江相達し候ハ、魯西亜人唐太《カラフト》島へ渡来し、番人共《ども》を搦取《からめとり》、番屋蔵々焼払《くらぐらやきはらい》候。軍将内藤源助ハ正月十二日会津出起、五月八日宗谷着。

―会津藩『出軍記』より

◇生没年＝安永九年（一七八〇）十二月五日～文化七年（一八一〇）三月二十二日。

◇経歴＝会津藩内藤家五代。通称は源助、実名は信周《のぶちか》。家老二〇〇〇石、のち大老職。

◇蝦夷地《えぞち》の足跡＝文化五年（一八〇八）、第一次会津藩北方警備で会津大軍一六〇〇人を指揮した軍将（総大将）。宗谷《そうや》本営（稚内市）に滞陣した。

◇会津戦争＝内藤家九代の時節、内藤一族の悲劇が世に知られる。

蝦夷地へまかり越し候

今から二〇〇年余り前の文化五年（一八〇八）、蝦夷地と呼んでいた時代の北海道へ、会津大軍一六〇〇人が出陣した。

会津藩にとって、有史以来初めての大軍団の出兵となり、それは蝦夷地と会津藩が深い結び付きが始まる歴史の第一ページであった。北海道最果ての宗谷公園（稚内市）に、そのころの悲しみを偲ばせる墓石の傍らに、名句を刻んだ碑が建っている。

たんぽぽや
　会津藩士の墓はここ

この地で多くの会津藩士が死んだ。風土病が猛威をふるい、再び郷里会津を見ることなく病没したのである。献句は岡崎古艸《こそう》、雄渾な書は幕末会津藩主松平容保《かたもり》の令孫勇雄（当時の福島県知事）が揮毫《きごう》した。

北方警備の会津藩全軍を統轄する「軍将」は、会津藩家老二〇〇〇石の内藤源助に白羽の矢が当てられた。気概のみなぎる五十一歳の会津武士である。

源助は五歳の幼君、松平容衆《かたひろ》の御前に呼ばれた。第七代の会津藩主である。このときの様子が会津藩家臣録を記した『諸士系譜』の内藤家の項に綴ってある。

「辰年蝦夷へ罷越《まかりこし》候」の文面に続いて、幼君から「御盃」が下され、また「御刀一腰」が下されたともある。

このような、おごそかな儀式を済ませ、内藤源助は軍将を拝名した。

なぜ会津藩は蝦夷地に向かうことになったのか。その経緯について触れよう。

一七〇〇年代の後期、北方の海がざわめき出した。寛政四年（一七九二）、帝政ロシア初の遣日使節ラクスマンが蝦夷地の海に現れ、エカテリーナ号がネモロ（根室）の港に錨《いかり》を下ろし、日本へ通商を迫った。幕府はこれを拒絶する。江戸湾にペリー黒船が来航する半世紀前の出来事である。

「たんぽぽや会津藩士の墓はここ」の慰霊句碑の隣に墓がある（稚内市宗谷）

それからおよそ十年後、二つの大事件が北方の島々で発生した。

軍将出陣と現存する軍将の刀鍔

ロシアの脅威に幕府があわてた。

樺太島襲撃事件は文化四年（一八〇七）、ロシア軍人フヴォストフらが樺太南部の久春古丹《クシュンコタン》に上陸し、松前藩建造物などを放火し、番人を捕え、略奪をした。

択捉《エトロフ》島襲撃事件は翌文化五年（一八〇八）、南部藩士（岩手県）や津軽藩士（青森県）の島のシャナ会所を襲った。更に日本海に浮ぶ利尻島や礼文島にも上陸し、島民を拉致した。

北方海域の緊迫に対して、文化四年、江戸の幕府は蝦夷地における海防力を強化するため、本腰を入れ始めた。これまでの南部藩と津軽藩の常駐に加えて、新たに秋田藩、庄内藩、仙台藩、それに会津藩の臨時出兵を決めた。計六藩の最大時の兵力は、総勢五六一〇人と見られる。

このとき、蝦夷地ただ一つの藩の松前藩は、伊達郡柳川（福島県伊達市）へ追いやられ、移封となった。

幕府は会津藩の蝦夷地出兵に先立ち、江戸の会津藩に対して武器装備として重要なことは、

「大筒《おおづつ》火《ひ》矢《や》等」

であることを強調して申し渡した。

文化五年正月、いよいよ会津大軍は鶴ヶ城の廊下橋、埋木門を通り、蝦夷地へと進発した。城では幼君松平容衆、大老（筆頭家老）の田中三郎兵衛玄宰《はるなか》らが会津藩兵を見送った。

このようにして奥羽大藩のすべてが、出兵した。なかでも、奥羽唯一の親藩だった会津藩と、奥羽の雄の仙台藩は、対抗心を燃やしたらしい。会津藩士が仙台藩の動向を偵察し、「会津仙台人押」（北海道大学附属図書館蔵）なる文書を残し、仙台藩を率直に称えている。

「会津勢は必死の覚悟、仙台藩は万全」

両藩の心意気が漂ってくる記録だ。

幕府は、もっとも緊迫している樺太島を会津藩、択捉島を仙台藩に警備を分担させた。

第一次会津藩北方警備

文化五年春、軍将内藤源助は蝦夷地に着陣し、次の配備をし、上から軍将・陣将・番頭がそれぞれの役職を置いて陣営の指揮官にした。
［宗谷本営］　蝦夷地本島（現稚内市）、軍将内藤源助。
［樺太詰］　久春古丹（現ロシア・サハリン州コルサコフ市）、陣将北原采女《うねめ》光裕。
［利尻詰］　利尻島（現利尻町と利尻富士町の二町）、番頭梶原平馬景保《かけやす》。
［松前詰］　松前藩領（現松前町）、番頭三宅孫兵衛

忠良《ただよし》。

　会津兵は各陣営で軍事操練を行い、武威を示した。ところがロシア兵は一向に現れず、内藤源助たちの全軍や各陣営の諸軍は、文化五年の年末までに会津へ帰国した。

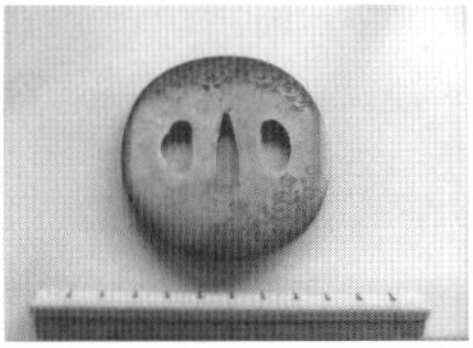

会津藩軍将内藤源助の刀鍔（稚内市有形文化財）

約200年前、雪の鶴ヶ城から蝦夷地へ進発した

　源助は帰国したものの、健康を害し藩主へ帰国報告すらできない。それでも会津藩は、源助の北方警備の功績を称えた。

　文化六年（一八〇九）十月、大老職を拝名し、役料一〇〇〇石が加えられ、藩士最高の三〇〇〇石の高禄武士になった。

　文化七年（一八一〇）三月二十一日、源助の病状は快方に向かわず、息を引き取った。五十三歳の生涯だった。病いのためか、北方出兵の自らの思いを記録として残さなかった。

　しかし最果ての稚内市に、源助愛刀の鍔《つば》が保存されている。旧宗谷村の旧家に伝えられ、昭和四十三年十二月二十一日に稚内市有形文化財の指定を受けた。

　銘は「宗珉《そうみん》」。美術性、歴史性の価値は共に高く、最果て会津藩の最古のお宝である。

蝦夷地出兵で「山国の会津藩」が「海の会津藩」へ

　またも会津藩は、あわただしかった。

　異国からの江戸城の守備が手薄だったから、幕府は蝦夷地における会津藩の海防力に注目し、江戸の海（江戸湾）を守るため、会津藩を指名した。蝦夷地搬兵の二年後から、会津藩は江戸の海にいた。

　文化七年、江戸湾三浦半島沿岸警備。

　弘化四年（一八四七）、江戸湾房総半島警備。

　嘉永六年（一八五三）、ペリー黒船が来たとき、会津水軍は番船を繰り出し国内最大の兵力を投入した。江戸湾陸上を固めていた彦根藩の「異国覚書」に描かれた絵図によると、海上には会津葵を染めた大馬印の旗指物《はたさしもの》をひるがえし、異国船乗留印は黄地に「會」の一字を染めた。また会津藩向井流水法の泳ぎが達者な水主《かこ》たちは、ハッピ（水着）の胸と背中に「會」の字を染めていた。

嘉永七年（一八五四）、江戸湾品川台場を守備。会津藩は台場で最大規模の第二品川台場（昭和期撤去）を担当し、異国からの十字放火に応戦するため台場に駐屯した。当時江戸っ子は「御砲台場」と尊称で呼び、今でも「お台場」と言っているのは、名残りである。

安政六年（一八五九）、第二次会津藩北方警備で蝦夷地オホーツク海沿岸を守備。

以上の通り、会津藩は山々に囲まれた「山国の藩」でありながら、「海の会津藩」として勇躍した歴史を忘れてはならない。

ロシアが北方の島々を襲ったとき、あるいはペリー黒船が江戸湾に出現したとき、常に会津藩士、下僕、農民たちが海防の最前線で立ち向かっていた。連続性、気骨、兵力、国内どの藩も会津の海防力に及ばなかった。

その突波口になった人物こそ、軍将内藤源助その人である。

会津戦争、内藤一族の惨劇

蝦夷地出兵は十干十二支で言えば、会津に因縁深い戊辰《ぼしん》（つちのえたつ）の年に当たっていた。

時代は移ろい六十年後、暦は還り戊辰年に戊辰戦争が勃発し、会津では戊辰戦争を象徴する最激戦の鶴ヶ城籠城が慶応四年（一八六八）八月二十三日に始まった。その二日前、会津へ転戦していた元新選組副長の土方歳三は、「援軍よこせ」という切迫した書状を書いた。

八月二十一日夜の書状である。

いよいよもって御大切と相成り候。明朝までには必ず猪苗代へ押し来り申し候間、諸口《しょぐち》兵隊、残らず御廻《おまわ》し相成候よう致したく候。さも御座《ござ》なく候《そうら》はば、明日中に若松までも押し来り申すべく候間、この段、申し上げ奉《たてまつ》り候。以上。

二十一日夜　　土方歳三

内藤君

小原君

「内藤君」は、内藤源助の血を引く会津藩家老の内藤介右門信節《のぶこと》である。土方の援軍要請に内藤は応える会津軍の兵は余裕はなく、土方は八月二十三日の滝沢峠の防戦を最後にして会津から姿を消し、九月上旬に仙台に現れた。

そのときの土方の風姿について、のちに福島県議会議長になった二本松藩重臣の安部井磐根《あべいいわね》は、次の回想を残した。

「色も青い方、躯体《くたい》もまた大《だい》ならず、漆《うるし》のような髪を長ごう振り乱してある。ざっと言えば、一個の美男子と申すべく相貌に覚えました」

（『史談会速記録』）

一方、鶴ヶ城籠城戦で内藤介右衛門は三の丸総督として、実弟の梶原平馬景武は政務総督として立て籠り、会津戦争を戦った。

翌九月、城外では内藤一族の惨劇が起きた。

家族たちは鶴ヶ城への入城を果たせず、郊外へ避難したものの、絶望的な戦況の中で一族は総自害を決意した。目をそむけんばかりの死の行動に執りかかったのである。

妻ツヤら内藤家十人、内藤家家臣五人、親類筋の上田家五人の二十人が命を断った。幼児の内藤英馬の口元には、生前最後に食べた菓子が見え、それを目撃した村人は、断腸の思いでむごたらしい光景に合掌した。自害した内藤一族の墓、内藤源助の墓と共に会津若松市の泰雲寺にある。

明治元年（一八六八）九月二十二日、会津藩降伏式は鶴ヶ城追手門前の内藤邸すぐそばで行われた。それを新島八重が見つめていた。

「妾《わたし》は正門前の傍《そば》より遙に、其《その》場所は判然としませんが、御城の直ぐ前の西郷様と内藤様との間、石橋の辺と申してました。此時《このとき》、私共は実に口惜《くちおし》くて暗涙を呑んで見て居ましたが、中には石垣に頭をつけて歔欷流涕《きょきりゅうてい》していた婦人もありました」

（『会津戊辰戦争』平石弁蔵）

会津藩降伏式が行われた内藤邸、西郷邸の跡どこ

会津藩主松平容保が御国入りのときに家老内藤介右衛門に与えた名刀「志津三郎兼氏《しづのさぶろうかねうじ》」（子孫の内藤信俊氏、青森県五戸町宅で）

ろに、それぞれそれを示す碑が建っている。敵の軍門に下ったその日、地面には真紅の毛氈《もせん》が敷きつめられ、そこにひれ伏し頭を下げた会津藩士は無念の証《あかし》として「泣血氈《きゅうけっせん》」と名付けた。
会津戦争から一五〇年、斗南《となみ》藩へ渡った内藤家（現青森県五戸町）は、それを今も大切に守り続けている。

[参考文献]
樺太庁大泊高等女学校相田泰三『文化年間に於ける会津藩の樺太守備に就て』昭和六年

内藤源助信周墓（会津若松市門田町泰雲寺）

高津《たかつ》 泰《ひろし》
―樺太へ出兵した若き会津藩の英才

北海のヒグマに驚嘆
諸山残雪未《いま》だ消えず。夷中、大熊有り。大きさ丈《じょう》余《よ》、色赤を以て俗に緋熊《ひぐま》と称し、松前の人説くに善《よ》く馬を負かす。或《あ》る人曰《いわ》く、罷《ひぐま》は熊に非ずと。
―高津泰『終北録』より

◇生没年＝天明五年（一七八五）七月五日～慶応元年（一八六五）十二月二日。
◇経　歴＝江戸昌平黌《しょうへいこう》に学ぶ。会津藩校日新館教授。儒学者。養子入りし高津泰（佐藤学改め）、大蔵、平甫とも称す。号は淄《し》川《せん》。会津入りした吉田松陰《しょういん》は博学の泰に教えを乞う。妻おみつ、三男五女あり。
◇高津仲三郎＝泰の三男。赤心《せきしん》の幕末会津藩士。徳川慶喜《よしのぶ》へ弱腰を直言。思案橋事件で斬首刑。
◇蝦夷地の足跡＝第一次会津藩北方警備で朔北樺太へ出兵。従軍紀行の名著『終北録一名戍《しゅうほくろくいちめいじゅ》唐太《からふと》』（漢文）を著す。「戌唐太」は「唐太を守る」の意。

石狩を過ぎ洋上で鉄砲操練

会津藩の若き英才、高津泰は数え二十四歳のとき第一次会津藩北方警備で出兵した。

諸国に名高い会津藩校日新館で学び、続いて選ばれて江戸の昌平黌に進んだ。若年ながら博識があり、北方警備の従軍紀行『終北録』を著わしている。

その著書には、会津軍編成、蝦夷地や樺太の自然・風物、魚貝類、先住民族の様子、歴史、地誌に及んでいる。北方探検家で知られている松浦武四郎の前時代の記録として、極めて尊い著作である。

『終北録』で高津は、出兵時の心境から書き始めている。大国ロシアと戦さが始まるかも知れない。共に出兵する同僚の会津藩士上遠野《かどの》重隆は火技（銃砲）に優れているのに、己れは青二才の書生に過ぎないのだと筆にしている。以下は読み下し文。

「上遠野重隆は武人にして尤《もっと》も火技に長《た》け、是の行に於て固《もと》より宜しく為す所有るべし。予《よ》は一介の書生にして武に於て言は足るは無し」

（『終北録』）

高津の謙虚な人柄、出兵の心細さが漂う一文である。

文化五年（一八〇八）、雪に包まれた鶴ヶ城から高津泰は出兵した。正月九日、第一陣出兵。高津は二日後の正月十一日に、第三陣として出兵した。このころは生家の「佐藤学」と称し（会津藩『出軍記下巻』函館市中央図書館蔵）、のち養家の高津姓を名乗った。

北方警備軍の軍将は内藤源助である。高津と上遠野は共に、陣将北原采女《うねめ》光裕隊の介添《かいぞえ》（側近）として従軍した。

会津兵は口々に、「会津藩始まって以来の国難でござる」と言葉を交わし合い城を後にし、藩士ばかりでなく家僕、農民らを含めて会津挙げての出兵になった。

会津出発から三カ月、高津は本州最北の津軽半島三厩《みんまや》（青森県）に辿り着く。この地で『終北録』は、古《いにしえ》の義経伝説に触れている。好奇心の往盛な若者だ。以下、月日は旧暦。

三月二十九日「三厩に至る。俗伝に、源判官馬を繋《つ》なぎし処、港の名に此を取る」

それで古くは「三馬屋」と称したという。

この日、三厩から津軽海峡を渡り、蝦夷地に上陸した。蝦夷地唯一の城下町松前は栄えていた。高津は本州の「ツキノワグマ」しか知らず、蝦夷地で初めて「ヒグマ」の生息を知り驚いた。

松前では法幢《ほうどう》寺に二週間宿泊し、松前の春を楽しみ、アイヌの人の立派な姿や耳飾りに感嘆している。

四月一日「初めて梅花を見る」

四月八日「初めて蝦夷人を見る。被髪長鬚《ながひげ》にして、耳銀環を穿《うが》ち、其の状甚《はなは》だ偉にして貴人に謁する毎に必ず数人手を携えて」

四月十四日、高津たちの北原采女隊は、松前から千石積クラスの弁財船三艘（天社丸・日吉丸・正吉丸）に分乗し、日本海を航行し、宗谷を経由して樺太へ向かった。

四月十五日「望中するに東のかた後方羊蹄山《ようていざん》を望めば、雲気《うんき》其の麓をたくし、僅かに其の頂《いただ》きを見る」

石狩の海を過ぎ、鉄砲操練を始めた。

四月十六日「伊志加利《イシカリ》の洋を過ぎ、波静かに是の日順風にて舟行甚だ疾《はや》く、銃手に命じて放つを習わしむ」

いよいよ、緊迫の樺太が近づいた。北方の海に浮ぶ「無主《むしゅ》の島々」は平和が続いていた。先住民族アイヌやオロッコなどの人びとは、日本にもロシアにも属さず、国防問題はなく、領有権争いは起こらず、平穏に暮らしていた大昔を想像して欲しい。

先住民族アイヌの人、オロッコの人

北海道最北端の地、宗谷岬から海の彼方を望むと、樺太の島影が見える。会津藩が最大の兵力を投入した舞台だ。会津大軍一六〇〇人のうち樺太へ「七〇六人」が上陸したとされている。

鶴ヶ城を進発より九十八日、高津泰は北方警備の最前線である樺太南方の久春古丹《クシュンコタン》に乗り込んだ。ロシア兵の姿はなかった。

前年の樺太襲撃事件で建造物はロシア兵に放火され、家屋はアイヌの人の家だけである。やむを得ず、会津兵は布（油単《ゆたん》）を張って宿ったと高津は言っている。文化五年四月十九日、樺太入り初日のことだ。

四月十九日「此の所、（ロシアの）賊に焚劫《ふんこう》され、但《た》だ夷盧《いろ》の数十戸を余すのみ。（会津軍は）舍する所無し、皆海浜に露居し仮に油単を張り、屋と為し以て風雨を避く」（『終北録』高津泰）

会津軍は木を切り、山を開き、軍営を造作しなけ

ればならなかった。それと同時に、兵は昼夜に渡って隊伍を組み、久春古丹を警備した。

樺太で会津は留多加《ルウタカ》にも分営を築いた。高津は久春古丹から八里離れた留多加へ、アイヌの人七人を伴い、その地へ向かった。

五月六日「起行す。蝦夷七人を以て行に従い、富蔵を通詞《つうじ》と為し」

久春古丹陣営と留多加分営の両地は、三十一キロも離れていた。ロシア兵が襲撃した有事の際は合図として篝火《かがりび》をたく手配をした。しかし両地間は泥土《でいど》が深く、有事の際、のろしを上げても陸路の救援は困難である。そのように報告した。

初めて先住民族オロッコ（ウィルタ）と出会った。高津はアイヌ民族と異なることを知り、次のように観察している。

五月三十日「於呂古《オロッコ》の人来たり。其の国は久志由牟古多牟（久春古丹）の東北に在り、其の人蝦夷と別種にして言語も亦《また》異なれり。髭を剃り髪を弁《わ》け、綿袍《めんう》を服し革靴を著《つ》け」

この観察は記録として貴重である。樺太の地形についても触れ、従来樺太は「半島」と理解されていたが、「島」と分ったのは文化五年以降であると書いている。

同じ五月三十日「北蝦（樺太）の地は三面海に阻《はばん》で、北は極む所を知らず。この歳《(年)》間宮林蔵《まみやりんぞう》を行窮に遣す。遂げずして還《かえ》る」

この時点で半島か島かは分からず、高津は樺太の南の先に関心を寄せていた。翌文化六年（一八〇九）、間宮林蔵が「間宮海峡」を発見し、島であることが確定、「北蝦夷地」と正称する。それが樺太島が日本領土であることの表明でもある。

会津藩長沼流の銃方三段構え

樺太の海浜で、会津藩流の第一回軍事操練が始まった。ロシアへ武威を示したのだ。

文化五年六月十五日「操練し陣を布き、隊を整え金鼓《きんこ》を以て進退せしむ。酒を賜り軍をねぎらう」

（『終北録』高津泰）

この日、幕吏の最上徳内《もがみとくない》らが操練を巡察し、会津軍の気迫に感服した。北原陣将の指揮により、会津藩長沼流の陣を布き、銃方《じゅうかた》は三段の構えで次々と発砲、銃声は北方の海に激しく轟き渡った。操練は重ねて決行され、高津は「操練凡《およ》そ四次なり」と伝えている。

会津藩樺太オムシャ儀式を立体再現（北海道博物館ジオラマ展示）

会津軍はアイヌの人の応援を得て陣屋を建造した。高地には遠見番所を築き、大筒砲台を配備した。高津は、会津藩はこれに礼を尽くしたと言っている。

六月十九日「蝦夷八十四人を饗《きょう》し、物を賜る。造営の労を酬《むく》ゆる。凡《およ》そ蝦夷に役し、其の日饗賜《きょうと》し特例だす。之を武志耶《ムシャ》と言う」

高津が伝えている宴の儀式の「武志耶」は、「オムシャ」と言い、語源は「御武者」とも思われているがはっきりしない。

このときの会津藩とアイヌ民族とのオムシャの歴史的一景は、「樺太絵巻」として描かれ現存している。

これを北海道博物館が立体的に再現し、展示されている。同館が北海道開拓記念館と称していたころ、会津若松へ赴き「樺太絵巻」を参照して忠実に再現した。元学芸部長の関秀志氏が担当した。

ロシア兵は幸い、現れなかった。ナポレオンのモスクワ侵攻が迫り、北方侵攻に手が回らなかったからか。

会津軍の樺太撤兵近し、と察知した会津船の船頭から要請が出た。それは帰途の航海安全を祈願して、弁財天を祀る「弁天社を再現すべし」との声が挙がったことだ。先にロシア兵が焼いた社《やしろ》の再建である。

『新選大泊《おおどまり》史』（昭和十四年）によると、再建した弁天社は明治八年（一八七五）まで実在していたというが、その後、社の有無を確認した人を筆者は知らない。

七月九日、高津泰たちを率いた陣将北原采女の樺太軍は樺太を撤兵、宗谷の本営に到着した。実に樺太駐屯は一〇九日間であった。宗谷で高津は、先年、風土病で津軽兵一五〇人中七〇余人が死亡したことを知って、愕然とする。

七月中旬（旧暦）、高津は台風シーズンに入っていたとき宗谷を出帆した。

七月十一日「我の乗る所千六百石船にして、其の軽きこと一葉の如し。是の月十二日は、たまたま二百十日《にひゃくとおか》なり」

会津船は行方不明になり、利尻島などに漂着した船があった。高津は留萌から陸行し、石狩、江別、千歳川へ。太平洋側から船に乗り、八月十九日に箱館港へ入港した。

ロシアとの交戦はなかったものの、病いや難破で五〇人余りの会津兵が死亡する苛酷な出兵になった。

九月十六日、会津若松に帰還した。ここに九月余りに及ぶ北方警備を終えた。

赤心の会津士魂

慶応元年、高津泰は八十一歳で他界した。大窪山墓地に葬られた。

従軍紀行『終北録』は、江戸時代後期の紀行文の傑作として評価され、会津藩の要職に就き、誉れ高い生涯を終えた。

第七代会津藩主松平容衆《かたひろ》の侍講。

『新編会津風土記』編纂。

会津藩校日新館教授。

学行奉行就任、会津藩儒者の頂点に立つ。

初め荻生《おぎゅう》徂来《そらい》学、昌平黌で朱子学を学ぶ。

高津泰をめぐるエピソードが二つある。

その一つ。北方警備から四十三年の時が流れた嘉永四年（一八五一）十二月、ひょっこり長州脱藩の吉田松陰が会津を訪ね、松陰は高津の紹介で日新館を見学した。それを言葉少なく、松陰が伝えている。

「魯西亜《ロシア》の、北辺に冠《かん》せしとき、藩、兵三千（一千六百）を出して之れを援《たす》く、平蔵（高津）も亦遺中《けんちゅう》に在り」

（吉田松陰『東北遊日記』国学院大学蔵）

松陰は高津から北辺事情を聞き、会津から三厩の旅を続けた。このとき高津六十七歳、松陰二十二歳のことだった。松陰は高津を評して「老練の人」と書いて敬った。翌年、松陰は会津再訪、よほど会津の風物に関心を抱いたらしい。

もう一つ。高津の三男仲三郎は、幕末会津藩語り草の人物である。

戊辰戦争最初の戦い鳥羽伏見戦から敗走し、会津藩負傷者は会津藩中屋敷《なかやしき》で治療を受けた。そこへ将軍徳川慶喜《よしのぶ》が騎馬に乗り、負傷者の見舞いにやって来た。伏せていた仲三郎の元へ将軍が来ると、仲三郎は一礼して鳥羽伏見の戦況を述べ、突然、隣室へ聞こえるほどの大声で慶喜に向かって叫んだ。

「伏見、鳥羽の敗因を以て幕軍の怯懦《きょうだ》（臆病）に帰す」

（『会津戊辰戦史』）

仲三郎は暗に、「徳川将軍よ、あなたは京に大軍を置きざり、なぜ江戸へお逃げなされたのか」を抗議したのである。誰も制止しなかった。みな同じ気持ちだったろう。

明治九年（一八七六）、旧会津藩士による反政府運動が起こり、仲三郎は思案橋事件で捕縛され、翌年に市ヶ谷監獄で斬首刑に処せられた。五十一歳。漢詩を能《よ》くし、古武士の風格、立派な風体の六尺豊かな大男であったという。

旧会津藩の老翁、荘田秋村は「快男児高津仲三郎」と呼んでありし日の面影を偲んだ。会津士魂を貫く、赤心（偽りない心）の人であった。

父高津泰の樺太の苦闘と共に、仲三郎の死が偲ばれてならない。

高津泰（淄川）先生墓（会津若松市大窪山墓地）

山本権八《やまもとごんぱち》

―利尻島銃士は「八重の桜」新島八重の祖父だった

会津初の西洋砲

天保四年（一八四三）、容保《かたもり》を以て嗣子とすることを幕府に告ぐ。山本良高（権八）、はじめて西洋形の臼砲《きゅうほう》を鋳《い》る。爾後《じご》、大砲数門を鋳る。

―『会津松平家譜』より

◇生没年＝安永九年（一七八〇）～弘化元年（一八四四）十月九日。

◇経歴＝会津藩砲術家、初の西洋砲開発。会津藩三宅家の出。山本家へ養子入りし、通称は権八、佐平。実名は良高、良重。

◇孫の兄妹＝山本覚馬は砲術家、京都府議会初代議長。八重は女銃士として会津戦争参戦。

◇蝦夷地の足跡＝第一次会津藩北方警備で蝦夷地へ渡り、利尻島で長銃の銃士。

先祖は会津藩祖に仕えた茶人

幕末の会津藩山本家は、砲術家として知られた。

祖型（ルーツ）を探ってゆくと、会津藩祖の保科《ほしな》正之《まさゆき》の時代に辿り着く。江戸に山本家が在ったころ、山本道珍《どうちん》良次は徳川将軍家光に茶人として仕え、また家光の異母弟に当たる会津藩祖の保科正之に同じく茶人として仕えた。

道珍は会津藩に召し抱えられ、会津藩初代となり、長男系の山本家本家は遠州流茶道を継承し、二男系の分家は会津藩西洋砲術の祖として、それぞれ幕末へ至った。

本家は鶴ヶ城郭内《かくない》の追手門近く、本三之丁《ほんさんのちょう》に屋敷を構えた。分家は鶴ヶ城郭内の西出丸近く、米代四《よねだいし》之丁《のちょう》に住んだ。茶道家と砲術家という対照的な家柄として歴史を刻む両家だが、共に上級格の武士が住んだ郭内に居を構えたのは、保科正之のそばにあった由緒ある家柄だったからかも知れない。

文化五年（一八〇八）、第一次会津藩北方警備では、分家筋の山本権八良高《よしたか》（息子も権八と称した）が出兵し、蝦夷地北方の日本海に浮かぶ孤島の利尻島に派兵された。

閏《うるう》六月一日、宗谷詰の会津兵二四一人が利尻島に到着した。指揮官は会津藩番頭の梶原平馬である。会津藩北方警備の記録会津藩『出軍記』（函館市中央図書館蔵）の利尻詰の項に、次の通り山本権八の名が確認できる。

番頭　梶原平馬景保《かけやす》
介添　実子の梶原政之助景高
番頭組々頭　三宅治兵衛重威
介添　実子の山本権八良高

梶原は父子共々の出兵、権八も実の親と共に出兵した。北方警備は、親子同士の出兵が多かった。

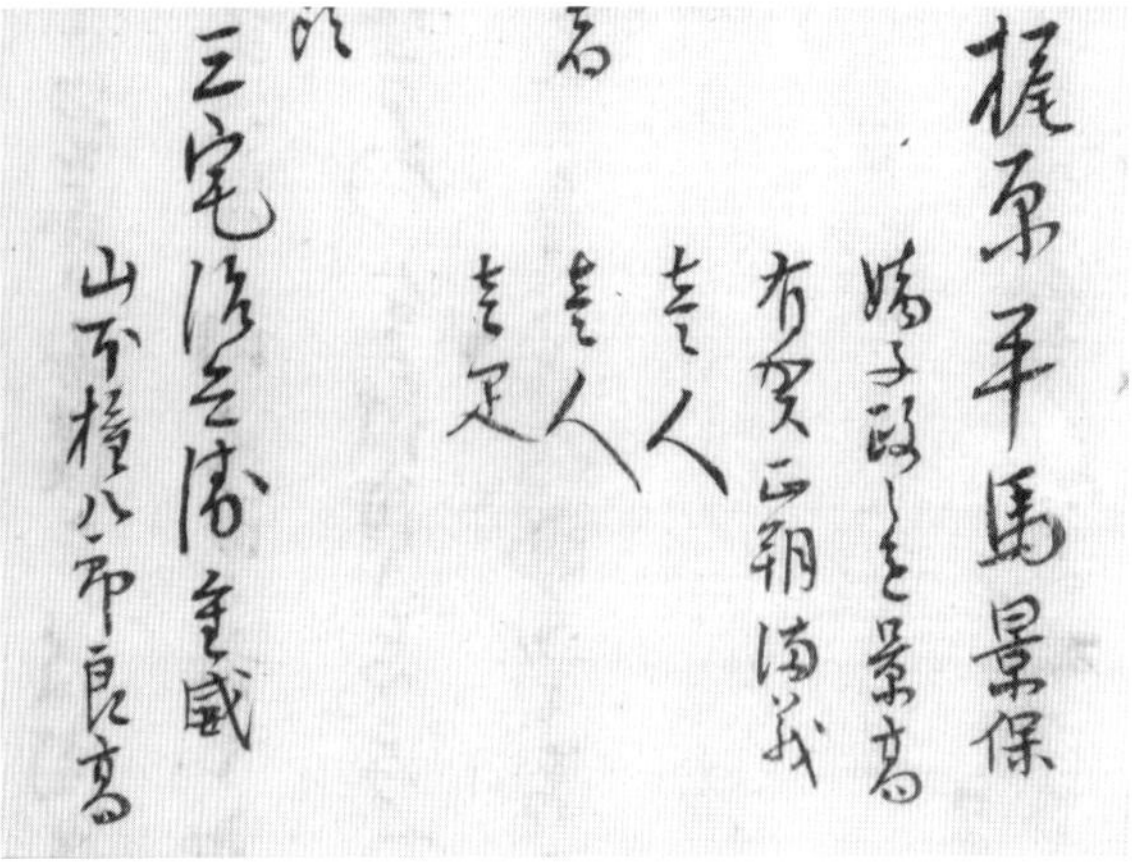

山本権八（郎）は利尻島へ出兵（会津藩『出軍記』函館市中央図書館蔵）

利尻で長銃を構えた青年武士

山本権八は数えで二十九歳だった。

利尻島における詳しい動静は不明だが、会津藩『諸士系譜』には、山本家の砲術に関する事柄が初めて記録されている。

利尻島で権八は、

「長銃《ちょうじゅう》の業」

を仰せ付かったというのである。長銃は銃身の長い銃を指している。権八こそ、NHK大河ドラマ「八重の桜」（平成二十五年）主人公新島八重の祖父に当たる。利尻島は砲術家山本家の原点と言っていい。

ここ利尻島でも日露の戦いはなかった。

島内に現存している墓は、会津藩士や従僕があり、利尻隊や樺太隊もある。いずれも島内二町が有形文化財に指定した。

鴛泊《おしどまり》本泊慈教寺（利尻町）

遠山登僕利助墓　利尻詰梶原隊甲士

関場友吉春温墓　利尻詰梶原隊与力

白石又右衛門僕宇兵衛墓　北原隊勘定所

鴛泊ベシ岬（利尻富士町）

樋口源太僕孫吉墓　利尻詰梶原隊

渡部左右秀俊墓　利尻詰

丹羽織之丞僕茂右衛門墓　樺太詰軍艦軍事奉行

沓形《くつがた》種富町（利尻町）

諏訪幾之進光常墓　樺太詰北原隊

山田重佐久墓　樺太詰

これらの墓は、主君の命により、墓碑銘を新潟で刻み、松前経由で運び、死者の霊を手厚く弔ったと伝えられている。

また焼尻《やぎしり》島にも会津藩士の墓がある。現代日本を代表する書家中野北溟《ほくめい》氏（焼尻島出身、札幌在住）は、祖母の昔語りを記憶している。

「焼尻島の中野家墓の隣に、会津藩士墓があります。祖母が私に言うには、大昔、会津船が難破したとき

会津藩士顕彰碑（利尻島）

の犠牲者の墓とのことでした」

高倉健は、中野書が好きだった。それが縁で平成二十九年の映画「健さん」のタイトル文字は中野氏が揮毫し、評判を呼んだ。

焼尻島には中野氏が伝える墓を含め、計二基の会津藩士墓がある。

会津初の「臼砲」を鋳る

会津へ帰った山本権八は、銃砲づくりの研究に専心した。

文化八年（一八一一）　銃術方

文化十一年（一八一四）火術方

文化十四年（一八一七）火術修行

会津藩が火術方を「大砲方」と改めるのは、後年のことである。

天保《てんぽう》十三年（一八四二）、権八は江戸に出て、砲術家として名声を挙げた高島秋帆《しゅうはん》の弟子の市川熊蔵から大砲の鋳造を学んだ。翌年、帰郷し、会津藩初の西洋砲を造り、砲の名を、

「臼砲《きゅうほう》」

と呼んだ。臼《うす》を横にした形に似ていたからだ。口径は大きく、砲弾は放物線を描いて飛翔するので、遠くの目標物を爆砕できた。山本権八による会津藩製の西洋砲一号砲の登場について、『会津松平家譜』は、

「はじめて西洋砲の臼砲を鋳《い》る」

と誇らしく記録している。

このときをもって、古来から続いた会津藩の銃術は、稲富流、夢想流、種子島流と妍《けん》を競うこととなる。

弘化元年（一八四四）十月九日、山本家当主の権八が他界した。行年六十五歳。会津若松の大龍寺住職は、次の戒名を授与した。

「砲術院菊相良眼居士」（大龍寺過去帳）

そのころの住職は良き戒名を付けたものだ。「良眼」とは何と砲術家らしい戒名か。

権八が他界した翌年、孫の山本八重（後の新島八重）が生まれ、昭和六年（一九三二）、晩年期の八重は京都から足を運び大龍寺境内に点在していた祖父権八はじめ山本家墓を一カ所に集めている。

八重の筆による「山本家之墓所」と刻まれ、大河ドラマ「八重の桜」で八重役を演じた綾瀬はるか、会津ファンが墓所へ殺倒した。

利尻島に出兵した泉下の山本権八良高も、そのような日の致来を、夢々、予想だにしなかったはずだ。

山本権八良高の墓石は前列右端（会津若松市大龍寺山本家の墓所）

第二章

第二次会津藩北方警備

一瀬紀一郎
南摩綱紀
田中玄純
秋月悌次郎

一《いち》瀬《のせ》紀《き》一《いち》郎《ろう》

―箱館港のペリー黒船描いたサムライ絵師

若き日の攘夷の士魂
帯一劔治萬夷　一釼《いっけん》を帯《たい》して萬夷《ばんい》を治《おさ》む
―一瀬紀一郎遺刀「会津刀工作の添銘」より

◇生没年＝天保七年（一八三六）四月〜明治十三年（一八八〇）九月十日。

◇経歴＝戦国最強鉄砲軍団、紀州雑賀衆《さいか》の系譜。初期代々「かずせ」を呼称。会津藩士一瀬郷助、トヤの三男。江戸生まれか。通称は紀一郎（紀州の「紀」を取った）。実名は重村《しげむら》。画号は暁川《ぎょうせん》、会津画人の星暁邨の弟子。藩の絵師方、絵図面方。国内で蘭学修行生。戊辰戦争期から由緒ある雑賀孫六郎（第四章「雑賀孫六郎」参照）を名乗る。徳川艦開陽丸乗員。会津戦争で仙台で鶴ヶ城救援工作。戦争後、斗南《となみ》藩田名部《たなぶ》村へ移封。妻は会津藩家老簗瀬三左衛門の三女浅子。

◇蝦夷地の足跡＝①幕府北方調査団。②第二次会津藩北方警備、蝦夷地会津藩領の初代標津《しべつ》代官。③箱館戦争軍資金、十八万両を運ぶ。④開拓使の開拓大主典、茅部《かやべ》山越《やまこし》両郡の初代郡長。

十九歳で日露国境調査に随行

嘉永七年（一八五四）、会津藩士一瀬紀一郎は、幕府北方調査団に随行し、江戸から蝦夷地箱館へ旅立った。会津藩からはただ一人、十九歳の紀一郎が選ばれた。

まだ箱館は異国に門戸を開いていないのに、アメリカのペリー提督は黒船を率いて箱館へ行くと言って、江戸の幕府に迫り、あわてた幕府は、特異なハコダテ弁を口実にして断った。

「ハコダテ弁を解する通訳を長崎に呼びにやるゆえ、一〇〇日の猶予をいただきたく存ずる」

今ではコミカルな言い訳に映るが、それを聞き入れるペリーではなく、言下に「ノォー」と言った。

四月下旬、ペリーの黒い船影が箱館に入港し、会見には箱館奉行、松前藩が臨み、ペリーは信頼していた幕臣を指名する。御目付の平山謙二郎（のち箱館奉行、外国奉行）という人物である。北方調査団として蝦夷地入りし、このとき一瀬紀一郎も平山に随行していた。

箱館に入港したペリー黒船艦隊は、ペリーが座乗したポーハタン号、マセドニア号、ヴァンダリア号、サザンプトン号、ミシシッピー号の五隻である。

紀一郎は会津藩のサムライ絵師としての横顔を持つ。会津藩を代表する画人の星暁邨《ぎょうそん》に師事し、画号を暁川と称した。紀一郎は箱根港の歴史的一景を見逃さず、絵筆を走らせている。

幕末の箱館港に入港したペリー黒船２艦に星条旗も描かれている（一瀬紀一郎画、白井金鳩模『蝦夷廻浦図絵』函館市中央図書館蔵）

パノラマ状の一枚の絵に、箱館港で黒船二艦を描いた。星条旗がなびいている。背景には箱館山。いたって穏やかな風景だ。諸記録を総合して推定すると、嘉永七年五月六日、七日、八日のいずれかの日の作品である。

武士が描く箱館入港の黒船として稀有であり、きっと唯一に違いない。

この黒船画は一瀬紀一郎の歴史絵巻物『蝦夷廻浦《えぞかいほ》図絵《ずえ》』三十五景に収められた。原画は所在不明だが、幸いなことに白井金鳩《きんきゅう》が模写し、巻子本二巻の中の一景として函館市中央図書館が保管している。

平山謙二郎も画才に秀でていた。平山が書いた『省斎《せいさい》遺稿』は、若き紀一郎について素描した。

「同行せる会津人一瀬紀一郎、画に巧《たくみ》なりし」

ペリー船隊が退港した二日後の五月十日、北方調査団は二隊に分かれた。一隊は堀織部正《おりべのしょう》（若年寄直属、のち切腹）、もう一隊は村垣淡路守（老中直属、のち村垣は箱館奉行、外国奉行）である。堀隊は日本海沿岸を通り、村垣隊は太平洋沿岸を通り、蝦夷地の奥深く踏査し、日露国境策定のための調査をした。

この調査団堀隊の中に榎本釜次郎（武揚《たけあき》）がいたという。紀一郎と同年齢の十九歳だった。後年、釜次郎は蘭学修行生としてオランダへ、紀一郎は国内で蘭学修行生として学んだ。

この年の十一月、紀一郎は箱館を出起し、江戸へ帰った。

会津藩領トコロ・シレトコ

安政元年（一八五四）、日米和親条約調印、続いて同じ年に日露和親条約が施行された。

安政元年と言えば、第一次会津藩北方警備で内藤源助、高津泰、山本権八が苦闘してからおよそ半世紀、第二次会津藩北方警備の時代を迎えた。

日露和親条約は、北方の日露の国境を次の通り明文化している。

第二条「日本国と魯西亜《ロシア》国との境、エトロフ島とウルップ島との間にあるべし、エトロフ全島は日本に属し、ウルップ島全島夫《それ》より北の方クリル諸島は魯西亜国に属す。カラフト島に至りては、日本国と魯西亜国の間において、堺を分たず、是迄の通りたるべし」

つまり樺太島は日露の雑居地とし、択捉《エトロフ》島、国後《クナシリ》島、色丹《シコタン》島、歯舞《ハボマイ》群島の北方四島は日本領であると決めた。

第二次会津藩北方警備は、条約で決めた日本領を警備するための出兵であることは申し上げるまでもない。

安政二年（一八五五）、幕府は蝦夷地を外様大名の津軽・南部・秋田・仙台の四藩に警備と経営を分担させ、各藩に分領した。四年後の安政六年（一八五九）、幕府は親藩会津藩、譜代庄内藩の二藩に分領し警備と経営を任せることにした。

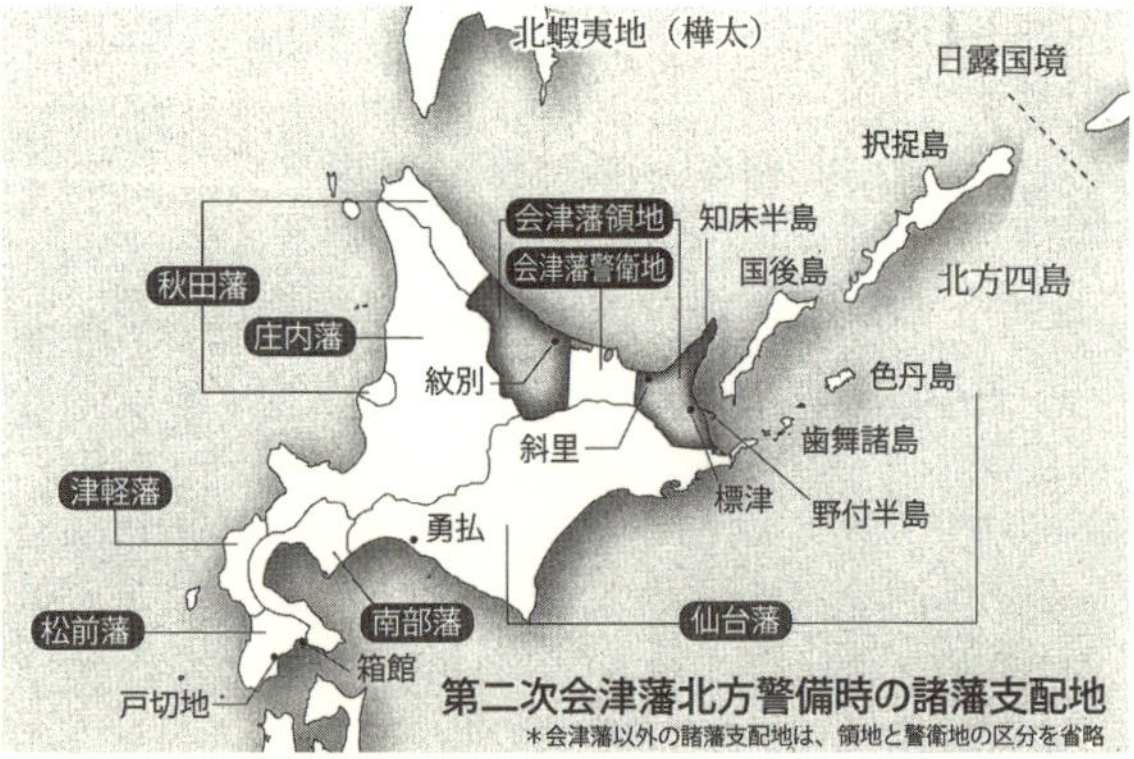

第二次会津藩北方警備時の諸藩支配地（慶応４年閏４月、会津藩や庄内藩らは蝦夷地の領有権を失った）

会津藩は北方四島に近い標津・紋別《もんべつ》・斜里《しゃり》に陣屋を築き、紀一郎は初代標津代官となり、紋別、斜里の代官も務めた。

紀一郎は広大な蝦夷地を探索し、「新賜北辺要話《しんしほくへんようわ》」を著わし、地理、魚類、産物、自然、先住民について、長文で記録した。要点を意訳する。

［標津領］　南は仙台侯の新領根室に接し、クナシリ島が離島にある故か、風波は穏やか。伝蔵という人は秋田の産にして、蝦夷通辞（通訳）なり。
［紋別領］　余は通行屋にて吏人《りじん》（幕府役人）の休泊に弁ず。トコロなどの地に番屋有り（注・トコロは現北見市常呂町、日本カーリング競技の発祥地）。春は鯡《ニシン》、夏は鱒《マス》を漁し、秋は鮭《サケ》を漁す。年中此鮭の産は大なりとす。
［斜里領］　シレトコ岬に達し、海岸屏風《びょうぶ》を立《たつ》るが如し。この地海産少なしと云《いえ》ども、男夷《だんい》（アイヌ男子）は彫刻の細工に精妙なり。女夷はアッシを織り、良品を産するなし。

この一編の紀一郎ルポルタージュは巧みな言葉で書かれ、紀一郎のペリー黒船画と共に、ありし日の蝦夷地の貴重な歴史を伝えてくれる。

会津藩は蝦夷地会津藩領以外でも、拠点を設けている。箱館に会津屋敷、松前に会津藩戸切地《へきりち》陣屋（松前藩戸切地陣屋と別）を置いた。

一刀両断の業物に彫った烈しい士魂

一瀬紀一郎は江戸に戻った。

尊王攘夷（外国追い払い）の叫びが火を吹き、幕末の動乱の世を迎えていた。

北辺防備会津藩士顕彰碑（会津旧領の野付半島）

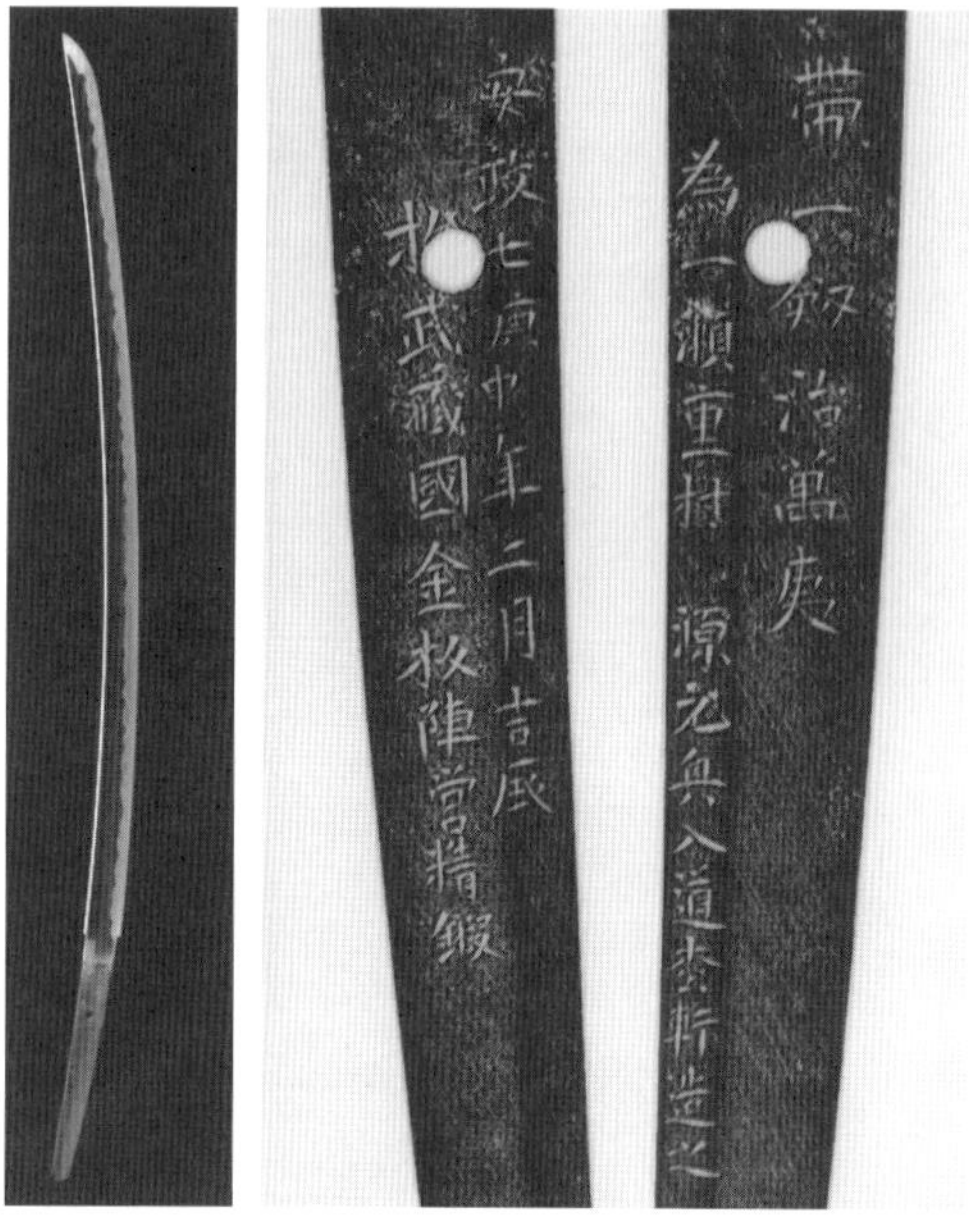
一瀬紀一郎重村の刀剣。［右］帯一鍬治萬夷の気概を彫った。［左］刀長二尺三寸八分五厘の迫力に富む作柄（写真は銀座長州屋提供）

開明的だった松平容保《かたもり》は、「我が会津藩にも攘夷を唱える者がいるのか」と、こっそり側近に嘆いた(『会津松平家譜』)。このころ紀一郎も攘夷志向に傾いた一人である。

江戸に帰っていた紀一郎は、芝金杉(現東芝辺り)の会津藩邸に詰めていた会津刀工の元興《もとおき》(角大助)に、新しい刀を造らせ、一刀両断の業物《わざもの》に烈しい添銘を刻んでもらった。

帯一釼治萬夷　一釼《いっけん》を帯《たい》して萬夷《ばんい》を治《おさ》む

攘夷の士魂だ。この剣で異国の野蛮を治める、この剣で世界を治める。そのような添銘に読み取れる。紀一郎の海防の思潮は、攘夷どころの騒ぎでなく、萬夷である。

その後、尊攘派にもっとも敵対視される会津藩の運命を考えるとやりきれない。紀一郎遺刀は、平成十六年に東京銀座の老舗刀剣店「長州屋」が初めて存在を公表した。見事な一刀両断の業物である。

戊辰戦争が始まると、紀一郎は紀州雑賀家に由縁のある「雑賀孫六郎」に名を変えて、幕末動乱の舞台に登場する。

南摩綱紀《なんまつなのり》

―稀有のアイヌ語教科書を作った標津《しべつ》代官

アイヌ語の宝典

南摩先生が蝦夷地代官たりし日、アイヌ人が為め、「孝教《こうきょう》」をアイヌ語に翻訳されたることあり、斯道《しどう》の宝典たるは勿論《むろん》、史料の一材料とも相成る可《べ》く申哉《もうすかな》。大正八年、室蘭中島由己。

―『会津会々報』「アイヌ語の孝経」より

◇生没年＝文政六年(一八二三)十一月二十五日～明治四十二年(一九〇九)四月十三日。

◇経歴＝明治期の教育界第一人者。漢詩人。会津藩校日新館で漢学、昌平黌で洋学を学び、日新館教授。明治初期の文部省小学地誌編者。東京帝国大学、東京高等師範学校、女子高等師範学校の各教授歴任。通称は三郎、八之丞。実名は綱紀。号は羽峰《うほう》。会津戦争参戦。戦後、越後高田謹慎、各地の記念碑や慰霊碑を撰文。著作や書幅は多数。墓は会津人士が多く眠る東京谷中《やなか》霊園。

◇蝦夷地の足跡＝第二次会津藩北方警備、蝦夷地会津藩領の最後の標津代官。第一級のアイヌ語通訳加賀屋伝蔵と交遊を結ぶ。

◇松浦武四郎の追悼碑の撰文＝三重県大台ケ原の武四郎の代表的な碑は、生涯の友である綱紀が撰文。武四郎は明治二十一年（一八八八）没。

江戸にいた北方探検家松浦武四郎を訪問

会津藩は、有能な人材を諸国へ遊歴させ、見聞を広めさせた。

その一人が南摩綱紀である。安政二年（一八五五）、三十三歳のとき、藩命で長い旅に発つ。京都、長崎、やがて宿敵になる薩摩も訪ね、各地の政治、人物、風土、歴史、文化の見聞を広め、諸国の印象を率直な言葉で藩へ復命している。

次の復命文には、綱紀の物の考え方、見方の姿勢が端的に表現されている。

「管《くだ》の中から天をのぞき、白雲を見た者は天は白いといい、黒雲を見た者は黒いという。これらは皆、僅かにその一端を見たので天の全体ではない」

物事の一部を見て全体を語るなかれ、何事にも偏見を捨てよ、と言っているのだ。

（南摩綱紀『負笈管見《ふきゅうかんけん》』）

安政四年（一八五七）、会津藩最初の蘭学所（綱紀は「西洋学館」と伝えている）が開所すると、代表格は南摩綱紀、山本覚馬（砲術）、川崎尚之助（蘭学、砲術。山本家客分）、古川春英（医学）という進取の気風に富んだ会津藩四人衆が教授陣に名を連ねた。

砲術は、日本沿岸の海防力を高めるために必須の研究分野である。蘭学所の山本覚馬は、会津藩当局に対して日本が異国へ対処すべき「守四門両戸之《しもんりょうこをまもるの》策《さく》」を建策をしていた。綱紀は、江戸に在住していた北方探検家松浦武四郎をたびたび訪ね、江戸湾防衛と蝦夷地の諸々に精通していた武四郎に教示を乞《こ》うている。

南摩綱紀

文久三年（一八六三）九月、第二次会津藩北方警備時代に、蝦夷地会津藩領

の第三代標津代官として綱紀が命じられた。そのころ京や江戸は尊攘運動の渦中だ。

蝦夷地在勤時は会津藩領内を飛び回った。

東京谷中霊園にひときわ高く、巨大な「羽峰南摩先生碑銘」に、蝦夷地における綱紀の動静が刻んである。それによると、南摩先生は、雪の山々を越え、海氷（「流氷《りゅうひょう》」を指す）を渡り、蝦夷地へ同行した会津藩の子弟へ学問を教えたと刻んである。碑には刻まれていないが、蝦夷地で学んだ子弟の一人に、後の海軍中将角田《かどた》秀松がいた。

会津戦争後、綱紀は旧会津藩のシンボリックな学者として名声が広まったものだが、生涯を通して研究、学問、教育にいそしみ、蝦夷地では会津藩子弟ばかりでなく、先住民族の教育も忘れなかった。

蝦夷地へ渡海する前の嘉永年間（一八五〇年代）、綱紀は先住民族アイヌを慈しんだ松浦武四郎（ペンネーム「北海道人」）と交流を深めたことは前述したが、綱紀もまた先住民族を慈しんでいる。

アイヌ酋長の思い出

南摩綱紀はアイヌ語で教科書を作った。

それに感涙して領内最高位のアイヌ酋長《しゅうちょう》（和名は「五郎右衛門」）は綱紀の居宅を訪ね、そのことを綱紀は、後年に懐かしく回想している。

「暇あるごとに各村を巡り、アイヌの人へ日本、歴史、忠孝の徳を説いた。一書を編し、アイヌ語に訳し、諄々《じゅんじゅん》と話をした。標津の総乙名《オンテナ》（酋長）は（和名を）五郎右衛門、年は七十余。来たりし感嘆した」　（南摩綱紀『環碧楼《かんぺきろう》遺稿《いこう》』）

いつまでも綱紀の心に残る思い出だったが、残念ながら、その老人のアイヌ名は伝えられていない。右の綱紀の回想にある「一書」とはいかなるものだったのであろう？

このことについて、大正八年（一九一九）に室蘭の中島由己氏という人が『会津会々報』に寄稿した。会津出身の人であるらしい。

「南摩先生が蝦夷地代官であったとき、『孝経《こうきょう》』をアイヌ語に翻訳された。愛蔵の一巻は焼失したので人を介して探索したところ、根室国西別川の藤野罐詰《かんづめ》所において発見したので、これを乞《こ》い受け、先生へ贈ったところ非常に喜ばれ、先生から『何か返礼せん』とのことであったが、もとより答礼を望むことでなく、『ご芳志に背くのもいかがなればと、一葉のご揮毫《きごう》を賜りたい』と申し上げると、先生から軸物が贈られてきた」

回想の中の「一書」は『孝経』だった。

孔子が弟子の曾子《そうし》に語った言行録である。

子《し》曰く――、と説き、「そもそも我が身体、髪、皮膚《ひふ》、ありとあらゆるものは父母から受けたるものである。汝《なんじ》の道を尊ぶべし」

このように説く『孝経』の心は、アイヌ酋長五郎右衛門の心にいかに滲み渡ったものか。綱紀は酋長が「感嘆」して来訪したことだけを伝えている。

綱紀はアイヌ語を知らない。綱紀の編んだアイヌ語教科書とは、どんなものだったのか。

アイヌからアイヌ語を奪った薩摩人の「北海道開拓」

南摩綱紀は、アイヌ語に堪能な通訳（通辞）と友情にも似た絆を築いた。

名は加賀屋伝蔵、秋田八森村（現秋田県八峰町）の出身、第一級の人物だった。十五歳で蝦夷地へ渡り、アイヌの人と共に働き、妻や子息を郷里から呼び寄せ、アイヌ語を習得する。

綱紀の漢詩「伝蔵の帰省は送る」の中には、伝蔵の話すアイヌ語（蝦語《かご》）について、最大級に絶賛している。

今古《こんこ》蝦言《かげん》、其の玄《げん》に通じ（奥深いアイヌ語を絶賛）

東西蝦中《かちゅう》、敵手なく（東西蝦夷地に敵手なし）

初代標津代官の会津藩士一瀬紀一郎も、加賀屋伝蔵の横顔を印象深い表現で、次の通り伝蔵の蝦夷地へ込める気迫について書いている。

「蝦夷通辞なり。此者《このもの》常に人に語曰《かたりていわ》く、『我《われ》蝦夷全州の墾闢《こんぺき》の祖とならむ』と。一奇人なり」（秋葉実編『北方史料集成第二巻』所収の「新賜北辺要話」）

綱紀による領内初のアイヌ語教科書づくりは、この伝蔵のアイヌ語力を借りた。

『孝経』原文を綱紀が平易に訳し、それを伝蔵がアイヌ語に翻訳し、原文の横にカタカナのアイヌ語を付す。教科書はそのようなものであったと推定される。

別海町立加賀屋文書館（現標津町の隣町）の学芸員石渡一人氏に聞いた。箱館奉行所編「五倫名義《ごりんめいぎ》解《かい》」という文書が保管され、人の守るべき五つの道を説き、和語《わご》（日本語）の横に伝蔵がアイヌ語を付けた。石渡氏は次のように推定する。

「この『五倫名義解』は和語にカタカナのアイヌ語が表記してあります。『孝経』は南摩綱紀が各村を巡りアイヌの人を集めて教えを説き、そこには加賀屋伝蔵も通辞《つうじ》として一緒に同行していたものと思われます」

このようにして、綱紀の提唱したアイヌ語教科書『孝経』は完成した。惜しいことに、アイヌ語訳の『孝経』の原書は見当たらない。後年、伝蔵は「大通辞」の称号を得、生涯の大半を蝦夷地で暮らした。

南摩綱紀は会津藩校日新館で漢学を学び、昌平黌で洋学を学び、漢詩人として言葉の一字一句を大切にした。加賀屋伝蔵は奥深いアイヌ語を大切にした通訳だった。その後、薩摩閥の開拓使以降、「北海道開拓」の美名を装いつつ、先住民族への非人間的な抑圧が繰り返され、人びとは大地を失っただけでなく、同化施策によってアイヌ語さえ奪われた。

民族にとって言葉は魂《たましい》である。

綱紀のヒューマンな会津士魂は蝦夷地における一点の灯として、今後も継承に値する。

慶応三年（一八六七）、標津最後の代官南摩綱紀は在勤六カ年で蝦夷地を離れる。会津戦争の戦雲が近かった。

田中玄純《たなかはるずみ》

―勇払で客死した会津中老の葬列二里半

死すもいとはず

蝦夷に旅立つ折

ことしあらば
鎧《よろい》の袖《そで》をかたしまて
戈《ほこ》の枕に死すもいとはず

―「会津百人一首」田中玄純詠より

◇**生没年**＝文化四年（一八〇七）十二月二十六日～文久元年（一八六一）七月二十日。

◇**経　歴**＝会津藩の豪傑。幼名は鉄之進、通称は鉄之丞、実名は玄純。陣将代、班席は家老に次ぐ若年寄（中老）。会津藩の名家老、田中三郎兵衛玄宰《はるなか》（のち大老）の分家筋に当たる。玄純妻は伴伊織の女、三男五女あり。

◇**田中清玄**＝玄純の孫娘愛子の長男。非合法時代の日本共産党中央ビューロートップ、事実上の党委員長。

◇蝦夷地の足跡＝第二次会津藩北方警備時代、会津藩領を巡察。帰途、勇払《ゆうふつ》（現苫小牧市）で病没、箱館高龍寺に埋葬。

十三代将軍徳川家定に謁見

「機を失う勿れ」

これが田中玄純の口癖である。「やるべき時はやる」「時間を惜しめ」の意味であろう。学校奉行であったとき、会津藩校日新館では自ら学田を耕やし作物を売って学資を得、早朝、誰よりも先に登校して文献を読み、書の道に励んでいた。余りの勤勉さに、俗吏は閉口したという。

酒を好んだ。ただし宴席に列すると自制し、かたくなに「僅か三杯」（小川渉《わたる》『会津藩教育考』）しか飲まなかった。

高潔であり、巨漢な人物として知られ、体重三十二貫（約一二〇キロ）だった。これに腕力が伴い、玄純に過ぎる者は他になく、戈《ほこ》（槍に柄《え》の付いた武器）をまるで拍子木《ひょうしぎ》を打つように軽々と使い、周りの藩士の度肝を抜いた。

いまだ見ぬ蝦夷地へ旅立つ折、こんな和歌を詠んでいる。ロシアとの交戦を念頭に入れた。気概にみなぎる歌である。

ことしあらば
　鎧《よろい》の袖《そで》をかたしまて
　戈の枕に死すもいとはず

ありし日の武人の風姿を彷彿させる一首だ。父の名は田中鉄次郎玄俊《はるとし》と言い、その名は兵法家として藩内に響き渡り、玄純は血を引いたのであろう。

この田中家は、会津藩の名家老である田中三郎兵衛玄宰の分家筋に当たっている。一七〇〇年代後期、会津領民が天明の大飢饉によって困窮のどん底にあったとき、三郎兵衛は救済するため「天明の大改革」に乗り出し、会津は危機から脱した。

のちのちまで会津の人は、次のように評価している。

「田中三郎兵衛こそ会津藩中興の祖、会津の恩人でござる」

やがて蝦夷地で客死する田中玄純は、名門の出である。家老組の外様士、目付、公事奉行、大目付を経て学校奉行の要職に就いた。安政四年（一八五七）、主君容保《かたもり》に代わって将軍に相州警備について報告を命じられ、このとき晴れがましいことに、玄純は十三代将軍徳川家定に謁見し、「二疋《ひつ》」(金一封)を賜った。

第二次会津藩北方警備で、玄純は陣将代となり、家老に次ぐ若年寄へ進み「中老」と呼ばれることが多かった。

蝦夷地勇払で病没

蝦夷地会津藩領における会津藩の役目は、軍事的警備のほか、拓地開発、漁事の監督にあった。領地経営である。

文久元年、中老田中玄純は蝦夷地領を巡見するため、二男の金次郎玄忠(十五歳)を伴い、会津から蝦夷地へ旅立つ。第二次では、会津藩最高位の人物の蝦夷地行きである。

[会津発] 二月一日。

[蝦夷地着] 蝦夷地南方の会津藩戸切地《へきりち》陣屋に到着し、五月二日に陣屋から奥地へ。

[宗谷着] 五月二十七日、蝦夷地最北端の宗谷に着く。

[樺太着] 六月四日朝、宗谷を出帆し樺太(北蝦夷地)へ上陸。樺太シラヌシ、樺太トンナイに滞在二日間。あわただしく離島した。半世紀前、父が渡った樺太で、玄純は往時を追想し、感慨が胸に迫ったに違いない。

[新封地巡見] 六月七日、再び宗谷に上陸。それから、会津藩新封地の斜里《しゃり》、紋別《もんべつ》、標津《しべつ》の各地を巡視し、帰途に着いた。

[玄純の客死] 文久元年七月二十日、田中玄純が勇払《ゆうふつ》(現苫小牧市勇払)で病没する。

玄純の病死について、「田中金次郎玄忠系譜」が次のように記録している。

「各地を巡視し、帰途病に罹《かか》り、万延二酉(此年文久と改元す)、祐冨津《ゆうふつ》駅に没す。享年五十有五歳。次男玄忠棺《ひつぎ》に供奉し宣夜急行、同年八月五日戸切地陣屋に帰着す」

当時、太平洋側の勇払には、北辺防備のため八王子千人同心の一団が入植していた。拠点として勇払会所が置かれ、想像を巡らすとここで玄純は息を引き取ったのかも知れない。

[会津から長男急行] 八月十日、長男田中玄直(二十六歳)が会津を発し、同月二十九日夜に戸切地の亡き父親と対面した。

会津から蝦夷地は遠かった。

昭和のフィクサー田中清玄

田中玄純の棺が運ばれた会津藩戸切地陣屋は、箱館湾岸に広がっていた。

幕末期の錦絵「箱館真景」には会津陣屋、会津屋敷が描かれ、大正期には名残りの土塁《どるい》が見られ、二十三万石にふさわしい大規模な陣屋だった。

陣屋跡近くの歴史研究家、上磯地方史研究会会長・落合治彦氏は、東光寺墓石群の中から「会津藩中太田藤蔵妻之墓」を見つけ、会津藩戸切地陣屋（現北斗市飯生《いなり》、旧上磯町）が実在したことを物証した。海の向こうに函館が望むことのできる一帯である。

文久元年九月十四日、田中玄純の亡骸はここから箱館名刹の曹洞宗高龍寺へ移送され、手厚く埋葬された。落合氏は話す。

「葬列は戸切地陣屋から高龍寺まで、延々と二里半にわたって続きました」

会津藩戸切地陣屋跡近くの東光寺に「会津藩中太田藤蔵妻之墓」が現存する（北斗市中央２丁目：落合治彦氏が発見した）

長い葬列は海沿いの道を通り、中老の死を弔うに似つかわしい光景だった。会津藩主松平容保は訃報が達すると、葬金を送って来た。

函館の名刹、高龍寺の小高い丘に、巨大な玄純の墓が現存する。

「会津中老　田中玄純墓」

玄純没後、田中家は玄直が継ぎ、玄純の孫娘愛子は昭和史フィクサー田中清玄を輩出した。

中老田中玄純
- 長男　玄直（蝦夷地渡海、京都出動、猪苗代城代、会津戦争母成峠の戦い参戦）
- 二男　玄忠（蝦夷地渡海）
- 四女　八重―二女　愛子―長男　田中清玄（日本共産党中央ビューロー、事実上の党委員長）

［注］第十章「田中愛子」の項参照。

会津中老田中玄純墓
（函館市高龍寺裏山）

田中玄純墓の入口

秋月悌次郎《あきづきていじろう》

―長州テロリストから逃れ知床半島へ

抜刀しヒグマ叱る

羆熊《ひぐま》巣窟《そうくつ》為し
余《よ》急ぎ抜刀し
大声で之《これ》を叱る

―秋月悌次郎『韋軒遺稿』より

◇生没年＝文政七年（一八二四）二月二日～明治三十三年（一九〇〇）一月四日。

◇経歴＝会津藩公用方、京都守護職松平容保《かたもり》に従い入京。通称は悌次郎、実名は胤永《かずひさ》、号は韋軒《いけん》。藩校日新館から昌平黌へ。薩摩、長州ほか諸国遊歴。会薩同盟を主導、「八月十八日の政変」で京から長州追放。会津戦争で軍事奉行添役。戦後、禁固生活。東京大学、一高の教授。熊本五高教授時代の同僚、ラフカディオ・ハーンは老会津人秋月を「神様のような人」と人柄を称賛。南摩綱紀と共に会津二大漢詩

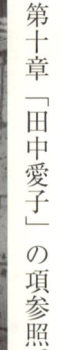

人として知られ、漢詩「北越潜行の詩」が有名。

◇蝦夷地の足跡＝第二次会津藩北方警備時代、斜里《しゃり》代官として赴任。

会薩同盟の旗手

会津藩公用方の秋月悌次郎は、京洛を舞台にしてよく働き、活躍した。

尊攘激派《そんじょうげきは》のテロリズムが多発していた文久二年（一八六二）の十二月二十四日、王城の地に京都守護職として会津藩主松平容保主従一〇〇〇人が入京した。その中に悌次郎がいた。

会津外交の窓口役を担当していたから、他藩士に知られていた。翌文久三年（一八六三）、京の悌次郎の住居に薩摩藩士高崎左太郎(号は正風)がひょっこり訪ね、幕末会津藩の運命を決定づける重大な話を持ち掛けた。

高崎の話の内容は、次の通り伝えられている。この年、八月十三日の話である。

「(朝廷から）近来《ちかごろ》発表せられるものの多くは偽《ぎ》勅《ちょく》で、奸臣《かんしん》どもの所為から出たことは、兄らも知るところのごとくである。聖上（孝明天皇）もこのことを御気づかれ、しばしば中川宮に謀り嘆いておられると聞く。わが輩、これを聞いて、しのびない。思うにこの任に当れるのは会津と薩摩しかない」　（山川浩『京都守護職始末』平凡社）

高崎左太郎は天皇のそばにいて、勝手放題に振舞う君側の奸（長州派公卿、長州藩）の追撃を、秋月に申し入れたのである。秋月は勝手に薩摩へ協力するわけにもいかず、急いで黒谷の会津本陣へ向かい、松平容保に話すと、主君も薩摩の申し入れに同意した。

このような経緯を踏み、

「会津・薩摩の提携」

は成立し、帝の勅許《ちょっきょ》（許可）を得て、攘夷反幕を画策する七人の公卿を禁裡御所から追放した。世に言うところの「八月十八日の政変」である。この日、会津藩御預り壬生浪士《みぶろうし》組は御所へ出動したので、その功を称賛し会津藩を通じて朝廷から「新選組」の隊名が下された。

その後も京では長州勢の反撃が始まったものの、元治元年（一八六四）の「蛤御門《はまぐり》の変」では長州に対して会津・薩摩の連合が勝った。

国元会津の子供たちの間に、このような数え唄が流行した。

〽一つとせ
人の知りたる会津様
葵《あおい》で京都の
御守護職　御守護職
こと厳重に
（会津藩町奉行娘　札幌の日向《ひなた》ユキの伝承）

京都では「会津藩の季節」がしばらく続くことになるが、会薩連合の立て役者の秋月悌次郎は長州に憎まれ、テロの魔の手が延びていた。

秋月狙う長州テロリストたち

京都で活躍していた秋月悌次郎であるというのに、なぜだろう、蝦夷地会津藩領に赴任することになった。京都から大事な人材を失うのである。

司馬遼太郎は秋月に関心を抱いていた。秋月を主人公にした「ある会津人のこと」（文春文庫『余話として』所収）で次ように推定した。

「かれは同藩の者たちにその功を嫉妬され、北海道警備の代官に遷《うつ》されてしまっていた」

何と俗っぽい理解か。この理解に弾みがついて「秋月左遷説」さえ飛び出した。司馬の放つ一文は感染力が高い。

果たして嫉妬なのか、左遷なのか。

最近、どちらも否定する歴史史料が注目を集めている。史料は『会津藩往復書簡控』（早稲田大学図書館、全二十巻）である。会津秋月、薩摩高崎左太郎へのテロ攻撃、暗殺の企てがあったというのだ。史料を要約しよう。以下、中西達治「元治元年の秋月悌次郎」（第十五回会津史談賞）を参照。

①「秋月悌次郎儀、長藩人之仕業《しわざ》と思われる刃傷沙汰有之、当分出起見合候こと」

②「秋月悌次郎儀、関門《かんもん》修築のため御用、大坂表へ罷《まか》り出《い》で候、旅宿留守へ何者か罷り越し候也の関こえもこれ有り」

③「この度薩高崎左太郎儀も、馬上にて罷り通候節、何者に候哉、四人計り抜き連れ切って懸《か》かり候、右は十八日の一条へ関係の者につき、長藩の仕業やも計り難く」

これらの秋月や高崎の襲撃記録は、断定こそ避けているが、下手人は長州テロリストであることは自明であった。補足すると①は秋月が襲われたこと。②は秋月が京から大坂の楠葉《くずは》台場へ出張したとき、京三本木の留守宅（御所そば）が襲われたこと。この台場は日本初の河川台場として国指定の史跡となったが、建設は松平容保の建策。③は会津・薩摩に反発する「八月十八日の政変」の周辺、すなわち長州人である。

　以上は当時の生々しい襲撃の記録だ。

　その後、明治期に入って、長州人山田顕義《あきよし》（伯爵、日大創立）は八月十八日の政変直後、京に潜伏し秋月の「殺害を三度計画した」と語り、同じく長州人国司《くにし》仙吉（画家）も秋月殺害の計画に触れて「京都市中に潜んで殺そうと思っていた」と告白している。（徳田武『会津藩儒将秋月韋軒伝』参照）。

　長州人の狂心性は呆れる。ただ会津藩公用方同僚の広沢安任《やすとう》「鞅掌録《おうしょうろく》」は「（秋月を）忌《い》む者、往々あり」と言っており、それが会薩提携への疑問を指しているのか、秋月の独走への疑問なのか、分からない。

蝦夷地在任中に薩長同盟成立

　秋月悌次郎はその後も、長州藩に憎まれ続け、元治元年（一八六四）の蛤御門の変で長州は敗退し、会薩連合が勝利すると、長州は秋月への憎しみが増幅する。そして京から秋月は姿を消した。会津藩当局が、長州の憎しみが秋月へ集中していることから刃傷沙汰を回避するため、一時避難させたのであったろう。

　翌年の慶応元年（一八六五）七月、秋月悌次郎は会津藩蝦夷地領の斜里代官に着任した。斜里の会津陣屋は、知床半島の付け根に構えていた。

　斜里在任中、慶応二年（一八六六）一月二十一日に薩長の秘密同盟が成立し、京の政治が急変した。そのようなとき、秋月は蝦夷地の山野を駆け巡り、ヒグマに出くわすと、「急いで刀を抜き、大声でヒグマを叱った」という意味の詩を作った。秋月の京の威厳、蝦夷地の孤独を重ね合わせるとやるせない。

　秋月は慶応二年十二月、蝦夷地を去った。在任は一年余りに過ぎない。

　京都へ再赴任。会津戦争。主君や家老

世界自然遺産知床の海

共に会津藩軍事奉行添役として降伏式に臨んだ。敵軍にひれ伏した路上の赤い布を秋月は「泣血氈《きゅうけっせん》」と名付けて分かち合い、無念の証にした。

熊本五高教授時代、同僚の教官にラフカディオ・ハーン（小泉八雲）がいた。「雪女《ゆきおんな》」の作者として名を挙げるハーンは、秋月の学識、人柄を評して、「神さまのような人」と追慕している。

激動の時代を生きた秋月にとって、特筆すべきことは鶴ヶ城を抜け出し、北越（新潟県）へ向かい、救援の政治工作に駆け巡った。変装したという。その折のことを長編の漢詩にした。訳すと、「行くに輿《こし》（駕籠《かご》）はなく、帰るに家はない。会津藩は敗れ、孤城と化した鶴ヶ城は雀《すずめ》、鴉《からす》が乱れ鳴いている」という意。

この漢詩は人びとの心を打ち「北越潜行の詩」と呼ばれる。以下、漢詩読み下し文。

行くに輿《こし》無く
帰るに家無し
国破れ
孤城雀鴉《じゃくあ》乱る

亡国の心情を詠んだこの一節は、忘れてはならない不朽の会津士魂として鶴ヶ城城内に碑が建つ。

後年の秋月悌次郎

第三章　会津戦争

梶原平馬
新島八重
中野優子
水島純

梶原平馬《かじわらへいま》

—消息を断った会津藩最後の筆頭家老

祖父平馬と祖母二葉

梶原平馬景武も山川浩とともに、藩の家名再興に努力してきたが、主家が斗南三万石の支配を許されると、もう平馬の名はそこに登場はしない。恐らくこれが、平馬の妻だった山川二葉との離別を意味するものだったのだろう。資料も第二次大戦の東京空襲で全く失い、今は何もない。

—『梶原景浩遺稿集　会津の人』昭和五十五年より

◇生没年＝天保十三年（一八四二）～明治二十二年（一八八九）三月二十三日。

◇経　歴＝会津藩家老内藤介右衛門信順《のぶより》の三男、第十代梶原家を継ぐ。通称は初め悌彦《ともひこ》、平馬。実名は景武。のち成島、景雄。関《せき》宿《しゅく》会談の会津藩全権、奥羽越列藩同盟《おううえつれっぱんどうめい》成立に導く。会津戦争政務総督、最後の筆頭家老。戦後斗南《となみ》藩上市川村移住。実弟の武川信臣は彰義隊信意隊長、斬首刑。

◇妻＝初め山川二葉、後に水野貞子。

◇北海道の足跡＝松平容保《かたもり》側近として廃藩置県直後、随行し函館入港。のち函館居住、根室移転。昭和六十三年（一九八八）、根室市西浜町墓地で平馬墓が見つかった。

東の平馬、西の龍馬

なぜ梶原平馬は、会津藩の歴史から疎外され続けたのだろう。

会津戦争を鶴ヶ城内から全軍に指揮した家老であったというのに、例えば『会津大事典』（国書刊行会、昭和六十年）には「後半生は不明」と素っ気なく記載され、人生の最もモニュメンタルな生まれた日、死んだ日さえまったく判然としない人物として扱われてきた。

やっと昭和六十三年に至って、会津戦争のとき数え二十七歳の若侍であったことが、初めて分かった。

平馬ありし日の風姿は、イギリス外交官アーネスト・サトウ『一外交官の見た明治維新』によると、「梶原は、シャンペン、ウイスキー、シェリー、ラム、ジンなどを、またたきもせず飲みほし、飲みっぷりは他の人々をはるかにしのいだ。彼は色の白い、顔だちの格別立派な青年で、行儀作法も申し分なかった」と伝えた。また上山藩《かみのやま》（山形県）の側用人《そばようにん》増戸武平が『史談会速記録』で語っている記録は「すこぶる人傑な青年である」と称賛している。

会津藩政の表舞台で勇躍するのは、悲しいかな自藩が枯れ落ちてゆく最終シーンにおいてだった。城は陥ちた。その後、生き難い明治時代を生き、敗軍の将の人生の春夏秋冬を偲ぶと、明星派歌人の与謝野晶子「会津詠草」の次の心象風景に重なってしまう。

秋風が今は行くのみ
　鶴ケ城
北の出丸《でまる》も帯《おび》の廓《くるわ》も

会津藩梶原家の遠祖は、「名こそ惜しけれ」の鎌倉武士の系譜である。平馬のフルネームは梶原平馬景武。会津藩代々が「平馬」と鎌倉以来の「景」の字を世襲し、幕末平馬は十代目に当たり、六代目梶原平馬景保《かけやす》は北方警備で利尻島に渡海した。

幕末平馬は、坂本龍馬による薩長同盟の流れに抗して、龍馬没後に東日本諸藩を結束させ、「奥羽越列藩同盟」を結ぶ契機をつくった。それは世が世であるなら、「東の平馬、西の龍馬」と並び称されるべき快挙である。

ところが、戦後処理を成し遂げ、妻子と決別し、消息を断つ。

怪異なことにこれが、会津二十三万石の筆頭家老の謎に包まれた会津戦争後なのである。

平馬をめぐる幕末烈風

梶原平馬は二十代前半のころ、会津藩の要職に就いた。政局は激変し、日本の歴史が塗り変わる出来事や事件が、次々と起きた。

[京都守護職]　文久二年（一八六二）、会津藩主松平容保が着任、容保主従一〇〇〇人が京に常駐し、尊攘テロリストを取り締まる。平馬二十一歳、ただし平馬の入京年、退京年は不明。

[長州、御所へ発砲]　元治元年（一八六四）、蛤御門の変。

[長州征討令]　元治元年、孝明天皇（明治天皇の先帝）の命により、長州藩は「賊軍」となる。

[平馬、若年寄就任]　慶応元年（一八六五）、江戸常詰若年寄、平馬二十四歳。

［孝明天皇崩御］　慶応二年（一八六六）一月。長州派の毒殺説がある。以降、時局は急変する。
［薩長同盟成る］　慶応二年一月、京の薩摩藩邸で密約成立。龍馬仲介、三十二歳。
［平馬、家老就任］　慶応二年三月。最年少の会津藩家老、二十五歳。
［平馬、イギリス外交官訪問］　慶応三年（一八六七）一月十三日、アーネスト・サトウの宿所（大坂）を四人の会津藩士と共に訪ねる。用件不明。
［平馬、老中へ京都守護職免職を申し入れ］　慶応三年二月十七日、会津藩家老田中土佐、平馬の両家老は、京都御池《おいけ》の老中板倉勝静《かつきよ》の館を訪ね免職を申し入れるが、了承されず。京撤退は容保の意思である。
［大政奉還］　慶応三年十月十四日奏上。土佐藩主導の平和革命路線。
［倒幕の偽勅《ぎちょく》］　大政奉還の同日、薩摩藩が主導し、徳川慶喜《よしのぶ》を「討《う》て」、会津藩主・桑名藩主を「誅《ちゅう》せ」の詔書が下される（『維新土佐勤王史』）。ニセの詔書である。これにより土佐の平和革命路は薩長の武力革命路線に変わり、薩長は大政奉還の立て役者龍馬を裏切ったのである。

［坂本龍馬暗殺］　慶応三年十一月十五日。

［王政復古大号令］　慶応三年十二月九日。慶喜、容保は「王政復古」の名の下に、京を追われ大坂城へ移る。

［戊辰戦争勃発］　慶応四年（一八六八）一月三日、大坂城から進発した会津・桑名・新選組・幕軍らが薩長と激突、戊辰戦争最初の戦い鳥羽伏見戦へ突入。

［平馬、将軍を応接］　慶応四年一月初め、会津軍勢が京から江戸へ退却。将軍徳川慶喜が会津藩江戸中屋敷に負傷者を見舞う。会津藩士が幕軍の弱腰を慶喜に直訴、これを平馬は制止しなかった。

［会津追討令］　慶応四年一月十七日、仙台藩へ朝廷の名で下す。薩長勢は自分の手を汚さず会津追討を策動した。

［平馬、武器調達］　慶応四年三月二十六日、小銃八〇〇、弾薬を新潟へ移送。会津藩はすでに二月、会津へ総引き上げした。

会津藩の政局中央における大仕事は終わった。

権威のシンボル朝廷。

権力のシンボル将軍家。

二つの力の谷間で苦しんだ会津藩であったが、京を追われ、江戸を追われ、そろそろ会津の山河に戦雲が迫り、大戦争が待っていた。
最年少の家老、梶原平馬の出番である。

平馬絶叫「会津藩、死をもって国を守るのみ」

会津藩の運命を決定付ける「関宿の会談」が始まった。

主題　会津藩をいかに救解するか。

出席　仙台藩、米沢藩、二本松藩の重臣、梶原平馬。

梶原平馬が会津藩の命運を賭け仙台藩重臣らとの交渉に臨んだ「関宿本陣」の古写真（宮城県七ヶ宿町の元「旅館関本陣」提供）

場所　関宿本陣（現宮城県七ヶ《しちが》宿《しゅく》街道）、仙台藩領。

会談は、慶応四年四月二十九日夜から翌日閏《うるう》四月一日朝にかけて。長時間の会談は緊迫した。交渉は仙台藩主席奉行（家老）の但木《ただき》土佐五十一歳、梶原平馬二十七歳との話に終始し、仙台藩が薩長へ嘆願できる条件は、「鶴ヶ城開城」「首謀者の首」「容保の城外退去」の三つであると迫った。会談内容は『会津戊辰戦史』『仙台戊辰史』『七ヶ宿町史』に詳述されているので、それを現代訳しよう。

［仙台但木土佐］　貴藩の降伏嘆願の申し入れは、会津城の開城はむろんのこと、首謀者の首級を差し出すことだが、御覚悟はなされたか。

［会津梶原平馬］　藩主城外への謹慎は当然のことと言えども、首謀者の首級を差し出すことは、はなはだ難しい。みな精忠な家臣である。もし、この首を斬れば、藩内動揺していかなる変事が生ずるか分からない。（薩長から）なんで征討を受けねばならぬ理由があろうか。

［但木］　首謀者の首級を差し出さないのなら、総督府（薩長）に進達することはできない。取り継いでも総督府は受けないだろう。そのとき貴藩の決心はいかがか。

［梶原］（しばらく沈思して）……、会津藩、死をもって国を守るのみである。

［但木］　一藩、死を決して守るのと、わずか一両人の首を出して藩の運命にかえるのとで、いずれがよいのか。

［梶原］　……………　（答えず）

平馬は一歩も譲らなかった。仙台但木の強い調子の発言に対して、平馬は「会津藩、死をもって国を守るのみ」と同じく強い言葉で応答した。平馬は「開城」の恥辱を拒否し、武士らしく「落城」への道を選んだ。

関宿の会談は、まだ続き、今まで沈黙していた仙台藩軍事参政の真田《さなた》喜平太四十五歳（真田幸村の支族）が激しく平馬に迫った。

［真田］　もし、首謀者の首を出せないなら、すみやかに会津へ帰国され、軍備を整えられよ。われらは戦陣であいまみえよう。

［梶原］　重臣の首を出したとしても私怨に報いようとする薩長の参謀らは、これを拒否するのでないか。

平馬の薩長に対する不信感に対して、仙台但木は「拙者どもが保証する」と断言したものの、平馬は権限のない仙台の発言を信じる訳にはいかなかった。

上山藩増戸武平は、関宿会談の様子を偵察していた。会談に列席できなかったから、会談直後、七ヶ宿街道を早馬で飛ばし、仙台や米沢の重臣をやっと見つけ、真相を聞き出した。後年、その日のことを増戸は次のように回想した。

鶴ヶ城の開城については「梶原平馬初め、（会津藩の）一同の者が泣いて訴へる」ので開城を認めさせられなかった。首謀者の首級の件では、「梶原平馬の如きは談判中も潔く首を伸べて、只今此《こ》処《こ》にて割腹いたしますから誰人《だれびと》にても首級を御取上げ下され度い」　（『史談会速記録』ほか）

この話を増戸武平は男涙をぬぐって聴き、会談列席者は口々に「梶原は死を決し近日中、死するであろう」と話し、同情したという。

関宿会談の緊迫は、奥羽諸藩へ広がった。

平馬は帰藩して謝罪文をねり、君公の城外退去のみ記し、開城や首謀者の首級のことはひと言も触れず、強気の謝罪文を作った。それでも奥羽の大名たちは、この謝罪嘆願文に賛意を表明し、雪国は大同団結する。
閏四月十二日　奥羽列藩同盟成立　調印二十五藩。
五月三日　奥羽越列藩同盟成立　調印三十一藩。
梶原平馬の関宿会談における揺るがぬ発言と、命を賭した振る舞いが、東日本の結束を導いたと見てよい。

戊辰戦争最激戦の鶴ヶ城籠城戦

戊辰戦争の戦火は、東日本一帯に達した。

梶原平馬たち奥羽越列藩の主要五家老は、世界十一ヵ国のミニストル（公使館、領事館）へ宛てて声明文を届けた。

この声明文は、東日本の日本人が列国に対して、ひるむことなく正義を主張した輝かしい歴史的な壮挙になった。声明文は激しく、怒りに満ちている。

謹んで外国のミニストルに告ぐ。
奥羽越列藩は声を大にして告げることがある。考えるに徳川氏は累世継世の政権を朝廷に復し奉った。ところがこの機に乗じて、（薩長らの）奸臣《かんしん》が朝権を悪用し、残酷殺伐な号令を下している。
我が奥羽越列藩の君臣は、この有様をみて大義を天下に訴え、同盟を結び、強暴に来る者は之を撃退する。
慶応四年七月
仙台藩　葦名靭負
米沢藩　色部長門
会津藩　梶原平馬
庄内藩　石原倉右衛門
長岡藩　河井継之助
（池内儀八『会津史』所収）

声明文は会津藩士雑賀《さいか》孫六郎らの密使が変装し、新潟港から横浜の諸外国ミニストルへ届けられた。

しかしながら、敵の大軍は翌八月二十三日早朝、「王師官軍」と偽りを称して会津城下へ迫り、みちのくの名城鶴ヶ城を奪おうとした。侵攻軍将校は、江戸城から分捕った「ヤクの毛」を赤・黒・白に染めて頭に冠《かぶ》りシャグマと称し、今日風に言えばコスプレの如き滑稽な姿だった。

この日、鶴ヶ城は戊辰戦争最激戦になった一ヵ月に及ぶ籠城戦に突入した。会津の朝は秋雨に霧っていたという。

馬上から平馬が叫ぶ「城中守備なし」「死者はなはだし」の絶望的な肉声が伝えられている。立て籠ったのは、松平容保（秩父宮勢津子妃の祖父）、家老、藩士と妻、乳幼児、老人、平馬家では妻二葉、幼い長男景清である。

籠城中の平馬は、容保の最側近として政務総督を司った。

鶴ヶ城への砲撃が激しくなった八月二十七日朝、城の稲荷神社前で重臣たちが軍議し、平馬は二つの発議をし、騒然となった。一つは「松平容保父子の同盟国米沢への脱出」、更に一つは「籠城婦女子の斬首」であったという（『会津会々報』所収、相田泰三「維新雑感」参照）。

関宿会談の平馬発言が思い浮ぶ激烈な記録だが、これ以上のことを筆者は知らない。

修羅場と化した鶴ヶ城では、平馬の妻や子も逃げ惑っていた。平馬ひ孫の梶原景昭氏（平成二十六年逝去）が筆者に教えてくれた。

「お爺ちゃんの景清（当時三歳、のち軍医）は、お母さんの二葉におぶさって城中を逃げ惑い、怪我人は後を絶たないほどだった。そんな悲惨な話をよく聞いた」

戦死者と負傷者は多数に及び、鶴ヶ城は落城寸前である。

容保の御前に会津藩士の鈴木為輔と河村三介が呼び出された。そのときのことを鈴木が記録に残している。

「梶原平馬同道にて御前へ召出され、人払いの上、（容保は）切迫いたし、粮米は尽き、いかんとも致し方これなき場合に至り、敵地への使者申し付ける。平馬殿、御酌にて三献をいただき候」（宮崎十三八《とみはち》編『会津戊辰戦争史料集』新人物往来社）

このような経緯を踏んで、鶴ヶ城に「降参」の白旗を鈴木為輔が掲げた。明治元年（一八六八）九月二十二日のことだった。

闘死、刑死、戦病死、自害、非業の死を遂げた殉難者の最期はむごたらしく、亡骸は戦場に打ち棄てられ、ときには埋葬さえ禁止され、非道にも墓碑銘の表記にも難癖《なんくせ》が付けられた。侵攻軍は自らの非人道的な戦後処理を自ら記録に残すはずもなかった。

幕末三〇〇藩中、会津藩戦死者は最大である。

会津の戦いは終わった。

会津藩降伏式を伝える錦絵に、軍門に下る松平容保、喜徳《のぶのり》の二公に続き、家臣先頭に上下《かみしも》姿の梶原平馬が描かれている。

明治日本の片隅に死す

鶴ヶ城は陥ち、梶原平馬はどうなったのか。

松平容保、喜徳の父子二公は、降伏式が終わり、一旦城中へ帰り、家臣の苦戦辛勤をねぎらい、決別の意を表わした。

城を明け渡したとき、立て籠っていたのは、戦闘員と家族を含めて、

「四九五六人」

もの人びとである。その中に平馬がいた。

明治二年（一八六九）五月十八日、明治政府は会津戦争首謀者の死を命じ、上席の会津藩家老萱野《かやの》権兵衛が会津藩を代表して責めを一身に負い、切腹する。切腹の直前、権兵衛は平馬と山川大蔵《おおくら》（浩）に、別れの言葉を遺した。会津戦争正史『会津戊辰戦史』は、切腹の間際の遺言について綴っている。

「今、君国の為めに死するは、寧《むし》ろ光栄に存ずる所なり。両士之《これ》を聴きて倶《とも》に涙を拭ふ」

関宿会談であれほど「首謀者の首」の求めを拒絶した平馬であったのに、上席家老の萱野は死出の旅に出てしまった。萱野の死と共に、平馬は最後の筆

北方警備時代の梶原平馬景保と一族墓（会津若松市実成寺）

幕末の梶原平馬景武墓
（根室市西浜町墓地）

頭家老として、会津藩の戦後処理に臨むことになった。

会津松平家の再興、家臣団の斗南藩移封、成すべきことを成したが、平馬自身は斗南藩（再興会津藩）の要職に就かず、表舞台から身を引いた。一時、乞《こ》われて青森県庶務課長に収まり、会津城下大町一之丁へ身を移す。

ところが明治期の初め、妻子と離別し、その後平馬の姿を見た者は誰もいない。所在は分からず、どこで死んだのかも分からない。完全に消息を断ってしまったのである。妻二葉は離別について「故ありて」とだけ短い四文字で伝えている。

そして昭和六十三年（一九八八）、時は大きく移ろい、この年に平馬の消息が分かった。

二月、平馬の実兄に当たる会津藩家老内藤介右衛門の孫信俊宅（青森県五戸町、旧斗南藩領）のつる夫人が物置小屋から、「内藤家過去帳」を見つけ、それに平馬の没年月日、戒名、根室に墓があることが記載され、平馬は「梶原景雄」として病死したことが分かった。

「鳳樹院泰庵霊明《ほうじゅいんたいあんれいめい》居士《こじ》　明治廿二年三月廿三日北海道ニ於テ病死　根室墓アリ　梶原景雄」

会津戦後史を飾る発見である。この過去帳の記録は、内藤家→東京・萱野恒雄氏→札幌・佐々木修、教子夫妻→根室・耕雲寺の先代住職袴谷《はかまや》龍憲師へと伝わり、八月に袴谷住職は根室市西浜町墓地の一隅から平馬墓を見つけた。

発見当初、墓は夏草に埋もれ、辺りにハマナスの花が咲いていた。表面は戒名のみ刻まれ、裏面は今にも風化しそうに小さく「梶原景雄」と刻まれていた。住職は檀家でない平馬の墓をよくぞ探し当ててくれたものだ。昭和六十三年、この年はちょうど平馬一〇〇年忌に当たった。

この報が会津に伝わると、川島忠夫氏、塩谷七十郎氏、宮崎十三八夫人のよし子氏、綱淵謙錠氏ら名のある会津研究者が次々と墓参にやって来た。平馬墓は浮世を憚《はばか》るように、わずか七〇センチに過ぎない。

「これが会津二十三万石、筆頭家老の墓なのか」と会津人は哀れみ、酒豪平馬へ会津酒を供えた。小さくても、いい面構えの墓である。

平馬は朔東の根室で暮らした。

妻は江戸能楽師の娘水野貞子《ていこ》（根室女学校校長）で平馬と貞子の間に子が二人いた。姉娘は梶原静枝（札幌渋谷源吉に嫁ぐ）、弟は水野文雄（花咲尋常高

海軍軍医になった梶原平馬の長男景清、退役後、梶原医院を東京四谷で開業した（『山川二葉先生』）

等小学校教諭）である。平馬は寺子屋のような塾を開いていた。根室の歴史研究家の本田克代氏は、次のことを調べている。

妻貞子のこと。「親類のやんちゃ坊主が大喧嘩すると、梶原家代々に伝わる槍をにわかに真顔で構え、悪ガキの喧嘩を治めた」

息子水野文雄（平馬二男に当たる）のこと。「文学好きな、涙もろい先生だった。歴史の授業は懐かしく、先生の十八番『楠木正成』は、話が高潮に達すると自らも目にいっぱい涙をためられた」

貞子のおどけた槍の話、文雄の熱弁の授業は関宿会談の平馬絶叫を想起させるが、文雄は若くして他界した。平馬についての文字記録は数少なく、次はその一つ。

「梶原貞子女史、明治十四年良縁あり青森県士族梶原景雄氏にあり」

（『北海道立志編』明治三十六年）

これは平馬死後の文献だが、平馬の面影を知ることはできない。

平成十六年夏、初めて平馬の墓前にひ孫の兄妹二人が立ち、合掌した。最初の妻だった山川二葉（東京帝国大学総長山川健次郎の姉）との血筋である。

その日、報道記者たちが墓を囲んだ。兄梶原景昭氏はリコーダー、妹南彩子さんはメゾソプラノで詠歌『荒城の月』を平馬に捧げ感動を呼んだ。共に国《くに》立《たち》音楽大学の出身である。耕雲寺住職の袴谷良憲師は兄妹に「私のお経よりも梶原平馬様へ、何よりの供養になりました」と声を掛けたのが印象的だった。

あの会津戦争から幾星霜、今、平馬の墓前に香華が絶えない。若き日、薩長に背を向け非妥協を貫いたことへの共感であろう。明治日本の薄暗い片隅で後半生を暮らし、貧しくても清逸な日々を送っていたに違いない。

時節の移り変わった新時代がどのように映ったものか、死んだ平馬に聞いてみなければ分からない。

会津戦争を語らず、沈黙のまま死地へ赴いたが、次の一首を掲げ、この項を閉めくくる。

変わりゆく
　世にはならはで桜花
いまも昔の色に咲くなり　　平馬

［参考文献］
梶原美津子編『梶原景浩遺稿集　会津の人』八重岳書房、『山川二葉先生』桜蔭会

新島《にいじま》八重《やえ》

―最新鋭スペンサー銃で戦った「八重の桜」ヒロイン

会津落城の悲歌
明日の夜は何処《いずこ》の誰《たれ》か眺むらん
馴《な》れし御城《おしろ》に残す月影
―新島八重詠より

◇生没年＝弘化二年（一八四五）十二月三日～昭和七年（一九三二）六月十四日。

◇経　歴＝会津藩砲術家の山本権八、佐久の三女。名は八重、八重子、ヤヘ、屋ゑ。鶴ヶ城に男装し、女銃士として籠城。会津戦争後、米沢、京都へ移住。キリスト教入信、のち臨済禅に興味を抱く。京の女紅場、同志社女学校の教師。孫を「襄次」（広津姓）と名付けるが東京帝国大学卒業の寸前に急死。能弁な八重は会津戦争の惨劇を語り続けた。NHK大河ドラマ「八重の桜」（平成二十五年）のヒロイン、八重役を綾瀬はるかが好演、日本一有名

な幕末女性となり注目を集める。

◇夫＝初め川崎尚之助（第五章）、後に新島襄。

◇兄の山本覚馬＝京都府議会初代議長。

◇北海道の足跡＝明治二十年（一八八七）、北海道旅行。病弱な襄の避暑地として札幌で土地探し。

弟の仇《かたき》は討たねばならぬ

新島八重は会津戦争で、男装の女銃士として知れ渡り、これは幕末史上、他に例はない。

会津藩砲術家の山本家に生まれ、祖父権八も、同じ名の父権八も、みな砲術家として武芸の一翼を担っていた。

八重の回想「妾《わたし》の兄覚馬は御承知の通り砲術を専門に研究して居《お》りましたので、私も兄に一通《ひととお》り習ひました」

この回想によると、どうやら八重は小銃の取り扱いに加えて、大砲の心得もあったらしい。

なお会津戦争当時の八重は、山本家食客の川崎尚之助と結婚していたが、一般によく知られている後の夫の新島襄の姓で表記する。また八重の回想は『婦人世界』『同志社談叢』『会津戊辰戦争増補』『七年史』『新島八重子回想録』『新島襄全集』などから引用する。

慶応四年（一八六八）八月二十三日、鶴ヶ城籠城戦に突入しようとしていた朝、会津藩の女性たちは、究極の三つの選択「自害」「避難」「籠城」を判断せざるを得ず、八重は籠城を決心した。

八重の回想「妾《わたし》は弟の敵《かたき》を取らねばならぬ、私は即ち三郎だといふ心持ちで、その形見の装束《しょうぞく》を着て、一《ひとつ》は主君のため、一は弟のため、命の限り戦ふ決心で城に入りましたのでございます」

この年の去る正月五日、弟の山本三郎は鳥羽伏見戦争八幡《やわた》の戦いで重傷を負い、江戸へ運ばれ、正月十六日に会津藩中屋敷で死んだ。国元会津の山本家は菩提寺から戒名を、

「義享院顕忠宗徹居士」（大龍寺過去帳）

と付けてもらった。八重の元には三郎の血に染まった着物など遺品が届き、それを着て八重は入城する。

腰には大小の刀をたばさみ、アメリカ製の最新鋭七連発式スペンサー銃、弾薬、白足袋裸足《しらたびはだし》で男装し、馬で勇しく入城しようとするがそれは諦めた。

鶴ヶ城廓下橋門へ着くと、抜刀した会津藩士が声高く、女性たちに叱咤している。

八重の回想「たとひお女中《じょちゅう》たりとも卑怯《ひきょう》なことは許しませぬぞ」

籠城の直後、戦闘の邪魔になると思って、大切な黒髪を切り落とそうとするが、自分ではなかなか切れず、顔見知りの高木時尾（戦争後、会津援軍新選組隊長の斎藤一《はじめ》に嫁ぐ）に切ってもらった。これで八重の男装姿が整い、城内で、

「山本三郎」

を名乗った。

高櫓や狭間からスペンサー銃を放つ

八重の勇猛な姿は、のち会津藩士の語り草になり幾つも目撃談が残っているが、次はその中の一つ。

北原雅長の回想「山本覚馬が妹なり。髪を切捨て、姿さえ男装の洋服を着、銃砲取《とり》て城の狭間《さま》あるいは高櫓《たかやぐら》などより打合《うちあい》たりけり。女の兵士に連なるは止《や》まれよと、人々に諫《いさ》められけれども、進撃の折には、忍びて必ず出《いで》たりけり」（のち北原は初代長崎市長）

八重は初め七連発式スペンサー銃を用いたが弾丸がなくなり、他の小銃を使った。

九月十四日、薩摩、長州、土佐、佐賀ら敵軍すべてが会津城下へ集結し、鶴ヶ城への総攻撃を始めた。佐賀藩は最新のアームストロング砲（一門ないし二門）を配備し、諸藩も四ポンド鉋（四斤砲《しきんほう》、四斤山砲とも言う）を登場させ、小田山山上の他、鶴ヶ城各口からも砲撃した（宮田幸太郎『佐賀藩戊辰戦史』）。

敵の砲撃は容赦なく鶴ヶ城中へ撃ち込まれ、城内では非戦闘員の女、子供が被弾し、血の海と化した。八重は九月十四日の惨劇を記憶している。

八重の回想「（この日）一二〇八発の砲弾が撃ち込まれました」

アメリカ軍による原爆投下と同質の無差別殺戮を、「明治維新」と呼んで、美化し、正当化させてはならない。

八重は敵軍の投下する四斤砲の仕組みを、松平容《かた》保《もり》に堂々と解説し、藩士を感心させた。

井深梶之助の回想「処《ところ》は天守門付近の楼門《ろうもん》の下である。一人の妙齢な女丈夫《じょじょうぶ》が藩公の御前に召されて、敵軍から間断なく城中へ打ち込み来る所の砲弾について説明を申上《もうしあげ》たのである。その砲弾は四斤砲と称して当時に於ては新式の利器であったのであるが、君公の御前に立て、之《これ》を分解し、（中

略）極めて冷静にかつ流暢《りゅうちょう》に説明して四坐《しざ》を驚かしたのは、誰あろう本年米寿を迎へられた新島八重子刀自《とじ》である」（のち井深は第二代明治学院総理）

八重の面影を語る井深の傍系から、昭和に至りソニー創業者井深大（札幌一中出身）を輩出している。

城中に砲声が轟《とどろ》く中、松平容保は声を出し、突然和歌を詠んだ。砲声のたびに、雀《すずめ》が天守閣の屋根に飛び移り、五層天守の屋根は雀の群《むれ》で埋まった。

そばにいた八重は君公の歌が聞き取れず、物おじしない八重は、もう一度詠んで欲しいと容保に頼むと、容保は詠んでくれた。

またも世に
　栄ゆる春を
　　城しめす
すゞめ　ちよ　よぶ
　若松の城

容保は落城寸前の鶴ヶ城中で、「いつの日か会津に春は来る」と歌った。「すゞめ　ちよ　よぶ」とは、チヨチヨと鳴く雀と「千代に八千代に」の掛け言葉に違いなかった。「会津よ永遠なれ」と容保は詠んだのだ。

この歌は八重だけが語り継いだ「容保の敗惨の覚悟」と「会津復活」の祈りを込めた一首である。砲煙に包まれ、それでも歌を沈着に詠む主君の姿に、八重は感嘆した。

八重の回想「この主人の為めなれば、命を捨てるのは惜しくはない」

九月二十二日、鶴ヶ城を敵に明け渡す日を明日に控え、八重も一首詠んだ。

八重の回想「妾《わたし》が歌を書きましたのは此夜《このよ》の十二時頃で、月は物凄い様に輝いて居ました」

明日の夜は何処《いずこ》の誰《たれ》か眺むらん
　馴《なれ》し御城《おしろ》に残す月影

八重は弟の形見の刀の鞘《さや》に差してあるヘラ状の「笄《こうがい》」で鶴ヶ城三ノ丸雑物庫の壁に悲歌を刻んだ、と会津若松の遠藤健一氏（日本美術刀剣保存協会会津支部）に教示を得た。

このとき二十四歳、お城に悲歌を残し新島八重の会津戦争は終わった。

薩摩獄中から兄覚馬「ビールつくるべし」

鳥羽伏見戦争のとき、八重の兄山本覚馬はすでに視力を失い、京都市中に留まっていた。会津は京を敗走し、覚馬は敵軍の支配に入っていた京で、堂々としていた。しかも、

「会津藩士　山本覚馬」

の門標を掲げていたから、豪気な男だ。さすが斎《さい》号相応斎《ごしょうおうさい》を名乗っていた武芸者である。

しかし京で空しく留まるのも益なしと思い、京を離れることにした。妾《めかけ》の小田時栄に手を引かれ、蹴《け》上《あげ》（現都《みやこ》ホテル付近）まで来て、土佐兵に捕縛されてしまう。土佐兵は覚馬を薩摩藩に引き渡した。戊辰戦争当初、土佐の老公山内容堂は会津へ温情的であったので、しぶしぶ土佐兵は捕縛したのである。会津戦争では会津強硬派の板垣退助が主導し、会津を攻めた。

山本覚馬は京二本松の薩摩藩の獄に放り込まれると、薩摩獄吏を呼び付け、これは「無喜《むこ》の士を遇する法《ほう》にあらざる」と叫んで騒いだという（覚馬門人の広沢安宅《あんたく》『幕末会津志士伝』）。

慶応四年五月、この獄中で覚馬は新日本が進むべき青写真を構想し、全文一一〇〇字で成り、次の一文を薩摩藩主宛てに書いた。

山本覚馬建白　（通称「管見《かんけん》」）

「僭越至極でありますが、時勢が時勢ですので私心を離れて建言を申し上げるのであります。しかるべくご取捨下さい。山本覚馬」

覚馬は視力を失っていたから、文字が書けない。同房の会津野沢村の野沢雞一《けいいち》に口述し、代筆させた。野沢は若き覚馬の門人、のちエール大学で学び、東京日本橋で弁護士になっている。

建白の構成は全二十三項目、注目されるべき先進的なことが、他分野にわたって書いている。

「三権分立」「二院制」「条約」「軍艦」「民を束縛しない」「無能な役人対策」「商業で国を建てると農業の励みになる」「僧侶に堪えかねる者の転職」「米屋の減税」「本屋の減税」「女学奨励、婦人が賢いと童《わら》子《べ》が賢くなる」「ちょんまげ廃止」「梅毒対策」「一日二十四時間制、一年三六五日制」「技芸精巧な外国手術の研究」「損害保険制度」等々。どれ一つ取っても目を見張る内容だ。

「醸造法」の次の建策は、なかなか面白い。「ムギ、ブドウ、ハレーナヨ（バレイショ）、これをもって、

ビール、ワイン、焼酎をつくるべし、ブドウは奥羽、蝦夷辺では多く生ずれども捨てて取らず」。酒類の拡張策である。

坂本龍馬の「船中八策」（新政府綱領八策）が政局的な事柄であるのに対して、「山本覚馬建白」は博覧強記でなる男の知性にあふれ、龍馬を遥かに凌ぐ奥深さである。獄中から発せられた覚馬建白は、今日なお色あせていない。

明治二年（一八六九）、覚馬は薩摩の獄から出獄し自由の身になった。明治三年（一八七〇）、京都府議会顧問の要職に就くと、西陣織の救援、祇園初のガス灯点灯、花街の女子教育施設開設、写真用舶来レンズの模造など京都再生策を次々と提唱した。

明治十二年（一八七九）、初代の京都府議会議長に就任する。その日、三月三十日、覚馬は目は見えず、足は不自由、書生に付き添われ、巨体を議長席に沈めた。ところが旧長州藩士槇村《まきむら》正直知事の官尊民卑の精神が許せず、猛省を促すため一年余りで辞職願いを叩き付け、議長を退いた。

八重の回想「槇村さんという人物は、才物ではありましたが、嫉妬心の強い人でありました」

明治二十年（一八八七）、新島襄は旅に出ていた。襄不在のため覚馬は同志社校長代理として巣立ちゆく卒業生たちへ挨拶を述べた。

覚馬の挨拶「弱《よわ》きを助け強きを挫《くじ》き、貧《ひん》を救ひ富《ふ》を抑ゆるものは誰《たれ》ぞ、諸子乞《こ》ふ吾が言を常に心に服膺《ふくよう》して忘る、勿《なか》れ」

覚馬は生徒を諭すようにあるいは命令するように、送別の辞を送り、会津藩少年武士道の一節「弱い者をいじめてはなりませぬ」の心得を彷彿させる挨拶になった。

晩年、プロテスタントをカトリックに改宗する。

明治二十五年（一八九二）十二月二十八日、京河原町の自邸で死去、六十五歳。刀剣鑑定が趣味、目が見えなくても銘を言い当てる神技の評判は高く、また世の中のすべてを見透す「心眼の人」でもあった。

京を翔ける八重

会津戦争で山本家は、一家離散した。夫と離別、父権八は戦死、兄覚馬夫婦は離別、傷心の八重は明治四年（一八七一）、京に身を移す。

京都府議会の要職に就いていた兄覚馬を頼り、母佐久や姪も一緒に京都入りした。

八重が同志社英学校（同志社大学前身）を創立直

後の新島襄と結婚するのは、明治九年（一八七六）のことである。

新島　襄　三十四歳。

八重　三十二歳。

夫はアメリカの密航から帰国して直後、妻は会津戦争に参戦した女戦士だ。なんともミラクルなカップルが誕生したものである。夫婦関係は、封建の世の壁を打ち破るような、進歩的なものだった。

襄の女性観「亭主が、東が向けと命令すれば、三年でも東を向いている東洋風の婦人はご免です」

八重が回想する襄「襄は一体気の短かい、ごく怒りっぽい人間でありました。しかしどんなに怒っても、ただちに自制してしまうのは、真似の出来ないところでありました」

こんな風に夫妻は呼び合っている。

襄は「八重さん」

八重は「ジョー」

当時の一般夫婦になく、かなり現代的であった。

同志社総長をそんな呼び捨てにする八重へ不信が高まり、生徒らからイジメを受けた。その代表格が熊本から来た生徒の徳富蘇峰《そほう》だったが、八重はそれに頓着しなかった。

蘇峰の八重回想「九州の端《はし》くれから出た小倅《こせがれ》が、随分勝手な口をきくとて、心の中では怒られたでもあろうが、別段予に悪びれたる態度も示されなかった。これも流石《さすが》に会津の生んだる女性であると言わねばならぬ」

蘇峰は熊本藩の郷士（物庄屋）の生まれである。明治八年（一八七五）、在籍していた熊本洋学校が閉鎖されると、熊本バンドの若者たちは同志社英学校に転校し、「同志社の特異な存在」になった。

蘇峰が尊敬した熊本藩士の宮部鼎蔵《ていぞう》は、池田屋事件では新選組と会津藩士に包囲される中、切腹する。そのような遺恨が八重に向かったはずだ。

新島八重（同志社女子大学蔵）

八重札幌二カ月と啄木恋歌

新島襄が二十二歳のとき、箱館港からアメリカへ密入国した。当時、七五三太《しめた》と称し、箱館の福士成豊《ふくしなりとよ》の助けをもらい、アメリカ船に乗り込んだ。

明治二十年（一八八七）夏、襄は懐かしい港に八重と共に訪ねた。襄は感激して、甥っ子の新島公義に手紙を書いている。

襄の手紙「予の昔時、脱港の節船ニ乗リセシ波《は》頭場《とば》ニ参リ、八重ニ指示シ申シ、昔時ノ事ヲ追懐致シ候」

函館ではキリスト者の雑賀《さいか》浅子（鶴ヶ城籠城、家老簗瀬三左衛門三女）と再会し、浅子から幼なじみ日向《ひなた》ユキが札幌で暮らしていることを知らされた。このようにして襄と八重の北海道の旅が始まっている。

札幌滞在は二ヵ月に及び、このころ札幌の北海道庁に奉職していた福士成豊の広い貸家（現札幌市中央区北四条東一丁目）にゆったりと暮らし、すぐ近くの日向ユキと感動的な会津戦争以来の再会を果たしている。

ある日、札幌郊外で林檎園を経営するキリスト者の橘仁・イツ夫妻と交流を結んだ。二十年後の明治四十年（一九〇七）、この家は、北海道の文学史に欠かせない家で、北海道放浪中の歌人石川啄木は、橘夫妻の娘の橘智恵子へ思いを寄せ、処女歌集『一《いち》握《あく》の砂』に智恵子詠二十二首を収録し、当時、人びとの注目を集めた。

石狩の都の外の
君が家
林檎の花の散りてやあらむ

襄と八重は、襄の療養と避暑を兼ね、橘仁に土地探しを頼み込んでいる。

襄から橘への手紙「六十五円位マデナラ相談致候」

橘から襄への手紙「該地別人江貸付」

八重夫妻の土地購入は、実現しなかった。啄木の智恵子を詠んだ歌をもう一首掲げよう。

死ぬまでに一度会はむと
言ひやらば
君もかすかにうなづくらむか

啄木の「永遠の恋」とまで呼ばれた国民的愛唱歌を、長命だった新島八重は、心に止まったかどうか、八重伝は応えてくれない。

北海道は、会津様式の下の句板かるたが今も盛んだ。

同志社生徒・松尾音治郎の回想「（八重）奥様

新島八重墓（京都同志社墓地）

の故郷なる会津藩では、古来、歌留多が流行し、奥様が大自慢であった。奥様一人を向うに廻して五、六人の書生が一団となって、戦ふのを常とした。とても奥様は上手で、いつでも五、六人の者が負けた」

八重の得意顔が目に浮ぶような回想だが、北海道在住は正月でなく、板かるたを興じることはなかった。会津で消えた会津様式は、今でも北海道の九九％が会津様式を占めている。

北海道旅行から三年後の明治二十三年（一八九〇）、新島襄は病没した。四十八歳。

八重に看取られ、ポツリと伝えた臨終の言葉は、「悲しむなかれ、グッドバイ、また会わむ」である。この言葉を心に刻み、その後の長い人生を八重は歩き出す。

昭和七年、八重も人生最後の年を迎える。この年、八十八歳。

五月二十四日、新島邸（現存）を「京都付近配属将校研究会」が訪ね、鶴ヶ城籠城戦の戦闘談を聞かせて欲しいと頼んだ。その日、八重は大いに語った。

朝風呂が好きで毎朝四時起床、毎日朝風呂につかる話……。過ぎし日、人生の節々で接触した旧主の松平容保はじめ、勝海舟、桂小五郎、江藤新平など、この時点ですでに歴史の人物になっていた幕末の大物について、まるで昨日のことのように、楽しそうに語った。

八重が声を詰まらせ、涙を拭って話すのは、若くして涯《は》てた白虎隊の少年たちのことだった。

このインタビューから二十日後、昭和七年六月十四日午後七時四十分、八重は京都の自邸で波乱の生涯を閉じた。

大河「八重の桜」は、会津戦争、東日本大震災と東京電力原発事故という三重の困難から生まれ、被災地を声援するNHK稀有の好企画であった。京都若王子の同志社墓地に眠る主人公新島八重も、きっと天国から郷里東北の「鎮魂」「再生」、日本の「脱原発」を見守っているに違いない。

中野優子《なかのゆうこ》

―「介錯してたもれ」姉竹子の血潮に染まる涙橋

美人姉妹の修羅

お姉様の胸より噴《ふ》き出る鮮血は、あたりの草を真っ赤に染めておりました。「もうこれまで介錯《かいしゃく》してたもれ」。私は泣きながら、やむなくお姉様の首に刀を振りました。

――「中野優子の回想」須田修吉より

◇生　没　年＝嘉永六年（一八五三）五月五日～昭和六年（一九三一）四月十日。

◇経　　歴＝江戸常詰会津藩士の中野平内《へいない》、孝子《こうこ》の二女。会津戦争「涙橋の戦い」に娘子隊として参戦、絶命寸前の姉の首級をやむなく斬首した。戦後、斗南《となみ》藩領へ転住、八戸藩領跡へ転居し旧会津藩士と結婚。弟中野豊記《とよき》は会津藩朱雀隊。

◇姉竹子の辞世＝武士《もののふ》の猛《たけ》き心にくらぶれば数にも
入らぬ我が身ながらも

◇夫＝山浦鉄四郎、後に蒲生《がもう》誠一郎に改名。実名は武輝。一時、京で新選組へ入隊。

◇北海道の足跡＝明治初期に八戸から函館へ移住。一男二女あり。長男蒲生武彦は函館市教育課長。

いざ薙刀を手に鶴ヶ城

慶応四戊辰（一八六八）年の八月二十三日朝、新政府軍来襲を知らせる警鐘が激しく鳴ると、母親の中野孝子四十四歳、姉娘の竹子二十二歳、妹の優子十六歳は、屋敷から駆け出し鶴ヶ城へ向かった。

中野家は長い間、江戸暮らしだったので会津に屋敷がなく、縁戚の藩士田母神《たもがみ》金吾の書院を借りて住んでいた。母娘は急いで身支度をし、城へ向かったが、すでに城門は閉じられ、入城はできない。

城中の照姫警護が目的である。これでは目的が果たせず困惑していたところ、味方の武士が来て、姫君が会津坂下《ばんげ》にいることを知らされ、急いで坂下へ向かった。坂下に着いて探し廻ったが見つからず、鶴ヶ城にいることを知ってほっとする。

その夜は会津坂下の法界寺《ほうかいじ》に泊った。八月二十五日、坂下から会津若松へ向かった。鉢巻に襷《たすき》、手に薙刀《なぎなた》、大小を狭《たばさ》み、竹子は青みがかった着物、優子は紫の縮緬《ちりめん》という江戸育ちらしい美しい装いである。

途中、高久《たかく》に出陣していた会津藩家老萱野《かやの》権兵衛に参戦を願い出るが、了解しない。渋々萱野は、旧幕府軍衝鋒隊《しょうほうたい》四〇〇人と行動を共にするように取り計らってくれ、孝子、竹子、優子が進撃することになった。

衝鋒隊は、隊長古屋佐久左衛門（幕臣、この年箱館戦争転戦）と副隊長大庭《おおば》恭平（会津藩軍事掛、後に札幌の校長先生第一号）の二隊で編成した。大庭隊に武芸に心得のある会津女性が従ったものと見られ、中野孝子、中野竹子、中野優子、依田まき子、依田菊子、神保雪子、岡田すま子、岡田とん子、平田小蝶の九人が従軍した。後に「娘子隊《じょうしたい》」と呼ばれる女たちの一団である。

夕方、湯川に架っている柳橋近くで、戦闘が始まった。衝鋒隊は長州兵、大垣兵の敵陣へ肉薄し、娘子隊も敵中へ深く分け入る中、味方兵は「女たちは出るな出るな」と止めたが、娘子隊は止まらなかった。

竹子の胸に無念の銃弾

劣勢だった敵側は、土佐、薩摩の援軍が来て立て直し、逆襲に転じた。接戦中、女性がいると分かると、敵は「討たずに生け捕れ」と大声を挙げ、敵兵が群がり囲んだ。女性たちは口々に「生け捕らるるな、恥辱を受くるな」とお互いに声を掛け、励ました。

竹子と優子姉妹。娘子隊の戦い（会津新選組記念館蔵）

そのとき姉竹子は、銃弾を胸に受けた。慶応四年八月二十五日のことである。すぐ近くに優子がいた。

妹中野優子の回想「姉がヤラレタというので、母と共に敵を薙《な》ぎ払ひつつ漸く姉に近づき介錯しましたが、（略）其時農兵の人が妾共と一緒に戦って坂下（法界寺）に帰る途中は首を持ってくれたと記憶しております。さかんに斬合《きりあ》った場所は乾《かん》田《でん》で橋の東北六丁目位離れ、湯川によった所のように思はれます」（平石弁蔵『会津戊辰戦争増補』）辺りの草むらは血で染まったという。いつしかこの橋は竹子を供養して「涙橋」と呼ばれるようになった。また橋近くに刑場があったので肉身はここで別れの涙を落としたので「涙橋」と通称されたとも言う。

竹子を失った母孝子、妹優子は、八月二十八日に鶴ヶ城へ入城した。その日のことを新島八重が記憶している。

新島八重の回想「籠城の六日目に中野こう子さんが入城されたが、妾を見て『何故娘子軍に加わりませんでした』と、妾は『妾は鉄砲にて戦さする考へで居りました』と、答へたが、実際西出丸の上から日々狙撃をして居ました、又大砲の手伝もして居ました」　（『会津戊辰戦争増補』）

その後中野孝子、優子の二人は、鶴ヶ城に立て籠り、生死背中合わせの毎日が続いた。

斗南へ函館へ

会津戦争における女性の死者は実に多く、一歳の乳児から八十四歳に至るまで、その総数は、

「計一四〇家族三三九名」

（宮崎十三八編『物語妻たちの会津戦争』）

と集計されている。

このような女性たちの悲劇を通して、薩長藩閥の明治新政権が成立した。言うまでもなく戊辰戦争最大の女性の死者である。

中野優子は会津戦争で生還し、斗南藩領へ渡り、その後、結婚する。左は略系図。

優子は廃藩置県の前後に、斗南藩領から八戸藩領（現八戸市小中野）に転居し斗南藩士蒲生誠一郎（山浦鉄四郎改め）と結婚し、菓子店を開業した。明治初期に函館へ渡り、千代台《ちよがだい》などに居を構え、同地で生涯を終えている。夫には早くに先立たれた。

蒲生誠一郎

明治十二年十一月八日没　行年三十六歳

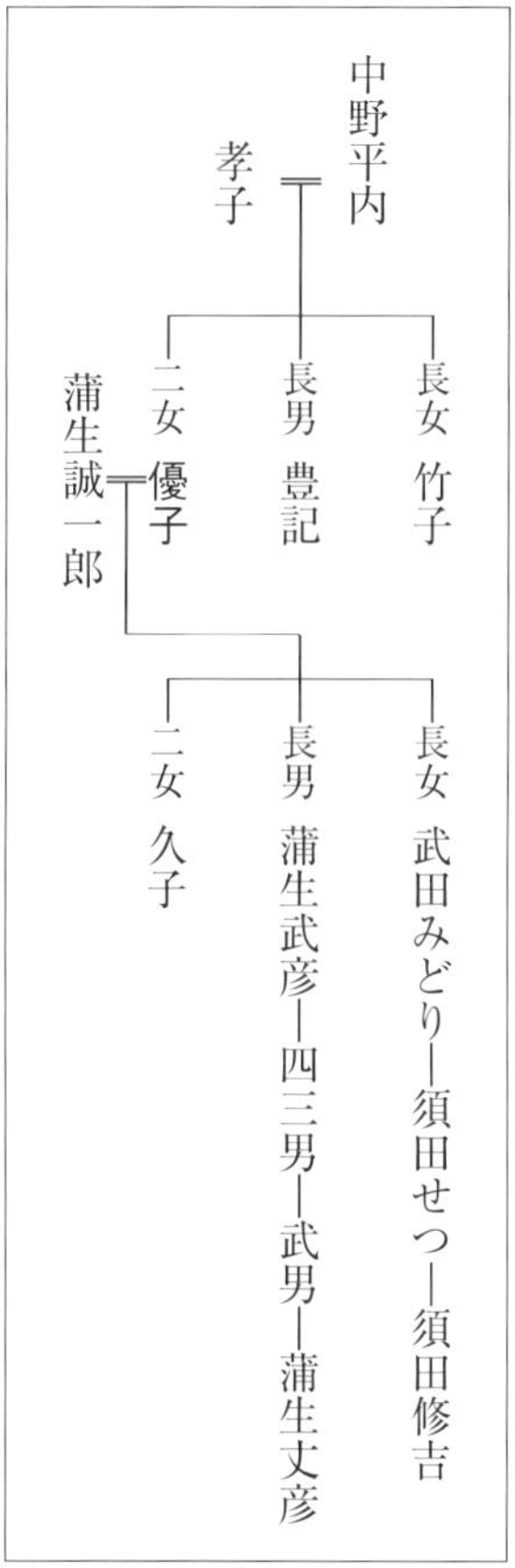

優子

昭和六年四月十四日没

行年七十九歳

二人の墓は、蒲生家由縁の八戸市御崎《みさき》神社神葬墓地にある。墓近くに、旧会津藩士の二代八戸市長神田重雄の巨大像がそびえ立つ。

昭和４年４月６日、喜寿を祝し函館で撮影した蒲生優子こと中野優子（浪打磐根氏提供）

優子の墓（八戸市御前神社神葬墓地の蒲生家墓、宮司の浪打磐根氏写す）

水島《みずしま》 純《じゅん》

——山川浩へ「彼岸獅子舞」の奇策提案

鶴ヶ城入城の離れ業

明治戊辰の役砲兵隊長山川浩の幕僚と為り、日光方面に出征し、旧幕大鳥圭介軍の会津に入るや。君之《これ》に応接せり。山川隊の若松に入城するや、君等之を輔《たす》け奇策（彼岸獅子舞）を以て容易に囲城の敵軍中を通過するを得たり。奥羽越諸藩の同盟を将《まさ》に絶えんとするを繫《つな》ぎしもの、君等企画の功与かってなり。

——会津会雑誌「水島純君」昭和六年より

◇生没年＝弘化元年（一八四四）～昭和六年（一九三一）九月七日。

◇経　歴＝会津藩士水島庫《くら》、マスの二男。通称は頴悟《えいご》、弁治。実名は純。号は閑鷗。会津藩校日新館、昌平黌へ。鳥羽伏見戦争参戦。会津戦争では山川浩軍の智恵袋。山川に鶴ヶ城へ彼岸獅子を舞いながら敵中を通過する奇策を提案。戦後、斗南《となみ》藩権大属、山本覚馬門人。

◇妻　＝依田菊子、涙橋で薙刀を揮い奮戦。

◇北海道の足跡＝北海道斗南藩領の巡察。後に職務で一時期を札幌、旭川に在住。

諸生隊として鳥羽伏見へ

水島純は、鶴ヶ城西出丸近くで生まれた。天守閣の頭が見える辺りである。

隣家に山本家が住み、幼少のころから兄山本覚馬や妹新島八重を見て育ち、山本家の家風が好きだった。次のように兄妹の母親佐久（後に同志社女学校舎監）を思い出している。

「山本先生に関する談を先に致します。先生の御宅は若松元の米代四ノ丁、私の隣家でありました。母上はおさくさんと申されましたが、賢明なる御方で、当時の婦人中での先覚者とでも申して宜しきかと存じます。於《お》さくと云ふ方は近所の頑固者を能《よ》く説諭されまして、その児童を自宅に於て屡々《しばしば》種痘《しゅとう》を施行して呉《く》れました。山本先生は会津藩の洋学の首唱者、西洋砲術の首唱者、其先見なる所は其母上の薫陶と遺伝とに職由すると私は兼て感じております」

（『会津会々報』大正五年）

純は、山本家を絶賛している。後に覚馬の門人になった。

純は、才学に優れ、会津藩日新館から選抜され、江戸へ出て昌平黌へ留学し、この留学中に京の戦雲は急を告げた。会津の学生たちは「待機しておれ」と禁足を命じられ、会津藩諸生隊に組み込まれた。諸生は即ち書生、いわば学徒隊である。

純は鳥羽伏見戦争に参戦し生還した。しかし隣家の覚馬弟山本三郎少年は重傷を負い、帰らぬ人となり、姉の八重は「弟三郎の仇きを討つ」と言って、自宅から駆け出し鶴ヶ城へと向かったのは前記の通りである。

国元に戻った純も会津戦争を戦う。二十五歳、秋のことである。

彼岸獅子の奇策に会津軍大歓声

後の会津藩家老山川大蔵《おおくら》（浩）は、日光方面で戦い、土佐藩谷干城《かんじょう》の率いる部隊と巧妙に戦う。元新選組二番組長だった永倉新八が、山川大蔵と対面するのはこのころだ。この新選組の猛者は京で池田屋に乗り込み、江戸で近藤勇と訣別し、新しく靖兵隊を組織して、会津へ転戦していた。次の通り新八は書いている。

「靖兵隊もまもなく田島宿へ着いた会津兵と連絡をたもち、兵を休養すること数日におよんだ。ついで靖兵隊芳賀隊長、永倉副長を頭目にして結城総督の幕下に属し、おもきをおかれていた」

（永倉新八『新撰組顛末記』）

右の文中に見える「結城総督」は、山川大蔵の変名である。永倉はまもなく山川軍から離れ、会津城下で酒造業を営んでいた石津屋田中太吉家（現会津若松市行仁町三番）の土蔵に潜行、八月二十三日の朝に会津を脱出し、晩年を小樽で暮らし、小樽で没。

水島純は、山川大蔵軍の参謀として一隊を成していた。鶴ヶ城が籠城に入る前日の慶応四年（一八六八）八月二十二日、主君松平容保《かたもり》の命が山川へ届いた。鶴ヶ城中に兵は少なく帰城せよとの命である。この日、山川軍は水島らの諸隊を率い、田島から会津若松へ向かうのである。

昼夜兼行して大内峠を下ると、砲声しきりに聞こえ、次第に会津城下が砲煙に包まれている様子が見えてきた。鶴ヶ城は籠城初日の八月二十三日、はやくも孤城と化していた。いかにして敵軍に囲まれた城に入城すればよいのか。

水島純は山川大蔵へ奇策を提案する。会津に伝わる彼岸獅子《ひがんじし》を舞わせ、それに会津兵が続いて入城する離れ業だ。敵軍に囲まれた城近くへ赴いて、しかも、笛、太鼓で、祭り装束を着て先頭を行くのは誰か。失敗は死を意味するから、小松村（現会津若松市北会津町小松）の獅子を演じられる独身の男性たちが選ばれた。

決行の日は八月二十六日、西追手門から先頭に小松彼岸獅子、続いて山川全軍が入城する。その日のことを二著から引用しよう。

「大蔵曰《いわ》く、一城の安危は旦夕《たんせき》に逼《せま》る、是に於て全軍川原町を過ぎ米代一ノ丁を経て西追手門より城に入らんとするに当り、城中より敵兵と見誤られんことを慮《おもんばか》り一計を案じ、彼岸獅子の囃子《はやし》を吹奏して城中に行進せしむ為めに一兵を損せず城中に入ることを得たり、人皆其の機智を称す」

（『会津戊辰戦史』）

「西追手門より入らんとせしが、城兵に砲撃せられしを恐れて一策を案じ、若松地方彼岸特有の音曲たる獅子踊の囃子を為さしめ、来りて一兵も損せざりければ、城兵其機敏を賞しけり」

会津軍は、無事に入城した。（北原雅長『七年史』）

鶴ヶ城の大歓声が今も耳に届くような快挙である。

明治四年、娘子隊依田菊子と結婚

会津戦争後、水島純は猪苗代に幽閉され、斗南藩へ渡り、斗南藩庁権大属として活躍した。

続いて青森県官に転じ、陸軍小尉、大阪師団、日清戦争従軍、退官。悠々自適の残年を読書、文筆、講話、『会津会々報』へ漢詩発表などに送った。北海道では、北海道斗南藩領の巡察、札幌、旭川に足跡を残したというが詳細はつまびらかでない。

水島家の墓（札幌平岸霊園・水島幸雄氏提供）

明治四年（一八七一）、会津女性の依田菊子と結婚した。菊子は中野竹子や優子らと娘子隊に加わり、涙橋で戦い、その追憶記「会津娘子隊従軍の思ひ出」を著わしている。それによると優子と末永く音信を保った。

「（優子は）勇士の誉れ高かった山浦鉄四郎、後の蒲生《がもう》誠一郎氏に嫁せられて、今尚私二人が此の時の婦女隊仲間の生存者で、函館に丈夫で居られます」

（「会津娘子隊従軍の思ひ出」）

先年、純の長兄水島徳之進のひ孫勝寿氏（函館出身、京都会津会）から次の略系図の教示を得た。

水島　庫
　‖
マス
　├長男　徳之進―直江―直寿―勝寿
　├二男　純
　│　　　‖
　│　　菊子
　├三男　義（朝鮮京城の壬午事変で没）
　└四男　勇―六郎―幸雄

彼岸獅子仕掛人　水島　純　昭和六年九月七日没行年八十八歳。

温和な人柄であったが、いやしくも人の道に違う者あればこれを毅然として許さなかった。

水島純が提唱した彼岸獅子の奇策は、会津戦争の語り草として伝えられた。

第四章　箱館戦争

平山金十郎
雑賀孫六郎
日下　義雄
小野権之丞
諏訪　常吉
土方　歳三

西郷　頼母
大庭　久輔
安部井政治
赤城　信一
山田陽次郎

［地名「はこだて」漢字表記］古くは「箱館」「函館」が混用され、明治二年以後に「函館」に一本化される。本書の歴史上の表記は「箱館」を用いた。

平山金十郎《ひらやまきんじゅうろう》

―五稜郭クーデターを首謀した会津育ちの大男

箱館戦争前の薩長支配下で

［平山金十郎］おれ達の仕事は、背後に相当の武力が無ければ、所詮《しょせん》貫徹の見込はない。素手で事を挙げるのは、あまり無謀に過ぎはせぬか。

［花輪五郎］今更となって、弱音を吐《は》くな。

［平山金十郎］弱音ではない。敵の実勢力を、はっきり認めないでは、事の成就《じょうじゅ》はなり難いぞ。は、は、は。

――久保栄戯曲『五稜郭血書』より

◇生没年＝天保十年（一八三九）一月二十七日～明治三十四年（一九〇一）九月三十日。

◇経　歴＝武蔵国小梅村（現東京都墨田区向島）の出生。親戚の会津藩士清水当衛門家で育つ。初め清水姓、後に平山姓を称す。通称は金十郎、実名は啓作。幕府御家人平山家を継ぐ。

◇祖父平山行蔵＝江戸で蝦夷地防衛を説く。勝海舟の父小吉が憧れた武芸者。ペリーに信頼された幕臣平山謙二郎は、門弟とも養子とも言われる。

◇蝦夷地の足跡＝五稜郭箱館奉行所に出仕。箱館戦争開戦前、薩長支配下の五稜郭クーデターを首謀するが失敗。箱館戦争参戦。

平山三代にわたる志

文化年間（一八〇〇年代初頭）、幕府御家人の祖父は武芸者として知られ、江戸で「蝦夷の三蔵」に数えられた平山行蔵。父はそれを継いだ平山鋭次郎。孫は幕末期、五稜郭が薩長支配になると、奪還を首謀した会津藩に縁がある平山金十郎である。

平山行蔵は、蝦夷地がロシア南下の脅威にさらされていたとき、大胆な蝦夷地防衛策を唱え、幕閣へ意見書を出した。

「我邦《わがくに》、未《いま》だかつて外国の辱《はずかし》めを蒙《こうむ》らず。泥棒や無頼漢《ならずもの》のやうな、なるべく罪の重い者達を、千人ほど牢《ろう》から出して自分に貸していただきたい。これを引き連れて、蝦夷地に押し渡り、ロシヤの軍隊と一戦して、見事に追ひ退けて御覧に入れる」

（青柳武明『江戸の剣豪平山行蔵』昭和十八年）

この老武芸者の蝦夷地防衛策は誰かに握りつぶさ

れ、幕閣に届かなかった。それでも北方探検家の間宮林蔵、近藤重蔵と並んで「蝦夷の三蔵」と称されたが、行蔵に蝦夷地へ行く機会は訪れなかった。また勝海舟の実父小吉（夢酔）は、剣豪行蔵に心酔し、世の中で行蔵だけを先生と呼んだ（勝小吉『夢酔独言』）。行蔵は誰が勧めても妻をめとらなかった。

　行蔵の跡目を継ぐのが清水鋭次郎、後に平山鋭次郎を名乗って蝦夷地へ渡り、幕府松前奉所（後の箱館奉所）へ下役として出仕し、現七飯《ななえ》町で峠下村《とうげしたそん》塾《じゅく》を開き、同地に入植していた八王子千人同心の子弟に勉学を教えた。

　鋭次郎の跡を継ぐ清水金十郎は、武蔵国小梅村の生まれ。少年時代から親戚の会津藩士清水当右衛門

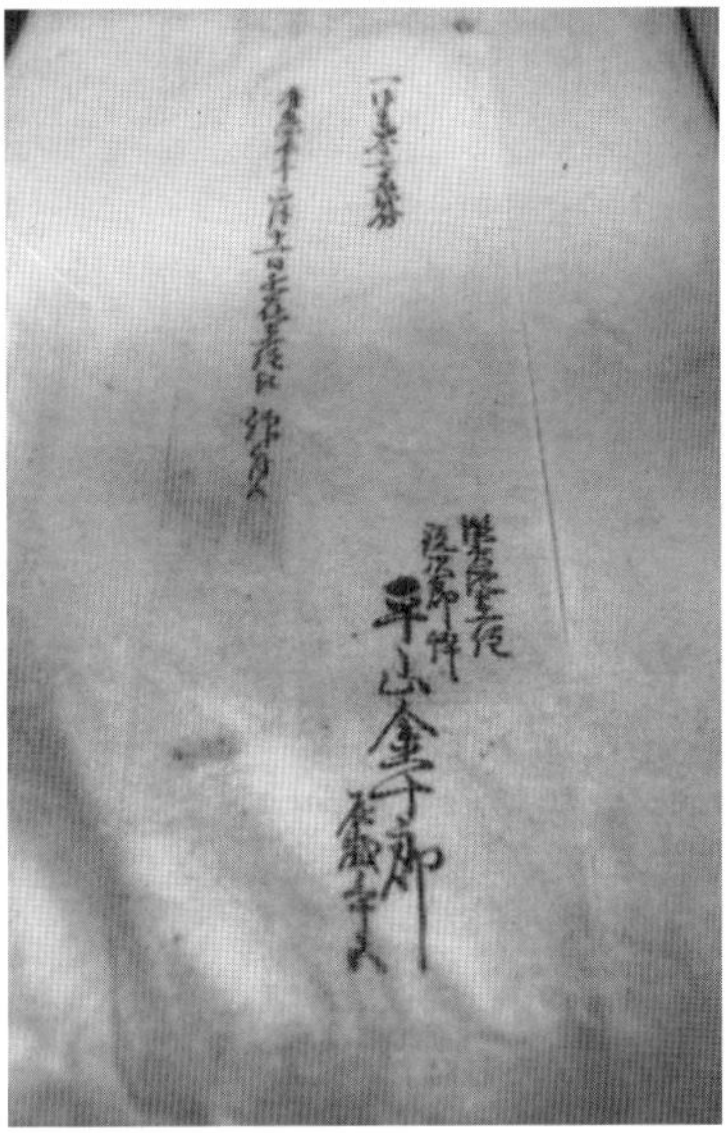

箱館奉行所の平山金十郎履歴書
（北海道立文書館蔵）

家で育つ（『七飯町史』）。

　会津若松市立会津図書館蔵の「嘉永五年会津藩分限帳」に、「清水当衛門」があり「右」の一字がないがきっと同一人物である。こうして会津藩士家で育ち、長じて平山金十郎と称し、蝦夷地へ向かう。北海道立文書館蔵の箱館奉行所に出仕した人物の履歴書に、

「鋭次郎倅　平山金十郎」

と書かれた一行が認められる。

　この幕府の五稜郭箱館奉行所が、薩長支配になるのは箱館戦争が始まる五ヵ月前のことだ。

薩長支配で乱れた酒と女の五稜郭

　慶応四年（一八六八）四月十一日、薩長軍が江戸城を無血開城へ追い込むと、加勢に乗って閏《うるう》四月二十七日に、箱館五稜郭をも無血開城へ追い込んだ。

　翌五月一日、薩長中心の蝦夷地箱館府（箱館裁判所改称）が開庁を宣言する。

　この日を期して、安政年間以来の蝦夷地会津藩領は領有権を失う。六月二日に最後の五稜郭箱館奉行の幕臣杉浦誠は、箱館港に碇泊していたイギリス商船フィルヘートル号に家族と家来を乗船させ、江戸

へ向かった。総人数九〇人余り、馬一匹である。これが蝦夷地における葵《あおい》は枯れて菊《きく》香る、幕藩体制の終末の光景になった。

　会津戦争、箱館戦争はまだ先のことである。

　徳川三〇〇年、武士の世がこんなにあっ気ない幕切れでよいのか。しかも政権交代した薩長の箱館府役人は、日が経つにつれておごりに長じ、遊廓に通い、囲い者、妾《めかけ》、手掛け女を近習小姓侍に至るまで置いた。

　箱館府に出仕し、後に薩長側で会津など旧幕府側と戦う山本登長《のりなが》さえも、これを腹だたしく思い、「峠下ヨリ戦争之記」（函館市中央図書館蔵）で次のように告発している。

「親指《おやゆび》へも十三、四なる女子をば、十二下重《じゅうにしたかさね》を着かざらさせ、おすすめ申して」

幕府軍最後の砦五稜郭（函館市）

親指は、箱館知府事《ちふじ》ないし薩長の箱館府判事であろう。今で言えば女子中学生に十二単衣《じゅうにひとえ》か花魁《おいらん》まがいの着物を着せ、五稜郭は酒と女の園と化していたのだ。

　七月、ついに五稜郭の新支配者を良しとしない一団がやっと現れた。リーダーの名は、会津育ちの平山金十郎である。朝権を悪用する箱館府の薩長勢から知府事の公家清水谷公考《きんなる》を奪い、五稜郭奪還の企てである。その概略を二著から引用しよう。

「旧幕府以来の在留士民仲、多少とも不平の徒輩は相計って擾乱《じょうらん》を起さんとし、在住平山金十郎、花輪五郎等主謀となり同志を糾合《きゅうごう》して、七月五日五稜郭を襲撃せんとして策動した」

（『新撰北海道史』昭和十二年）

「五郎は捕えられ、金十郎は逃走し、五郎が、連判状を引き裂き証拠を湮滅《いんめつ》せるによりて事なきを得たり」

（『函館区史』明治四十四年）

　このころ、旧幕府軍による箱館戦争の始まりを、まだ誰も予想だにしなかったから、五稜郭クーデター計画は、孤立無援の中の大胆かつ無謀なものだった。見方を変えるなら、薩長箱館府兵は、平山金十郎らの目によほど弱兵だったと映ったかも知れない。

民心を揺さぶる士魂

五稜郭クーデターに加わった顔ぶれは、名が分かっているのは次の七人だ。まだまだたくさんいた。不発に終わったが大事件である。流言は更に流言を生んで、民心の不安は容易に止まらなかった。

八王子千人同心が中心である。

平山金十郎　江戸生まれ会津若松育ち。幕臣平山家を継ぐ。逃亡。
花輪　五郎　南部の人。逮捕される。
保坂　順隆　八王子千人同心。
渡辺　元長　八王子千人同心。医師。内通。
馬場　政照　八王子千人同心。逮捕される。
荒木　某　組頭（所属不明）。逮捕される。
飯田　某　五稜郭牢屋番。五、六人を故意に逃し、その罪で入牢。

以上七人に共通しているのは、箱館に近い七重村隣の峠下村（いずれも現七飯町）、その周辺に定住していた八王子千人同心の移住者だ。反薩長のこの事件は、徳川恩顧の「会津士魂」「八王子士魂」の爆発と見ていい。

五稜郭クーデターについて、旧幕時代の十九歳から五稜郭給仕だった伊藤源右衛門が、目撃談を語り残した。

「大男の平山金十郎」　幕府の御家人で浪人の平山金十郎といふ大きな男は七飯に籠って居たが、何《ど》うかして徳川の恩に報じたい、幕府の為めに一《ひと》旗《はた》挙げたいと内々同志を募《つの》り、五稜郭を乗っ取らんと企《たく》らんで居た（大正七年四月三十日付函館新聞「函館戦争五十年物語」）。

平山金十郎は、五稜郭乗っ取り計画が同志の裏切りで失敗すると、峠下村の山の裏に穴を掘って身を隠し、地元農民はこっそり梅干と炒米《いりごめ》を持ち込んで匿《かく》まい、なんとか生きながらえた。

大太刀を持ち込んだ金十郎

箱館戦争が始まると旧幕府軍側で戦った。以下、前記の伊藤源右衛門の談。

「平山先生之墓」と刻んである平山金十郎墓（七飯町峠下）

［箱館戦争の隊長］　平山は姿を晦《くら》まして、誰も行衛《ゆくえ》を知るものがなかったが、脱走軍が五稜郭に立籠った時、何所から出て来たかヒョッコリ現はれて、兎《と》に角《かく》一方の隊長になった。

［六尺の大太刀《おおたち》］　七飯から妻子や道具を引揚げて平山が（五稜郭へ）入城した時、沢山《たくさん》の武器があった。和筒《わづつ》、弓、槍、太鼓、大刀、薙刀、鎧《よろい》などドッサリあった中に朝比奈三郎の帯《たい》したといふ六尺余りの大太刀があった。

　箱館戦争で会津藩ら旧幕府軍が敗北すると平山はひとり闇にまぎれて姿を消したという。それから五年後の明治七年（一八七四）八月、再びひょっこり現れ、峠下古峠で寺子屋塾を開いた。父平山鋭次郎の峠下村塾の継承の感慨を込めたのだろう。

　明治三十四年（一九〇一）九月一日、峠下村の高田勘九郎宅に仮寓中、他界した。学識豊かな人らしく、七飯町峠下に「平山先生之墓」と刻まれた平山金十郎墓が風雪に耐えて現存している。

　箱館戦争史でネームレス（無名）な人物だが、久保栄戯曲『五稜郭血書』の作中主人公として登場し、舞台公演では薄田《すすきだ》研二、河原崎長十郎、宇野重吉の名優が金十郎役を演じた。知る人ぞ知る平山金十郎である。

［主な参考文献］

『箱館戦争銘々伝上巻』所収「平山金十郎」長川《ながかわ》清悦。

［久保栄］　明治三十三年（一九〇〇）、札幌生まれ。劇作家、演出家、小説家。『五稜郭血書』は左翼系劇団が上演した。

西郷頼母《さいごうたのも》

―変名して箱館会津屋敷に潜んだ家老

会津十軒長屋に死す

会津嶺《あいづね》のおちこち人に
　知らせてよ
保科近悳《ほしなちかのり》きょう死ぬるなり

［注］「おちこち」は、遠近、あちこちの意。

―明治三十六年「西郷頼母辞世」より

◇生没年＝文政十三年（一八三〇）閏《うるう》三月二十四日〜明治三十六年（一九〇三）四月二十八日。

◇経歴＝会津藩家老。初め西郷頼母、後に保科近悳。主君の京都守護職就任に反対し、気骨を示す。蟄居《ちっきょ》。白河口総督。妻子ら西郷一族二十一人が総自害。籠城中、鶴ヶ城を追われる。追手門前に巨大な西郷邸跡碑が建ち、会津武家屋敷に豪壮な西郷邸が復元されている。墓は会津若松市善龍寺。

◇奈与竹《なよたけ》の碑＝妻西郷千重子の辞世碑、善龍寺。

◇蝦夷地の足跡＝徳川艦開陽丸で上陸。箱館戦争の七ヵ月間、身を箱館に忍ばせた。後妻きみ女の墓が函館市住吉町地蔵堂墓地にあるという。

城を石持て追われ北走

西郷頼母は会津藩随一の名門の出である。かつては会津藩主松平容保《かたもり》の祖と共に保科姓を称し、藩祖保科正之《ほしなまさゆき》と血統を同じくした。

養子容保が京都守護職を受諾しようとしたとき、頼母と国家老田中土佐は会津から早馬を飛ばし、容保に対して「薪《たきぎ》を負うて火を救ふにひとし」（『京都

平成２年に復元された開陽丸（江差町）

守護職始末』)、「殿の京都守護は国力の及ばぬ事」(『栖雲記《せいうんき》』)と諌止《かんし》し、生粋の会津武士として容保の京都守護職就任に真っ向から反対した。

それでも京都守護職に就任すると、再び頼母は京都へ向かい辞任を強く申し入れたが、容保はこれを聞かず、頼母を蟄居させ、西郷邸を閉門にした。藩主容保と家老頼母は、会津藩が歩むべき路線を異にする志向を持った。肌が合わなかったのである。

頼母は許されて家老職に復職した。慶応四年(一八六八)八月二日、激戦の地になる白河口(福島県)の総督として白河城(小峰城)の攻防戦を指揮するが大敗した。続いて八月二十三日の鶴ヶ城籠城戦突入日、頼母は入城したが、妻子を含め西郷一族二十一人が自害し、西郷屋敷を血に染めた。妻千重子三十四歳は次の辞世を遺して絶命する。

なよ竹の風にまかする身ながらも
たわまぬふしはありとこそ聞け

後に頼母は妻の辞世を見て自伝「栖雲記」で、千重子の歌は「流石《さすが》おとなびて聞ゆ」と綴り、娘たちの歌に対し「かねて雄々しき心なり」「中々にうひ〳〵し」などと、子らの生前を偲ぶ胸中が痛々しい。

籠城して三日後の八月二十六日、頼母に容保からの君命が申し渡された。頼母は言う。

「おのれは籠城の中より、越路(越後—会津間の街道)出張の老等へ軽き事の使《つかい》を命ぜられて其事《そのこと》を果し、直接北海に赴きし」(『栖雲記』)

非戦恭順が持論の頼母がいては、籠城戦の士気が下がると見られたらしい。家老職に似合わない「軽き事」を申し渡された頼母は、石を持て追われるようにして、鶴ヶ城を後にした。その後を刺客が追い、刺客は「御家老を見失った」と嘘の報告をした。頼母をあえて見逃したというが、真相はよく分からない。

城を出た西郷頼母三十六歳、病弱な長男吉十郎(有鄰《ありちか》)十歳は、隣藩の米沢領を経由して仙台領へ向かい、蝦夷地へ北走した。

江差沖で開陽丸沈没、江差へ頼母上陸

会津ですべてを失った。

もはや戦意なく、目的なく、行き場さえなく、憂愁の中の漂泊者のように徳川艦隊に乗り込んだ。頼母が会津藩降伏を耳にするのは、太平洋の洋上においてである。

明治元年(一八六八)十月十二日、徳川艦隊に会

津藩士を含む旧幕府軍の陸海三〇〇〇人が分乗して、石巻港折浜《おりのはま》（宮城県）から蝦夷地へ向かった。

頼母はつい二ヵ月前まで高貴な身分であったためか、旗艦開陽丸に乗り込んだ。榎本武揚《たけあき》が同乗していた（頼母自伝「八握髯翁伝《はちかせんおうでん》」に「榎本武揚於仙台、搭開陽艦到北海道、艦中聞会津開城」とある）。

十月二十日午後、開陽丸は蝦夷地の鷲ノ木沖に着いた。この徳川海軍最強の戦艦はオランダ製、備砲三十五門、全長七十二メートルあって、まさしく日本一の巨艦である。

ところが不運なことに「舵《かじ》」が故障してしまい、これでは思うように針路が定まらない。開陽丸艦長榎本武揚らは鷲ノ木沖で開陽丸を十日間にわたって修理し、どうにか開陽丸は遅れて箱館港へ入港し、大鳥圭介《おおとりけいすけ》軍、土方歳三軍が待っていた五稜郭へ入城した。

以下、箱館戦争期における西郷頼母の動静を、記録と記録に解釈を交えて探ってみた。

［武揚、五稜郭入城］　十一月一日。頼母の動静は不明だが、共に五稜郭へ入城したとみるのが自然な推理だろう。再び開陽丸を箱館で修理する。

［頼母、開陽丸を下船し江差上陸］　開陽丸は、箱館湾岸沿いの陸で戦う土方歳三軍を支援して、箱館港を出帆して松前港を経由、日本海江差沖まで来た。十一月十五日、開陽丸はこの江差沖で座礁、十一月末に海底深く沈み、武揚たち乗員は江差に上陸する。

旧幕府軍江差奉行調役になった石川忠恕《ただより》が『説夢録』に収めた「箱館戦争義士人名録―役員外江差詰」の欄に、頼母について明示している。

「会老　西郷頼母」

頼母も開陽丸が座礁沈没し、江差へ上陸したとみられる。この名録には他にも桑名藩主、老中ら九人の高貴な人物が江差詰と明記されている。

［頼母、五稜郭へ帰る。五稜郭閣僚に名を連ねず］　榎本ら開陽丸乗員が五稜郭へ帰る。蝦夷全島を支配下に収めた旧幕府軍は、十二月十二日に日本初の政権選挙を行い五稜郭政権を樹立。頼母自ら表舞台に立つことを自制したものとみられる。

以上は箱館戦争明治元年戦で、旧幕府軍が優位に立った。

辞世「今日死ぬるなり」

次は箱館戦争明治二年戦における頼母父子の動静である。この年四月、新政府大軍が蝦夷地に上陸し、箱館は緊迫した。

「頼母、箱館会津屋敷に変名して潜む」　箱館の会津屋敷、庄内屋敷は並んで建っていた。五稜郭の遠方にあり、どちらも屋敷は広大で、会津屋敷は第二次会津藩北方警備時代の建造だろう。蝦夷地会津藩の本拠地となり、「会津留守居《るすい》」とも称した。

箱館戦争期、市中にまぎれ込んだ新政府軍スパイの作成したとされる箱館地図（市立函館博物館蔵）に、頼母の動静が小さい文字で記されている。会津屋敷の箇所にこう記されている。

「会津藩家老西郷頼母　変名山田□□□（字不明）」

頼母はここに潜んでいたとみられる。

頼母は、開陽丸乗艦中に会津落城を知り、そのとき、軍事に復さないことを決心したのである（原文「不復関軍事」）。五稜郭に立て籠らなかったのは、その決心に基づいた行動か。

「長男吉十郎、神明社へ託す」　長男西郷吉十郎は神明社（現山上《やまのうえ》大神宮）の宮司沢辺《さわべ》家へ預けた。ここには、旧幕府軍と共に箱館に渡って来た抗戦派の桑名藩主松平定敬（容保実弟）が御座所を設け潜んでいた。変名は一色三千太郎を用いた。

恭順派桑名藩の若き家老酒井孫八郎は、藩が新政府へ恭順したのに、主君が箱館に在っては都合が悪いと考え、神明社の殿様を訪ね箱館退却を説得している。榎本武揚、土方歳三は事情を理解した（桑名市教育委員会「酒井孫八郎日記」）。

近年見つかった西郷頼母の写真（山本光一氏提供）

頼母はそのような神明社に、長男吉十郎を託したのである。

頼母は、箱館戦争を戦わなかった。いや戦えなかったと言うべきか。城を追い払われたとはいえ、既に降伏した会津藩へ累を及ぼすことを家老として懸念したものか。

箱館戦争の直後、頼母は会津藩源流の姓に復して保科近悳を名乗り、東京へ送られ、館林藩（群馬県）で幽閉生活を送った。

明治十三年（一八八〇）、旧主松平容保《かたもり》が日光東照宮宮司に就任すると、頼母は祢宜《ねぎ》に就任している。

明治三十六年（一九〇三）四月二十八日、頼母は会津若松のみすぼらしい十軒長屋で他界した。行年七十四歳。小ぶりな墓は善龍寺に。

辞世

会津嶺のおちこち人に
知らせてよ
保科近悳きょう死ぬるなり

会津磐梯山麓の遠い所の人にも近い所の人にも拙者が今日死んだことを知らせてよ、が歌意。堂々たる死に様である。

養子西郷四郎は、フィクション「姿三四郎」のモデルになった。

西郷頼母邸跡碑（会津若松市）

雑賀孫六郎《さいかまごろくろう》

—幕末十八万両移送作戦と戦国雑賀衆末裔

大坂城の御金蔵

当城御金蔵《ごきんぞう》に古金《こきん》拾八万両あり。取出せしも運送に困却す。今にも戦争起るといふ風聞専《もっぱ》らにして雑賀孫六（郎）に下知《げち》し抜刀せしめ、人足共肯《こう》ぜざる者あらば一刀に首を刎《はね》べしと強迫《きょうはく》し、不二山《（富士山）》艦に送り付けたり。

—旧幕府軍開拓奉行「沢太郎左衛門日記」より

◇生没年＝天保七年（一八三六）四月〜明治十三年（一八八〇）九月十日。

◇経歴＝紀州雑賀衆《きしゅうさいかしゅう》の支族。初め一瀬紀一郎、後に雑賀孫六郎、雑賀重村。蘭学修行生、会津藩大砲方、徳川艦隊旗艦の開陽丸乗組方として「大坂城十八万両」を運び出す。松平容保《かたもり》密使。

◇蝦夷地の足跡＝箱館戦争で室蘭の開拓奉行組頭。斗南《となみ》藩移封。開拓使出仕、開拓大主典《さかん》、茅部山越《かやべやまこし》初代郡長。札幌本道開削、室蘭

築港の功績。墓は箱館戦争史研究者の山本博司氏が昭和五十年代に探墓し、全国から参拝者が訪ねている。

◇妻浅子＝会津藩家老簗瀬三左衛門三女。鶴ヶ城籠城。函館遺愛女学校の初代舎監。

◇第四代札幌市長上原六郎＝姉一瀬冨貴の孫。

◇長兄一瀬勘助＝初の白虎隊自刃画作者。画号は、穂積朝春。会津藩大砲方、後に開拓使画工。

徳川艦隊へ乗船、異色の会津藩士

戦国時代、紀州雑賀衆は天下無敵の鉄砲軍団として鳴り響き、織田信長に十ヵ年にわたり抵抗を続けた。石山《いしやま》合戦である。どの大名にも属さずに戦った。紀《き》の川《かわ》（和歌山市）の流域を本拠地にし、「万葉集」の次の一首は、雑賀一族の琴線に触れる抒情的な歌である。

紀の国の
雑賀の浦に出で見れば
海人《あま》の燈火《ともしび》波の間《ま》ゆ見ゆ

雑賀衆の頭領は雑賀孫市（本姓鈴木）を名乗り、孫市と常に行動を共にする男がいた。豪快なその人物の名が「雑賀孫六」である。踊りが好きで、信長が〽人間五十年下天のうちをくらぶればと悲壮に舞えば、片足を戦傷した孫六は陽気な文句で踊った。次は「絵本太閤記」が伝えている孫六ちんば踊りの一節だ。

〽あらめでたやな
法敵亡《ほろ》び
宗門は
末広がりに御繁昌

「法敵」は本願寺門徒の敵信長、「宗門」は雑賀衆が応援した石山本願寺である。本願寺跡に豊臣秀吉が大坂城を築城した。

会津藩士一瀬紀一郎は遠祖ゆかりの地の「紀」の字を用いていたが、姓氏を改め気高く雑賀孫六郎を正称するのは、戊辰戦争開戦の直後、大坂入城のときのことである。孫六、孫六郎と一字余計だが同名と考えてよい。

慶応四年（一八六八）正月二日夕、徳川艦隊の旗艦開陽丸と蟠龍丸は、薩摩艦平運丸との間で阿波沖で砲撃戦に突入し、海の戊辰戦争は陸の鳥羽伏見戦争よりも一日早く始まっていた。海では幕府海軍が圧倒し、日本の海に君臨していたのである。

正月五日、五人の男たちが開陽丸を下船し、大坂の陸地を踏みしめた。

軍艦総司令　矢田堀讃岐守
開陽丸艦長　榎本武揚《たけあき》（箱館戦争転戦）
軍艦役見習　尾形孝次郎（箱館戦争転戦）
海軍取調所　伊藤鉄五郎《てつごろう》
会津藩乗組　雑賀孫六郎（箱館戦争転戦）

幕府海軍のそうそうたるメンバーの中に、雑賀孫六郎がいた。開陽丸副艦長の沢太郎左衛門（箱館戦争転戦）は開陽丸に待機していた。

正月七日早朝、一行は大坂城中に入り、愕然とする。榎本も雑賀も、幕府方が鳥羽伏見戦争での敗北を詳しく知らなかった。大坂城中には、総大将の将軍徳川慶喜《よしのぶ》、また会津藩主松平容保、実弟の桑名藩主松平定敬、老中の姿も見えない。全軍が江戸へ撤兵したというのだ。即ち逃走である。

このとき榎本武揚は、

「もはや為すべき道なし、徳川家の運命これまでなり」
（証言録『旧幕府』第一号）

と、血涙やまず肩を落とし、幕閣の無策を嘆いた。やむを得ず退却しようとすると、城中に「十八万両の大金がある」と話す人物が現れた。

抜刀して人足脅し富士山丸へ

その人物とは、幕府大坂方の勘定奉行並の小野友《ゆう》五郎《ごろう》だった。小野は榎本武揚に、このように語った。

「大坂城御金蔵に古金拾八万両あり。取出せしも運送に困却す」
（証言録『旧幕府』第一号「戊辰之夢沢氏日記」）

証言者は沢太郎左衛門である。この年十月、箱館戦争へ転戦し、沢と雑賀は蝦夷地の同じ室蘭にあり、苦楽を共にした仲になる。以下、沢の証言録から当時の様子を書こう。

十八万両を運び出した大坂城の御金蔵（国の重要文化財）

榎本武揚は、十八万両を大坂城から運び出すことを引き受けた。まもなく京都から大坂城へ攻めてくる薩長の手に、みすみす渡すことはできない。十八万両運送の任務は、腹心の雑賀孫六郎らに命じた。

小野は榎本に大量の小判なので、「よき工夫はありや」と尋ねた。こう榎本は答える。

「和泉守（榎本武揚）答て、これ式の事何んの苦にすることあらんや。拙者引受持行べし。金函を改め受け取り、雑賀孫六（郎）に命じ、荷車五輌を雇い速に八軒家の方へ運送せしむ」

（『旧幕府』第一号）

これは大作戦である。「古金」を慶長小判と見立てると千両箱一個は約二十キロ、それが一八〇箱だ。紀伊国屋文左衛門が吉原のすべての花魁《おいらん》と女郎を一夜で買い切った金額は一〇〇〇両、真偽はともかく十八万両は大金である。現代勘算は難しいが、一三〇億円といったところか。それをどのように運んだのか。

大坂では今にも戦争が始まる風聞がもっぱら。人足は逃げ出しそうな気配だった。

三十三歳の雑賀孫六郎、十九歳の尾形孝次郎は抜刀して自刃をかざし八軒屋（現京阪電鉄天満橋駅近く）へ辿り着いた。ここから三十石船で大坂湾天保山沖の徳川艦富士山丸へ十八万両の移送が完了した。艦中には東帰する会津藩士、新選組土方歳三も乗っていた。

後年、戦史研究家の大山柏《かしわ》（父薩摩大山巌《いわお》、母会津出身の山川捨松《すてまつ》）は、十八万両移送作戦を称賛している。

「十八万両余を取出し、苦心のすえ兵力を使って全部を軍艦富士山に搬送し、不完全ながら跡始末を付けたことは、幕府末路のせめてもの語り草である」　（大山柏『補訂戊辰役戦史』時事通信社）

その日、十八万両の移送を済ませ、榎本武揚、雑賀孫六郎らは大坂湾の海を遠望していた。

二日後の一月九日、大坂城炎上。幕府上方《かみがた》のシンボルは炎の中に消え、放火らしいが、敵か味方か、下手人は分からない。

外務大臣林董の証言
「アレは箱館戦争軍用金に」

そして、十八万両はどうなったのか。

戊辰戦争当時、開陽丸見習士官だった林董三郎《とうさぶろう》（後に董《ただす》と称す、姪は武揚の妻たつ）が証言している。箱館戦争軍用金になった、と。林は箱館戦争へ榎本秘書役として転戦し、明治政府外務大臣になった人物である。こう秘史を打ち明けている。

「函館の脱士《だっし》等はいかなる金をもって維持したかと言いますと、アレは大坂城から榎本が将軍退去の後、蔵《くら》にあった金を持ってきた、江戸の勘定方でその金をよこせというので、迫られて幾分かを差し上げた。その残金がおよそ二〇万両、それを箱館で二分金に私鋳《しちゅう》したのを使ったのであります」

（史談会編『史談会速記録』）

林の記憶は「十八万両」を「二〇万両」としているが、同じ大坂城からの移送であるから、これは同じ金である。雑賀孫六郎たちが運んだ十八万両は箱館戦争の軍用金になったのである。

箱館の旧幕府軍は、兵へ月給制を導入し、月給一両二分が支払われ、戦時下にあったのは半年間、戊辰戦争で最も長かった。人件費だけでも大変な出費だったのである。

箱館戦争で雑賀孫六郎は箱館を離れ、室蘭で開拓奉行沢太郎左衛門配下の組頭として任務に就いた。旧幕府軍陸軍奉行大鳥圭介《おおとりけいすけ》の次の回想によると、砲台築造、山野開拓に携わっていた。

「（明治二年）正月十五日、沢太郎左衛門は西賀（雑）孫六（郎）と共に茂呂蘭《モロラン》に往きて、砲台築造、山野開拓の基本を建てることに尽力せり」

（大鳥圭介『南柯紀行』）

箱館戦争が終わり、徳島藩で謹慎した。和歌をよくし、謹慎地で詠んだ歌は、寒々とした自然の点景に、わが敗惨の憂いを重ねていた。秀歌である。

木枯《こがらし》よ時雨《しぐれ》に霜《しも》よ雪《ゆき》とまで
つみ重《おも》げなる庭《にわ》の栂《とが》の木《き》　重邨

その後、斗南藩少属、同藩開産掛の函館詰になった。廃藩置県後に北海道の開拓使に出仕し、札幌本道（函館―札幌）の大動脈開削、室蘭港開港と特筆されるべき大仕事に取り組み、開拓大主典、茅部山越両郡初代郡長という要職に就いた。明治初年代の北海道在住会津人士の中では、一番出世である。

雑賀は、箱館ペリー来航、第二次会津藩北方警備、箱館戦争から開拓使まで、これほど「北海道を知り尽くした男」は、他に例を見ない。

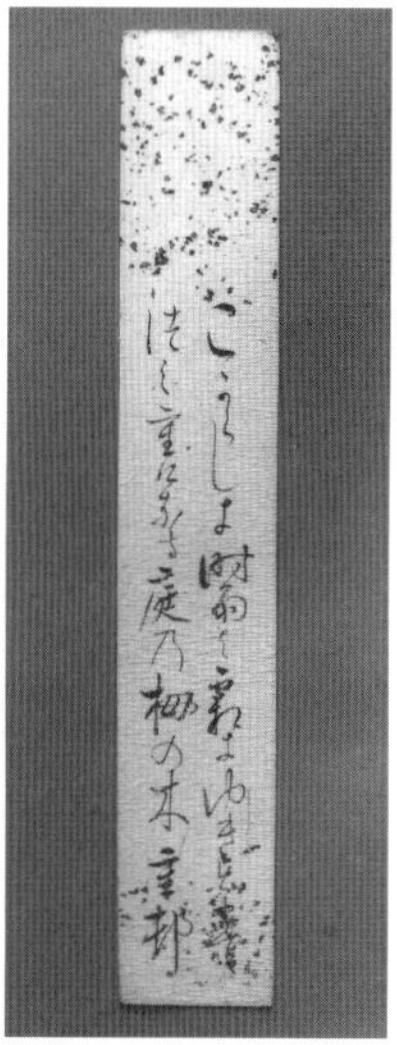
雑賀重村の短冊
（筆者蔵）

明治十三年、四十五歳の若さで函館末広町で病没、墓は立待岬手前、啄木一族墓のそばにある。

妻浅子は、函館遺愛女学校、青山女学院の教育者、東京婦人矯風会会頭として活躍した。

【関連文献】

好川之範『幕末の密使　会津藩士雑賀孫六郎と蝦夷地』（道新選書25）北海道新聞社。

雑賀孫六郎重村墓（函館立待岬そば住吉共同墓地）

大庭久輔《おおばきゅうすけ》

―母上様を大切に願い上げ奉り候

自決の日に

明治二己年

篤實院顕義日忠居士

四月十九日卒す　行年二十五才　俗名大庭久輔

南無妙法蓮華経　南無妙法蓮華経

母上様　おさえどの　おたけどの　おまさどの　おこうどの

母上様皆々ニ而《て》大切御介養伏シ而願い上げ奉り候

――「大庭久輔遺書」より

◇**生没年**＝弘化二年（一八四五）～明治二年（一八六九）四月十九日。

◇**経　歴**＝京都常詰会津藩士。通称は久輔、実名は貞忠。鳥羽伏見戦争、会津戦争参戦。

◇**蝦夷地の足跡**＝新選組浅倉準之助らと上陸。箱館で守衛新選組、新選組西組に属し称名寺駐屯。明治元年松前城攻防戦参戦、肉親の会津藩士赤羽音吉は討死。五稜郭詰陸軍介添役介《かいぞえやくすけ》。明治二年松前で闘病中、生け捕りにされる恥辱を避け自害、松前法華寺に墓があり、箱館戦争由縁の新選組隊士墓がある北海道唯一の寺院である。

◇遺品＝刀、遺書など大庭を介錯した松前町医者の佐藤龍玄から斗南《となみ》藩函館出張所の辰野宗城に届けられ、遺族に手渡された。

守衛新選組へ入隊

明治元年（一八六八）十月二十八日、土方歳三軍七〇〇人の軍勢は、五稜郭から進発し一〇〇キロ遠方の松前城へ進軍した。

この行軍には、会津藩士大庭久輔と義弟赤羽音吉（大庭記録は「愚弟」）が守衛《しゅえい》新選組として同行する。守衛は、元新選組副長土方歳三を「守衛する」「守護する」という意味である。常に前線で戦うことを流儀にしていた土方には、警護役が必要だった。

途中、土方歳三は松前藩場所請負人《ばしょうけおいにん》の種田《たねだ》徳左衛門家（現北斗市役所正面）に宿陣した。種田家は松前藩領の漁場を任され、渡島《わたりしま》王と呼ばれた大物である。この家の奥座敷で土方と薩長側の松前藩士渋谷十郎が会談し、土方は語った。

「我兵今三千、軍艦数隻アリ」

土方は暗に降伏を促したが、会談は物分かれに終わった。

松前藩は蝦夷地唯一の「藩」として栄えた。石高は三万石格。

領内の稲作は「大野米」に限られていたから、石高は米でなく漁獲高を勘算した。

もともと蝦夷地松前家は佐幕色の濃い藩として知られ、小藩ながら幕閣に若年寄を送り、朔北の藩として奥羽越列藩同盟《おううえつれっぱんどうめい》に加わったが、箱館戦争寸前に藩内クーデターが起こり、薩長側になったのである。

十一月五日、松前城攻防戦が始まり、城下突入一番乗りで討死したのは、「赤羽音吉である」と大庭久輔が伝える。土方軍は高台の法華寺に四斤山砲《しきんさんぽう》を備え、圧倒的な強さを誇った。

松前家の二十三代現当主、松前徳廣《のりひろ》氏（町田市在住）は、筆者に次のように語ったことがある。

「私の松前家では、箱館戦争について話題にのぼらないのですよ。あの戦争で松前家は最初は負けました。藩主の最期は悲惨でありました。今でも他言をはばかる死に際でした。勝った方の土方歳三さんの凄い人気にかないませんなぁ」

いかにも大名の子孫らしい風格の松前氏は語った

が、松前城は落城し、城下は焼失し、松前家は津軽へ逃れた。城は落ちたが、松前藩は降伏した訳でなく、次の年に反撃が始まる。

松前城攻防戦で大庭久輔も戦い、城下一番乗りの手柄を挙げた赤羽音吉は討死してしまった。死骸は大庭が城下法華寺に埋葬し、翌年に松前を訪ねて墓を建てた。音吉、二十六歳だった。

旧幕軍の悪政は許さぬ

十二月十五日、旧幕府軍は五稜郭に「北の政権」を樹立し、大庭久輔は「五稜郭詰陸軍添役介」の任務に就き、会津遊撃隊には属さなかった。また「新選組西組一番」にも属しているから、箱館西部地区の警備も担当したようだ。

年が明けて明治二年（一八六九）に入ると、五稜郭と松前を往復することしばしばだった。大庭久輔と水戸出身関精輔の二人は、旧幕府軍占領下の施策を巡察し、「悪政である」と憤慨した。

「裁判所の悪政を止め善政につかまりたく存じ入り候」（「大庭・関の意見書」）

裁判所は、どの機関を指すのか、はっきりしない。土方は「裁判局頭取」を兼務していたが。悪政は、何なのか。ここも不明だ。

大庭久輔と関精輔は五稜郭の重役へ、悪政の改善をたびたび申し入れた。しかし、

「其の甲斐《かい》なく候」（「同」）

と嘆いて発信したこの意見書は、明治二年四月十一日付の一文で、諸藩宛てのものである。重役へ申し入れても改善の兆しはなかったから、諸藩へ直接自制を求めるものだろう。

同じ明治二年、松前領福島村（現松前郡福島町）で、旧幕府軍の会津藩士による蛮行が発覚した。福島村には会津遊撃隊が駐屯し、新政府軍の攻撃に備えていた。隊員と村の娘との恋のトラブルが起こり、娘には許婚《いいなずけ》がいたから村の両家は困惑した。その青年宅へ会津遊撃隊士が押し掛け、青年が不在だったため、何が起こったのか母親を殺害してしまった。

この事実は、福島神明社（現福島大神宮）の神主笹井武麗「明治二年日記」（福島町史研究会米塚誠氏解読）に記録された。この日記を基にして、歴史研究者若林滋氏（会津系譜、札幌在住）が労作『箱館戦争再考』（平成二十八年、中西出版）で詳述した。

「村名主や年寄らが隊長の諏訪常吉に抗議したところ、諏訪は丁重に詫びた上、翌朝この隊員を斬

罪にし美濃屋に慰謝料三十両を支払った。諏訪は被害者への謝罪と綱紀粛清のため、隊員の首を晒《さら》した。『ならぬことはならぬ』と躾けられて成人した、元会津藩士諏訪常吉ならではの処置で長期駐屯で緩みがちな隊員の士気を引き締めた」

この若い隊士が引き起こした事件は、評し難い蛮行として村人の記憶と記録に刻まれた。会津遊撃隊長諏訪常吉は蛮行に目をそらさず斬罪を断行し、会津の血を引く著者若林滋氏のジャーナリスト魂（元読売新聞東京編集局部長）を称えたい。

敵軍制圧下の松前城下で自決

箱館戦争明治元年戦の旧幕府軍は、太平洋側鷲ノ《わしの》木《き》村から蝦夷地へ上陸した。これに対して明治二年戦の新政府軍は、日本海側乙部《おとべ》村から上陸して来た。

当時、箱館庶民は、元年戦を「秋の戦争」と呼び、二年戦を「春の戦争」と呼び、二度の箱館戦争を区別して回想した。

明治二年四月九日、春の箱館戦争で新政府軍第一陣が乙部村から侵攻したとき、上陸一番乗りはヤンシー号から下船した松前軍である。

このころ大庭久輔は、松前城下袋町《ふくろまち》の町医者佐藤龍玄《りゅうげん》家の自宅で闘病中、新政府軍の松前急迫は予見されていたが、もはや松前を退避する体力はなかった。

そうこうするうち、四月十七日、松前城は松前軍ら新政府軍に奪還されてしまった。城下は新政府軍の制圧下にあり、龍玄先生は夫婦で久輔の助命を考えたが、どうすることもできない。

「拙者《せっしゃ》も何と哉《か》して家内と計り（大庭久輔を）助命せんと八方へ心をくばり候へ共《ども》、私住居、袋町と申所《もうすところ》、松前のまん中故、人目多く助命致す事能《あたわ》ず」

（「佐藤龍玄記録文」）

大庭久輔が切腹に使った脇差（一族の長野保夫氏から白虎隊記念館へ寄贈）

大庭は生け捕りにされ、恥辱に晒されることをよしとせず、自死を決断した。松前城が奪還された二日後の四月十九日、大庭は母親らへの遺書を書くなど死の旅路の仕度を済ませ、介錯を龍玄に頼んだ。龍玄の回想は胸を打つ。

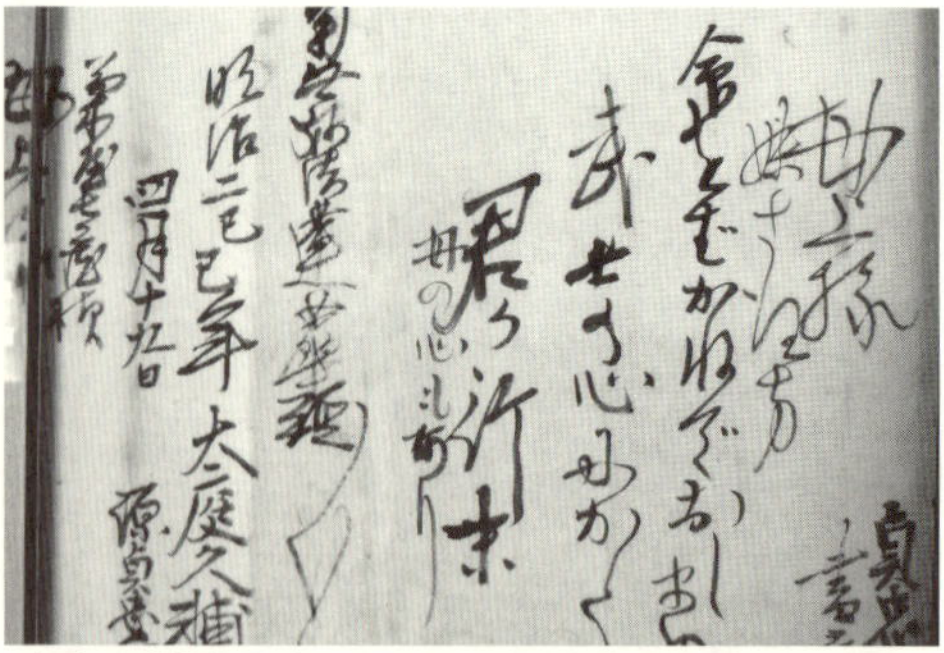

大庭久輔遺言書に記された辞世の和歌（一族の長野保夫氏から白虎隊記念館へ寄贈）

新選組に入隊した会津藩士大庭久輔と水戸藩士関清輔の共同墓（松前町法華寺）

「髪を結び法華寺之墓所《はかどころ》ニ参リ、快《こころよ》く介錯仕《つかまつり》候」

（「佐藤龍玄記録文」）

大庭久輔は、赤羽音吉の墓前で切腹し、龍玄が介錯の刀を振り下ろした。年二十五。

大庭久輔辞世

命をばかねて惜しまぬ
武士の心にかかる
君ヶ行末

［参考文献］

「戊辰己巳《きし》心中書置書」伊藤哲也（『続新選組史料集』所収）、「愚直に生きた③大庭久輔」（『会津人群像26』所収）。大庭久輔遺品は、縁者長野寿美氏から伊藤哲也氏を介して、白虎隊記念館へ寄贈された。

日下《くさか》義雄《よしお》

―福島県知事になった箱館戦争の少年兵

恩師安部井政治の遺言

（箱館で日下へ）安部井氏は、「自分達は事の成否に拘《かかわ》らず、行くべき一路に行くのであるが、君は自重して、他日、大いに君国の為めに尽すことを期せよ。決して死を急いではならない」と教訓された。

―昭和三年『日下義雄伝』より

◇生没年＝嘉永四年（一八五一）十二月二十五日～大正十二年（一九二三）三月十八日。

◇経歴＝初代長崎県知事、会津藩出身初の福島県知事。初め石田五助、後に日下義雄。大沼郡医師石田龍玄《りゅうげん》の長男、母ちえ。会津藩校の学館で安部井政治《まさじ》に漢学を学び、日新館大学校へ進む。鳥羽伏見戦で負傷。戦後、アメリカ、ロンドンへ留学。官界へ。長男秀雄が天逝して官界を離れる。第一銀行取締役。衆議院議員。容保《かたもり》の二男健雄が日下の築地邸で起居。

◇弟の石田和助＝白虎士中二番隊、飯盛山《いいもりやま》自刃。

◇蝦夷地の足跡＝箱館戦争転戦、会津遊撃隊少年隊士。敗戦後、上京。

飯盛山に散華した弟石田和助

兄石田五助は、会津若松城下の槻木町に生まれた。今の会津若松市馬場町辺りである。なぜか箱館戦争後に姓も名も改め、日下義雄を名乗り、弟は短い生涯を石田和助を称した。

父親石田龍玄は大沼郡海津村出身、村長《むらおさ》の家系の医師で、会津藩士ではなかったが会津藩主松平容保の御側医《おそばい》に登った。英雄肌の人物であったという。

五助、和助の兄弟は「気性《きしょう》もの」と呼ばれた。豪胆で負けず嫌いということだ。五助は会津藩校学館（北学館か南学館か不明）で、俊才の儒者安部井政治に就いて漢学を学び、日新館大学校の課程に進んだ。

和助は、子供のころから自ら酒を温め独酌するのを日課にしたという逸話を残している（宗川虎次『会津白虎隊十九士伝』）。

五助はただ一人の弟和助を郷里に残し、京都に向かうのは慶応三年（一八六七）、翌四年正月には鳥羽伏見戦に参戦し、右脚に貫通銃創を受けて昏倒《こんとう》した。五助を救助したのは、後の海軍中将角田《かどた》秀松であった。

傷を負った五助は、徳川艦順動丸で江戸へ行き、芝浜の会津藩邸で手当を受ける。それから国元へ帰ったはずだが、会津戦争における五郎の動静は不明である。

慶応四年（一八六八）八月二十三日、鶴ヶ城は籠城戦に入ったが、その日の朝、弟石田和助が所属する白虎士中二番隊は飯盛山の山上おいて、「生くるべきか死するべきか」を話し合っていた。二時間余の議論の結果、「死」に決し、一同、文天祥《ぶんてんしょう》の詩を朗吟した。

人生古《いにしえ》より誰《たれ》か死無《しな》からん
丹心《たんしん》を留取《りゅうしゅ》して汗青《かんせい》を照《てら》さむ

和助が真っ先に、刀を腹に突き立て、屠腹《とふく》した。「人生、死なずに一生を終えた者はいない。どうせ死ぬなら真心を留め、歴史を照らしたいものである」。そのように少年たちは朗吟しながら、次々と自害して果てた。和助は十五歳だった。

飯盛山に白虎隊十九士碑が並び、右から三番目が和助墓である。会津少年武士道と後の世の軍国主義日本との相違点について、合掌しながら賢察すべきであろう。

激戦矢不来の戦い

会津藩降伏から一ヵ月、蝦夷地へ渡海した石田五助は、箱館で病いにかかり入院した。回復して諏訪常吉率いる会津遊撃隊に加わり、彼方に津軽海峡が広がっている箱館湾岸沿いの浜辺の守備に就く。

明治二年（一八六九）四月、新政府大軍は日本海側から攻め込み、旧幕府軍は江差、松前城、木古内《きこない》、当別《とうべつ》で次々と敗北した。

その戦跡地を「道南いさりび鉄道」（函館―木古内）が函館湾を弧を描くように走り、激戦地矢不来《やふらい》（現北斗市矢不来）はこの鉄路の途中にある。

四月二十九日、五助の旧師の安部井政治は矢不来の戦いで、「吾が為に榎本氏に告げよ、政治は逃走を事とするや」と叫んで敵軍へ突進し、銃弾に倒れた。生前、政治は五助に対して「自分は行くべき一路を行く、君は死を急いではならぬ」と言い含めた。恩師の遺言である。

年少の五助は、矢不来を会津遊撃隊の先輩と共に離れ、有川道《ありかわどう》から今の七重浜海水泳場を抜け、五稜郭へ入城した。五月十一日箱館決戦に負け、五月十八日五稜郭は敵軍に引き渡された。

五助は、箱館の砲台（弁天砲台か）で謹慎の身となり、箱館港から軍艦で品川へ送られ、相馬中村藩に幽閉された（中村孝也編著『日下義雄伝』）。

箱館を去るとき、五助は箱館の会津屋敷に出入りしていた八幡坂上の御用商人から金若干両を借りた。

五助が日下義雄を名乗り出すのは、上京後の明治三年（一八七〇）である。

会津士風と英国士風

日下義雄の立身栄達はめざましかった。

箱館戦争直後の日下義雄（『日下義雄伝』）

東京に出て旧長州藩士井上馨《かおる》の知遇を得て、大阪英学校に入り、岩倉遣米使節に同行し、更に山川健次郎、赤羽四郎と共にアメリカ留学、ロンドンで経済学を学んでいる。

帰国して官界を雄飛し、太政官、内務省、農商務省の高官になった。明治十八年（一八八五）、日下は函館、札幌、根室を巡察し、函館では去る年に金若干両を借りた御用商人を探すと、商人は没落して裏長屋に住んでいた。商人に利子を加え倍にして返し、箱館戦争時代の恩にむくいた。

明治二十五年（一八九二）八月二十二日、旧会津藩から初めて、晴れて郷里の福島県知事に任ぜられ、中でも大仕事は今の磐越西線に当たる岩越鉄道（郡

福島県知事在職中の日下義雄（『日下義雄伝』）

山─会津若松─新津）を敷設したことだった。
鉄道唱歌（奥羽磐城編）の一節〽ここに起こりて越後まで…、今は若松会津まで…は日下義雄の仕事を彷彿させてくれる。その後福島四区から衆議院選挙に挑み、河野広中を押えて初当選した。二当四落だった。

帰省すると必ず飯盛山に登り、亡弟石田和助たち白虎隊十有九士《じゅうゆうくうし》の眠る墓を詣で冥福を祈った。福島県会津では、日下が薩長閥と融和し過ぎた半生だったため、「長州人井上馨の袖をたより」と攻撃され、孤独の中に身を置いた節がある。

しかし薩摩人の伯爵牧野伸顕《のぶあき》（大久保利通《としみち》二男、昭和天皇皇太子時代の側近）に対して、笑いながらも強烈な皮肉の言葉を浴びせたことがある。

「会津は薩摩の為に亡ぼされ、我々の主君たりし松平侯は減封の上国替の憂目《うきめ》に遭ひ、多くの家臣は流離困頓《るりこんとん》の苦しみを受けて今日に至ってゐる、畢竟《ひっきょう》、これ薩摩のお蔭である」　（『日下義雄伝』）

日下の死後、会津人が追憶の言葉を日下義雄伝記編纂所に寄せている。

駐英大使林権助（祖父は同名の会津藩砲兵隊長林権助）──。

「昔の会津や薩摩の気風は、今の英国の気風の中に、かなり潤沢に含まれてをります。やると言ったら必ずやる、といふ気風は両者共通してをります。約言すれば、日下氏の性格は、少年時代における会津士風の教養と、青年時代における英国士風の教養とに培《つちか》ひ養はれたことが最も多いと思ひますね」

大阪市長池上四郎（会津藩士池上武輔四男、秋篠宮紀子妃の祖父）──。

「君は余程私を信頼して呉れたものと見て、長崎県の典獄に採用せられました。国民外交といふことには常に多大の注意を拂ひ、居留外人との交際に力を尽されました。若し会津人ならずして順境に立つ側に生れしめたならば、十分に本領を発揮し得たと思ひます。或時、私は原敬氏に、何故幹部に入れないのかと質問した」

前段の林大使の回想は、日下は「大臣くらいにはなるべき人物だった」と言っているらしい。

大正十二年三月十八日、日下義雄は東京本所区向島須崎町の自邸で逝去した。七十三歳。谷中霊園に眠っている。

安部井政治《あべいまさじ》

―「榎本氏に告げよ」一人絶叫して敵軍へ突進

榎本武揚の失言

武揚、一日、衆中に揚言《ようげん》して曰《いわ》く、近来《ちかごろ》会津人士怯《きょう》臆性《おくせい》と成り、ただ逃走を事とす、たまたま政治また座中に在り、決死の志あり、明日、敵矢不来《やふらい》に来り攻む。吾が為に榎本氏に告げよ、僕は一歩も退かず。衆交々《こもごも》、退去を勧む。遂に乱丸の下に斃《たお》る。年二十五。

―大正三年『会津会々報』より

◇生没年＝弘化二年（一八四五）～明治二年（一八六九）四月二十九日。

◇経歴＝会津藩憂国の士。昌平黌留学、会津藩校日新館教授。会津藩士香坂源吾二男。通称は政治、実名は惇《まこと》、号は塔巖《とうがん》。漢詩人。養祖父は会津屈指の儒学者安部井帽《ぼう》山《ざん》、養父は忠八。国事奔走。会津戦争では諸藩を遊説し工作。

◇安部井政治の檄文＝戊辰戦争開戦、起草。反薩長の志を立て、義挙せよとの呼びかけを江戸市中の要所に張り出す。

◇蝦夷地の足跡＝徳川艦開陽丸で上陸。会津遊撃隊二番小隊長、箱館戦争最激戦の矢不来《やふらい》で戦死。会津三絶「懐中除夜の詩」を遺す。

檄文「志を立て挙兵せよ」

若き会津藩士安部井政治は、憂国の士である。若年ながら門弟がいた。

朱子学を修め、詩文を善くし、江戸の昌平黌へ進んだ。会津藩の京都守護職時代、藩に命ぜられ、京《けい》坂《はん》と江戸をたびたび往復し国事に奔走した。江戸に下り一橋慶喜《よしのぶ》へ上京を促したこともあるという。

慶応四戊辰年（一八六八）、政治は江戸に穏れ自ら檄文を起草して市中に貼付したり、ときには医師に変装し、また漁船に潜んで敵状を偵察した。

政治の発した檄文は、人心に訴えた。人の世の心（経倫《けいりん》）、人の道に外れた行動を批判（不義《ふぎ》）し、人としての大道（綱常《こうじょう》）を悟し、薩長らに対して志を抱いて挙兵せよと唱えた。この憂国の檄文は八〇〇字ほど、要点は次の通りである。

「天地を経倫し、宇宙を総統する者。一日、之を

箱館の榎本武揚（一瀬久雄氏蔵）

廃すれば、天地傾倒、万姓（世）塗炭に落ること言をまたず。三百年来徳川家に臣従する者なり、而《しか》して弟をして兄を討《う》せしめ、臣をして君を弑《しい》せしむ。悲痛歎惜《たんせき》、是より甚しきはなし、苟《いやしく》も之を知る者は、志を立て、速かに義兵を挙げ、甘んじて賊の駆役《くえき》を受くる者は、已《おの》れ不義に陥るのみならず。之を四方に伝へ、天下の義気を作興《さっこう》して綱常を維持せよ」

（大正三年『会津会々報』所収「安部井政治の檄文」）

政治は国元に帰った。仙台藩など諸藩を遊説して工作に尽くすが、会津戦争に敗れ、いまだ成すことあらんと決心し、箱館戦争に転戦する。会津遊撃隊長諏訪常吉の二番小隊長を任せられた。

しかし政治は、旧幕府全軍の総裁榎本武揚《たけあき》の人柄に対して懐疑的だった。政治は不満を次のように会津の戦友に洩らしている。

「後、武揚と議合はず、怏々《おうおう》として楽しまず。嘗《かつ》て戦友に言いて曰《いわ》く、予この地に来れるは過《あやま》てりと。後ち遂に弾薬給せず、糧食将に尽きんとす。政治、慨然として曰く、交友多くは故国に戦死す。予、独り生きて何をか為《な》さんと決死戦場に向ひ、長剣を揮ひ悪戦して死す。懐中除夜の詩あり」

（会津藩士広沢安宅『幕末会津志士伝』一名弧忠録）

著者安宅《あんたく》は広沢安任《やすとう》の甥に当たる。

武揚とは、言動に配慮の足りない人物だった。武揚と政治は年こそ違え、江戸昌平黌では先輩、後輩の九歳違いだったが、後の激戦前夜、武揚の言葉が決定的な災いを招いてしまう。「会津人士逃走を事とす」は舌禍、だ。

最激戦矢不来の戦いに果てる

箱館戦争の明治二年戦（一八六九）で、旧幕府軍は苦戦が続いた。四月二十九日、矢不来（現北斗市矢不来）の戦いは、激戦中の激戦に数えられ、両軍が激突した。

［旧幕府軍］　会津遊撃隊、幕府遊撃隊、彰義隊、仙台額兵隊、衝鋒隊、伝習隊。

［新政府軍］　ほとんど総軍が攻め込む。

新政府軍はここを突破しなければ、箱館平野へ攻め込めない。

旧幕府軍は矢不来の急崖な高地に第一砲台、第二砲台、箱館湾の海沿いに第三砲台をそれぞれ築き、海と陸からの攻撃に備えた。

矢不来の攻防戦が始まる幾日か前、武揚は兵を前にして、声を張り挙げ喋り出した。その場に、政治がいるのを気付かなかったから始末が悪い。

「近来《ちかごろ》会津人士怯臆性《きょうおくせい》（臆病）となり、ただ逃走を事とす」　（『会津会々報』）

ここにおいて、政治は決死の覚悟で矢不来の戦いに臨んだ。新政府艦からの艦砲射撃も烈しかった。

後に小樽に住んだ会津遊撃隊二番小隊半隊長、松田精介翁が回想している。

「戦争のうち、一番壮烈なりしは矢不来の戦なり」　（『会津会々報』）

陸軍奉行大鳥圭介《おおとりけいすけ》が愛馬駒《こま》ヶ《が》嶽《だけ》の馬上から兵を激励するが、もはや戦闘の継続は困難であり、会津遊撃隊長は重傷を負い、多くの隊士が戦死し、軍は矢不来退却を決めた。

政治は独り頭を横に振り、絶叫して敵軍へ突進した。

「否《いな》、卿《けい》等還りて、わが為に。榎本氏に告げよ。今や、わが隊、刀折れ、弾《たま》つき、よろず為《な》すべき無しと雖《いえど》も、僕は一歩も退かず、会津人は、果して、怯臆性となりしか、果して逃走を事とするか」　（『会津会々報』）

ついに政治は乱丸に倒れた。

狙撃した長州兵某は、政治が懐《ふところ》に持っていた詩作が凡ならないと見て、これを保存し、後に元会津藩公用方の広沢安任に示した。

広沢は政治の詩であること知り、臨死の状況を問うと、「その人、腰を撃たれて斃《たお》れ居るも尚《な》ほ生くべし」（『幕末会津志

箱館戦争最激戦地の矢不来台場跡から函館山と函館湾を望む（北斗市矢不来）

士伝』）と思い降伏を勧めた。政治はこれを聞かず、剣を振り罵言して止まなかった。

広沢安任は「故に命断てりと、其《その》壮烈の状思ふべしと」『同』と言葉を結んでいる。

安部井政治の門人に、猪苗代の医師六角謙三という人がいた。よほど師を愛惜していたらしく、後年、榎本武揚に面会を求め、師のことについて尋ねた。武揚は当時を語っている。

「安部井氏の難に殉ずる殆ど余《よ》の殺す所たり、今に至るまで痛惜へざるなり」（『会津会々報』）

軽佻浮薄な「言葉」は恐ろしい。人を死へ追い込むのである。

会津三絶　懐中除夜の詩

箱館戦争で散った政治は、二十五歳だった。短い生涯だったが、亡骸の懐《ふところ》に遺った詩作は「永遠の名詩」として愛唱され、「会津の三絶」と呼ばれる。

［注］詩題は「わが懐にある最後の詩」の意、漢詩の読み下し文。（　）内は訳。

懐中除夜《かいちゅうじょや》の詩　　安部井政治

海潮枕に到れば天明けんと欲す
（潮の音が枕辺に届き空が明けることを願う）
感慨胸を撫で独り眠れず
（さまざまな思いが胸をなで独り眠れぬ夜を過ごす）
一剣未《いま》だ酬《むく》えず亡国の恨み
（私の剣はいまだ会津を滅ぼされた恨みにふさわしいお返しをしていない）
北辰星下残念を送る
（北極星の瞬く蝦夷地に生きながらえ残りの命を過ごしている）

土方歳三や会津藩士ら幕府軍側戦死者を慰霊する戊辰戦争最大の碧血碑（函館山山腹）

政治の埋葬地は不明だが、会津藩士はじめ箱館戦争旧幕府軍戦死者の八四三霊は、函館山中腹の碧血《へきけつ》碑《ひ》に祀られている。碧血とは、義に殉じて死んだ武人の血は三年経つと碧《あお》になるという故事に由来し、政治もここに眠る。靖国神社本殿が祀らない戦死者たちである。

毎年六月二十五日午後二時から、函館碧血会主催の慰霊祭が挙行されている。

小野権之丞《おののごんのじょう》

―日本赤十字発祥の箱館病院事務長

切迫する箱館病院

［明治二年三月］五日土方へ之手紙相頼。二十九日榎本総督参られ候。

［四月］二十九日会津遊撃隊長諏訪常吉手負ニて来たる。

［五月］一日新選組津田某も少々手負なり。十一日賊（薩長を指す）五稜郭へ迫る。十二日薩州、諏訪方へ来たり。

―会津藩士「小野権之丞日記」より

◇生没年＝文政元年（一八一八）四月九日～明治二十二年（一八八九）四月二日。

◇経　歴＝会津藩公用人。通称は代々が権之丞、実名は義忠。父は権之丞義行。松平容保《かたもり》と共に関白近衛忠煕《ただひろ》に拝謁。菩提寺は会津恵倫寺、権之丞墓は東京、青山霊園。文久三年（一八六三）に筆を起こした「小野権之丞日記」がある。

◇蝦夷地の足跡＝徳川艦蟠龍丸で上陸。蝦夷地会津藩士の長老。日本赤十字精神発祥時の箱館病院事務長。箱館終戦交渉に立会する。

ポックリ履いた孫光子の会津戦争

文久二年（一八六二）十二月二十四日、会津藩主の京都守護職松平容保は入京すると、翌二十五日、ただちに禁裡御所に参内し、公家最高位にある関白近衛忠煕に拝謁した。

このとき主君と共に近衛に拝謁したのが、小野権之丞である。権之丞にとって、生涯最良の晴れがましい一日になった。

明けて文久三年、会津藩主直結の頭脳集団である公用局を組織し、上級格藩士「公用人五人衆」を選抜、その下に「公用方五人衆」を置く。いずれ劣らぬ人材だが、小野権之丞は公用人に指名された。

公用局の役割は、朝廷、幕府、諸藩、あるいは配下の新選組などとの交渉、つまり会津外交を担う重要なセクションである。公用方だった広沢安任《やすとう》「鞅《おう》掌録《しょうろく》」（『会津藩庁記録』所収）によると、容保は公用局の家臣に対して基本精神を次のように示した。

「策略は殊《こと》に宜《よろ》しからず、至誠を以ってすれ」

容保は策略だらけの京都政治の中で、「至誠を以ってすれ」と言った。何たる清らかさか。しかも容保は家臣に上下の区別なく、自由な意見を求めた。また当時、「討論」という用語を用いてこれを勧め、それでも家臣が主張を遠慮しがちなときは容保自ら座をはずし、討論の活発化を促した。公用局、即ち会津CIAは自由な小集団だったのだ。

「鞅掌録」は権之丞の素顔を伝える。

「小野権之丞、小室金吾ハ左右に生長シ、公（容保）ノ誠意ヲ奉承、皆《みな》誠実忠良ニシテ能《よく》勤メ労を顧ズ」

あくまで至誠に生きる人柄だった。

京都時代は蛤御門の変、鳥羽伏見戦争を戦い、京坂では名が知られ、また新選組隊士に慕われている。会津に戦雲が急を告げると、奥羽各地を飛び廻り、同時代の人は、「小野権之丞なるもの涕泣《ていきゅう》して曰《いわ》く、保科《ほしな》家滅亡の時機至った」「小野権之丞と同行で二本松方え出発しました」（『史談会速記録』）と伝えている。会津藩小野家は、会津藩祖保科正之《ほしなまさゆき》と共に始まる高遠以来の譜代の家臣であったから、「保科家滅亡」を口にして号泣する権之丞の様子は切ない。

一方、国元会津には権之丞の孫光子がいた。八歳だった。会津藩士鈴木丹下に嫁いだ権之丞の娘美和子の子供である。その子孫の鈴木威が書いた幻の会津女性史『光子』（昭和十六年）によると、幼い権之丞の孫光子は、会津戦争が始まった日に敵軍の城下侵攻を「お祭り」と勘違いし、ポックリ（祭り下駄）を履いて物見遊山で外に飛び出したという。無邪気な幼い姿が痛々しい。

数年後、光子は母に連れられ、戦死した父の亡骸を探して、会津若松の町中を歩いた。

「掻《か》きむしられた雑草の中に、土にぬれた白骨や、ぼろぼろの衣服がそこかしこに散らばっております。よく探しますと、小切れが二、三見当りました。これは確かに父の肌着に相違ない。御出陣の時御着せ申したものに相違ない」（『光子』）

やっと父の白骨と再会した。会津戦争後、戦死者の遺体埋葬は禁じられ、亡骸は打ち棄てられたままであった（会津藩士町野主水『明治戊辰殉難者之霊奉祀ノ由来』ほか）。これが侵攻軍による非人道的な戦後処理の実態である。

小野権之丞の孫娘が語る『光子』表紙（会津会の江川義治氏提供、原本山内一郎氏蔵）

長州兵よ、達者で暮らせ

明治元年（一八六八）秋、権之丞は仙台領から徳川艦船蟠龍丸へ乗船して、蝦夷地へ向かった。そのころの「小野権之丞日記」（『維新日乗纂輯』所収）をめくってみよう。

九月三日　若松城御切迫。
十月十二日　蟠龍丸へ乗組出帆。
十月二十日　エトモと云所に至り下碇。
十月二十三日　開陽丸ヨリ報告ニ付、同夜出帆、翌日鷲《わし》ノ木《き》へ着。

権之丞は、旧幕府軍が運営する箱館病院に着任した。この病院では箱館戦争の全過程を通して、治療した総数はなんと一三四〇人（高松凌雲「東走始末」）の多数に及んでいる。

院長に着任する高松凌雲は、国内に名の通った大坂適塾《てきじゅく》の緒方洪庵《おがたこうあん》から医学を学び、幕府奥詰医へ栄進し、ヨーロッパに留学した。そして医師として箱館に渡って来た。兄は箱館戦争の旧幕府軍最大部隊、衝鋒隊長古屋佐久左衛門《ふるやさくざえもん》という猛将である。

医師としての志を、高松は叫んでいる。

「医者に敵も味方もない。あるのは患者だけだ」

このような医の精神を貫き、敵も味方も公平に治療した。箱館病院は次の陣容で臨んだ。

箱館病院長　高松凌雲（旧幕府）
箱館病院事務長　小野権之丞（会津藩士）
病院掛　木下晦蔵（館山藩士）
医師　赤城信一（会津藩医）
医師　蓮沼《はせぬま》誠造（会津藩医）
医師　伊東貞賢（仙台藩医）

当時、肩書は院長が「病院頭取」、事務長は「病院掛頭取」と称した。病舎は姿見坂（現函館市船見町）の上方に構え、旧幕時代の箱館医学所をあてがった。箱館戦争では戦傷者で手狭になり、会津遊撃隊長諏訪常吉が運び込まれる二ヵ月前、二階建て二棟を落成させたから、戦争の凄まじさが知れようというものである。台上の病窓から、箱館湾の海戦が眼下に広がり、スクリーンを見るように望めた。

病舎は他に高龍寺分院、仮病院を湯ノ川浄玄寺、会津屋敷にも置いた。

当初、小野権之丞は榎本武揚《たけあき》から声の掛かった病院掛の仕事に就くことを断った。会津藩の面々が出陣（出張《でばり》）するのに病院詰とは何事か、と思ったのである。

「藩之面々、出張相成候処、私儀病院懸可相勤旨、榎本氏申聞ニ付相辞シ出張之義申立候」

（「小野権之丞日記」）

権之丞五十二歳。榎本は老体を気づかったのか、適任と考えたのかは知らないが、結局のところ権之丞は病院事務長を承知した。

明治二年（一八六九）一月十四日、この日五稜郭陸軍奉行添役《そえやく》の相馬主計《かずえ》（新選組）が箱館病院を訪ね、敵兵の負傷回復者を内地（本州）へ還す方針であることを文書で示した。

同じ一月十四日、箱館病院は治療を終えた敵兵長州藩士を解放した。明治四十二年（一九〇九）、その秘史を高松凌雲は語り、「日本赤十字社の始まりである」と公言している。

「敵である長州藩の堀新五郎といふ人の家来で山

田梅吉、備後の福山藩若江忠平、同中島忠三郎、同島田吉太郎、同天野利忠太、同田頃栄之助、この六人を病院に入れました。天野利忠太ハ足を斬りましたので、一人没しましたが、跡の五人といふ者ハ、丁度明治二年の一月十四日に立派に身体の自由になる様に致しまして、さうして津軽地方迄《まで》便船を以て帰しました。それが小さいけれ共其日本赤十字社の初まりであると私は思ひます」

（『史談会速記録』高松凌雲実歴談）

高松凌雲が語っているように、明治二年一月十四日の箱館病院の振る舞いは、輝かしい出来事になった。「敵兵よ、達者で暮らせ」そんな祈りを込めた解放だったに相違ない。

事務長権之丞「小野権之丞日記」は欠落が多く、このことの記述がなく残念だ。なお明治政府編纂の官製戊辰史『復古記』は右のことを史実として触れ、また日赤社史は日本赤十字の発祥を西南戦争であると捉えている。敗軍が「日本赤十字発祥」であったら都合が悪いのだろう。

五月十一日、箱館総決戦の箱館病院本院はどうなったのか。薩摩兵がやって来て「薩州 改済《あらためずみ》」の札《ふだ》が張られたものの、入院患者は難を免がれた。

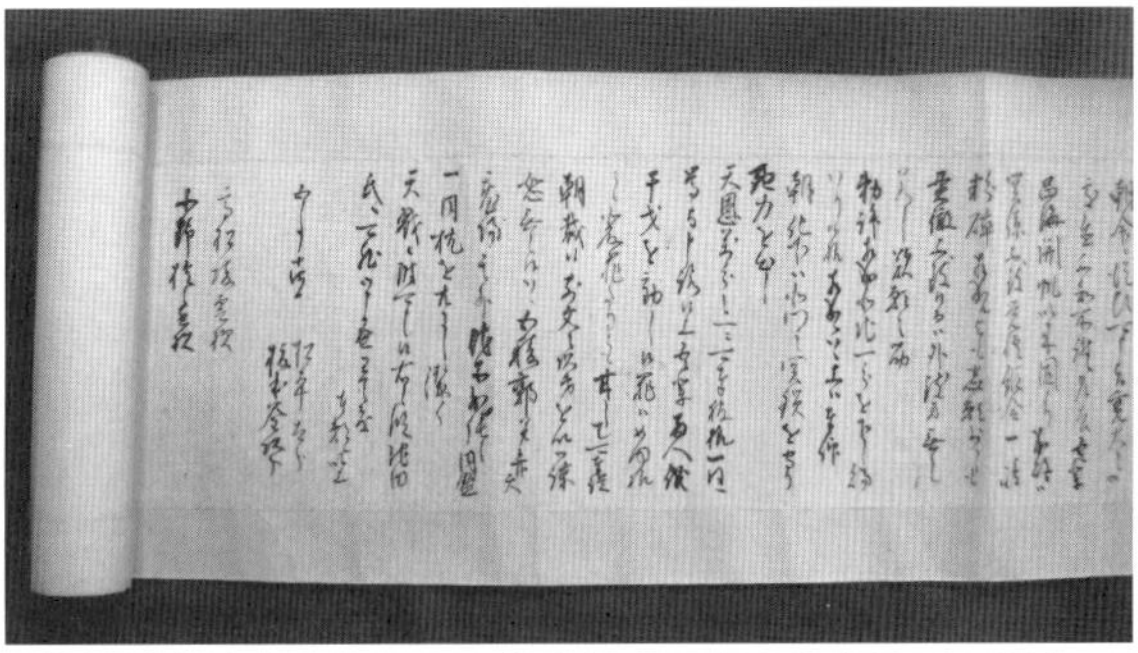

箱館戦争終結に関する榎本武揚から小野権之丞への返書
（市立函館博物館蔵）

その日、小野権之丞は外出し、敵兵に捕えられた。

「帰路、不動之前ニ而て官軍ニ出逢、縛ニ附キ」（「小野権之丞日記」）。

ロシア領事マレンダ方からの帰り道、不動尊の鳥居（あるいは八幡神社鳥居）に縛り付けられ、アイヌの人に救出された。

翌五月十二日夜、箱館病院が終戦交渉の舞台になった（「諏訪常吉」の項参照）。その際、小野権之丞・高松凌雲から榎本釜次郎・松太郎宛ての書状（写）が市立函館博物館に保管され、筆跡を見ると権之丞筆であると推定される。

会津藩長老その後

箱館戦争後、小野権之丞は箱館に一ヵ月余り残り、戦死者や傷者のため精力的に働き、同志諏訪常吉が眠る実行寺《じつぎょうじ》には金子十両三分を人を介して届けた。

明治二年六月二十八日、戊辰戦争最後の地の箱館を戊辰丸に乗船して離れ、東京表の古河《こが》藩下屋敷で謹慎した。ここを家老梶原平馬の方から長老権之丞を訪ね、旧交を温めている。斗南《となみ》藩には渡らなかった。

明治十年代、会津若松当麻《たいま》町（現日新町）に名を土屋新平と改めていた弟小野権五郎が住んでいて、権之丞は弟へ長文の手紙を書いた。西南戦争における西郷軍と政府軍に関する戦況についてである。

「黒田参議よりの発信ニ弾薬三十万発」「巡査百名三手抜刀にて切り込ミ」

前者は田原坂の決戦、後者は元会津藩家老佐川勘兵衛ら警視抜刀隊のことのようだ。

その後の権之丞の動静は分からない。

ひ孫の小野金造氏（元東京都住宅局長）によると、「後半生は清貧に甘んじた暮らし」だったという。江戸下町の趣きを残す秋葉原近くの神田佐久間町に住み残年を過ごしている。

明治二十二年（一八八九）四月二日、桜の見ごろに人知れず生涯を閉じている。行年七十二歳だった。東京・青山霊園に眠る。

明治二年五月十八日、箱館戦争終戦の日の「小野権之丞日記」を開いてみた。

――「曇《くもり》、五稜郭降伏の由」

一大事であるというのに、敗者の動揺を見せず、無表情の一文が男っぽい。

小野権之丞墓（東京青山霊園）

赤城信一《あかぎしんいち》

―患者が生きながら火葬された箱館病院分院長

高龍寺分院長赤城信一

松前、津軽等の弱兵、突然乱入して病院掛り木下晦蔵《かいぞう》を殺害し、医師赤城信一を捕縛せり、拙劣漢《せつれつかん》は病者十有余名を屠《ほふ》りて火を放ち院を焚《た》く。病者の悲声を聞き救護せしが、不幸にして生《いき》ながら火葬せられし者もありし。

―箱館病院長高松凌雲「東走始末」より

◇生　没　年＝天保十年（一八三九）六月二十五日～明治二十九年（一八九六）二月一日。

◇経　　　歴＝実父は会津猪苗代儒医の阿部昌信。養父の塩川の赤木泰和の医家を継ぐ。江戸でオランダ医学を修め、会津藩医師仮雇に。会津戦争で野戦病院の救護活動。漢詩人、号は埴峰《しょくほう》、小橋。妻きさ、一男二女あり。

◇蝦夷地の足跡＝徳川艦長鯨《ちょうげい》丸で上陸。旧幕府軍箱館病院医師、高龍寺分院長。箱館戦争後、公立室蘭病院長、北海道医事講談会副会頭、札幌で開業。キリスト教に傾倒、室蘭、伊達、札幌各教会の長老として伝道に務める。札幌で没。

江戸でオランダ医学を学ぶ

勝海舟は幕末明治期に活躍した政治家だったから、晩年、赤坂氷川の自邸で自由奔放に語った『氷《ひ》川清話《かわせいわ》』の秘話や裏話は話題を誘った。

その中で海舟が「会津の医者赤城氏から辞書を借りた」と話している箇所は、赤城家の家人にも話題になった。「その医者は伯父の赤城信一のことだ。いや父の赤城昌英だよ」と。

会津藩士の血を引く北海道医師会初代会長の関場不二彦が、「余は赤城信一かと思う」（関場不二彦『西医学東漸史話余譚』昭和八年）と明言したものだから、赤城信一が海舟へ辞書を貸した医者として名前が広まった。

赤城信一という北海道医学界における明治期の重鎮は、会津猪苗代の町医者（儒医）だった阿部昌信の第三子として生まれ、一歳に満たないころ塩川の伯父赤城泰和（実母の里）へ養子入りし、この医家を継いだ。

若くして江戸でオランダ医学を修め、江戸でコレラが流行していたとき藩邸の「会津藩医師仮雇」になり、更に藩命で長崎遊学が決定したが鳥羽伏見戦争で中止になった。医師として有能な人物だったのである。

会津戦争中、幕府医師松本良順（後に日本陸軍初代軍医総監）に指導されながら、会津藩蘭医古川春英と共に塩川、喜多方の野戦病院に属し、負傷者の救護活動を行った。

以後、いかなる経緯で箱館戦争の地に渡ったのか不明だが、明治元年（一八六八）十月、仙台領から徳川艦長鯨丸に乗り込み、蝦夷地鷲ノ木村から五稜郭に入城し、箱館病院医師として働く。

五月十一日、箱館戦争総決戦に突入するこの日に新政府軍による蛮行が起きた。

放火され入院患者の悲声

薩長を主力とする新政府軍は海陸から一斉に箱館平野を攻撃し、旧幕府軍の主力は五稜郭、千代丘台場、弁天台場に追い込まれ、もう身動きが取れなかった。

この日五月十一日、箱館病院本院は敵軍の蛮行を免れたが、仮病院の高龍寺分院では激しい箱館総決戦のさなかに惨劇は起きた。分院長は本院から来ていた会津藩医の赤城信一である。

箱館病院事務長の小野権之丞は、本院と同じように敵軍の寛大な処置を期待していたが、惨劇を聞いて驚いている。

「高龍寺も同断寛大之御処置ニ候所、最初は津軽藩入込十数人を殺害、其節木下も殺害に逢い、赤城一旦縛られ候えども縛を解かれ薩州藩入り来たり、彼藩暴挙を止むる」（「小野権之丞日記」）

病院掛と入院患者を殺害したのだ。

仙台の南條武蔵之助という負傷した患者がピストルを放ち、同じく仙台の病院掛木下晦蔵が捕縛されようとしたとき抵抗して殺害された。

後年、病院長高松凌雲の回想は生々しい。高龍寺分院への敵の乱入は、五月十一日の午後だったという。

「来りし松前、津軽等の弱兵にして病院掛り木下晦蔵を殺害し、医者赤城信一を捕縛せり。自殺せんには利器なし。只悲哀の声を発するのみ。然るに無情なる拙劣漢は残酷にも病者十有名を屠《ほふ》りて、後《のち》火を放ちて院を焚く。此時病者の悲声を聞き、市中の有志者は走り来て救護せしが、不幸にして生《いき》ながら火葬せられし者もありしと。実に大惨劇聞くも忌《いま》はしき事と云可し」

（高松凌雲「東走始末」）

戦争はことごとく残虐な殺し合いだが、箱館病院高龍寺分院のような修羅場は、他に例がなく、筆者が知る限り、赤城信一はこの惨劇を語ることはなかった。犠牲者に会津藩士がいたのか、これは不明である。

箱館戦争の本当の勝利者は、誰だったのか。敵兵を完治して解放した高松凌雲は、次のように断言している。

「医者の喧嘩では勝って居ります」

軍事で敗北しても医療で勝ったと言っているのである。

箱館戦争後、高松凌雲、赤城信一は東京へ送られ、のち信一は北海道へ移住する。

明治五年（一八七二）二月に開拓使に出仕し、明治十七年（一八八四）に公立室蘭病院長となり、続いて然別《しかりべつ》鉱山病院長となり、札幌で開業した。

キリスト教に傾倒し、室蘭、伊達、札幌の各教会で長老を務めている。

明治二十五年（一八九二）、札幌で没。数え五十八歳。

赤城信一家は絶えたが、長女赤城竹子は仙台藩白石城邑主《ゆうしゅ》片倉小十郎の血統の片倉晃光《あきみつ》に嫁いだ。孫は赤城信一の一字を取り、片倉信光を称したという。

妻　赤城きさ

赤城信一　　長女竹子

（上田智夫「赤城信一　目鼻のない肖像」所収）

諏訪常吉《すわつねきち》

—会津遊撃隊長を裏切った黒田清隆の功妙心

戦を好まずに候

遠路の御出場、御苦労に存じ奉《たてまつ》り候。
小子《しょうし》儀、素《もと》より戦《いくさ》を好まずに候。
早々に引き揚げ申す。
明治二年四月二十二日
官軍諸君廈下《かか》

—津軽藩「進軍諸緒」より

◇生没年＝天保四年（一八三三）～明治二年（一八六九）五月十六日。

◇経歴＝会津藩公用局。父母不明。蛤御門の変、長州征討戦出兵。仙台で鶴ヶ城援軍工作。妻諏訪モム、娘ヒデ鶴ヶ城籠城。仙台領折浜から蝦夷地へ出帆。

◇蝦夷地の足跡＝徳川艦開陽丸で上陸。箱館戦争を終わらせた人物。箱館戦争編制の会津遊撃隊長。矢不来《やふらい》の激戦で重傷（のち戦傷死）。墓は函館の実行寺《じつぎょうじ》にある。

◇娘の諏訪ヒデ＝亡父の面影を求め北海道へ。余市、続いて札幌転住。区立札幌病院看護婦長。昭和三年（一九二八）、札幌市北区北十五条西三丁目で没。六十九歳。

本当の朝敵は薩長だった

薩長軍に抵抗すれば、なぜ朝敵なのか。

それは朝権を悪用する君側《くんそく》の奸《かん》が、薩長だったからだ。この勢いを、会津へ同情的だった土佐老公の山内容堂も止められなかった。

彼らは白虎隊と同世代の幼帝（明治天皇）に名を借りて、偽りの朝令を発動し、戊辰戦争では残虐非道な戦争屋集団と化した。歴史を顧みると、薩長こそ「本当の朝敵」だったことがよく分かる。

戊辰戦争は関ヶ原以来の国内を二分する内戦として戦われ、鳥羽伏見戦争に始まり、上野戦争、北越戦争、会津戦争にまで達し、箱館戦争へと拡大した。戦争は誰かが一声を挙げなければ止まらない。

果たして、戊辰戦争最後の戦い箱館戦争の幕を降ろしたのは、誰だったのか。その人こそ、箱館で編成した会津遊撃隊長諏訪常吉である。

明治二年五月十八日（新暦六月二十七日）、箱館

に初夏の風薫るころに箱館戦争は終わった。ここに一ヵ年半にわたった戊辰戦争の戦火が終息したのである。その二日前、戦争終結に導いた諏訪常吉は戦傷死し、もうこの世の人でなかった。行年三十七歳。

今でも、箱館戦争の終戦と言えば、決まって薩摩の黒田清隆と幕臣の榎本武揚《たけあき》による戦争終結の「武士道美談」がもてはやされている。これは戯作小説まがいの、史実の粉飾に過ぎない。これでは箱館戦争の残虐さは、武士道美談とやらに覆い穏された恰好だ。なぜ、こうなったのか。

それは箱館戦争のかつての両軍首脳が、その後に明治政権で絶大な権力を握ったからだ。明治二十一年（一八八八）四月三十日、新内閣が組閣され、日本中が驚いた。

第二代総理大臣　黒田了介清隆。
逓信《ていしん》大臣　榎本釜次郎武揚。

どういうことなのか。二十年前の敵味方が同じ内閣で、一緒に咲き盛っている。あの箱館戦争の嘘くさい「美談」が再びよみがえり、正当化されたのであった。草葉の下に封じ込められた諏訪常吉ら戦死者、遺族はいかに感じたものなのか。誰も不平を口にできる時代ではなかった。

雪の鷲ノ木浜から上陸

会津藩士諏訪常吉は、京都守護職公用局に属し、会津外交の任に当たった。主君松平容保《かたもり》が他行するときは御供番《おともばん》を務めたこともある。蛤御門の変では竹田街道へ出陣し、長州征討戦では小倉（福岡県）から長州藩を睨《にら》み付けていた。

会津戦争では、妻の諏訪モム、娘ヒデ一〇歳が鶴ヶ城に立て籠り、夫の常吉は仙台で会津藩の援軍工作に血まなこになっていた。そのころの常吉の動静について、津軽藩士（青森県）が「会津の重役」などと素描して、次の通り伝えている。

「常吉、出生は会津の重役なり。昨年中（明治元年）は仙台へ出役いたし、（略）行き逢ひ候こともこれ有り、其の後帰国の期に当り会津道塞《ふさが》り、止む事を得ず、松前へ脱藩いたし候由に御座候」

（津軽藩文書「進軍諸緒」）

この記録から常吉の名は、他藩にも知られる大物だったことが分かる。鶴ヶ城の戦いが絶望的なころ、仙台の会津藩士は二グループに分かれて行動した。南摩綱紀や大庭《おおば》恭平の一団は友藩庄内藩（山形県）へ向かい、常吉の一団は仙台藩領から蝦夷地を目指した。会津方面は敵軍が充満し、帰城はできなかった。記録から仙台、蝦夷地へ至る動静を探ろう。

仙台の諏訪は、土方歳三と親交を持った。仙台藩の薩長抗戦派星恂太郎《じゅんたろう》が仙台藩降伏に憤り、仙台藩相数人の誅戮《ちゅうりく》を謀ったとき、これを榎本武揚、土方歳三、諏訪常吉がなだめたというのだ。

(『仙台戊辰史』)

既に鶴ヶ城が落城した明治元年(一八六八)十月十二日、諏訪常吉ら会津藩士、旧幕府軍は、仙台藩領の折浜《おりのはま》から榎本武揚率いる徳川艦隊に分乗して、太平洋の荒波に揺られて北へ向った。諏訪は旗艦開陽丸に乗船したという。

(諏訪ヒデ「履歴書」)

艦隊八隻《せき》は十月二十日に前後して、内浦湾の蝦夷地鷲《わし》ノ木《き》沖に姿を現わし、鷲ノ木村(現森町)の村びとは「黒船だ」と呼んで驚いた。その日は雪が積っていたという。「黒船だと叫ぶ声が、村中にひびきわたった」

(『森町史』)

鷲ノ木村に上陸し、軍勢は箱館五稜郭へと進軍した。

会津遊撃隊の誕生

旧幕府軍は鷲ノ木村から、総督大鳥圭介《おおとりけいすけ》軍(推計七〇〇人)、総督土方歳三軍(推計五〇〇人)に分かれて進み、それぞれ五稜郭へ進んだ。会津藩士の主力は、大鳥軍に従ったものと見られる。

十月二十六日、大鳥、土方両軍が五稜郭占拠。薩長箱館府兵は逃走。

十一月一日、箱館平定の祝砲。

十一月五日、松前城を土方歳三軍が攻め落とし、突入一番乗りは会津藩士赤羽音吉(新選組入隊)。

十一月十五日、日本海江差《えさし》沖で徳川旗艦開陽丸が座礁《ざしょう》、月末に沈没。榎本武揚と土方歳三は落胆し、土方は「暗夜に灯を失うごとし」と松の木を拳で叩き続けて男泣きした。

十二月十五日、五稜郭に蝦夷全島平定の祝砲が轟《とどろ》く。この日、旧幕府軍士官による日本初の入札《いれふだ》選挙による「北の政権」が誕生した。蝦夷ヶ島総裁榎本武揚→副総裁松平太郎→陸軍奉行大鳥圭介→陸軍奉行並《なみ》土方歳三→遊撃隊長伊庭八郎→会津遊撃隊長諏訪常吉という系列である。

箱館戦争における軍勢は、第一が旧幕衝鋒隊、第二が仙台額兵隊と続き、新選組、会津藩士が参戦した。戦うべきとき、戦う機会を見失った旧幕臣、仙台藩士が多かったのである。

　会津藩士の所属は次の通りである。

［会津遊撃隊］　隊長諏訪常吉、諏訪の死後の後任は柏崎才一。推定一〇〇人。

［開拓奉行］　室蘭詰。組頭雑賀《さいか》孫六郎。

［会計奉行］　会計方、大竹作右衛門。

［箱館病院］　事務長小野権之丞、会津藩医赤城信一、会津藩医蓮沼《はせぬま》誠造。

［新選組入隊］　赤羽音吉、大庭久輔。

［客　員］　西郷頼母《たのも》、長男吉十郎。

　鶴ヶ城落城から三ヵ月後、箱館の会津藩士たちは会津藩と切り離した単独の部隊を誕生させ、主力は「会津遊撃隊」「会藩遊撃隊」と呼称し、僅かな編制であったが、精鋭部隊の誕生である。誰もが鶴ヶ城の落城の実際を知らず、会津本藩の行方や国元の家族を心配しながら、箱館戦争を戦った。

箱館戦争会津遊撃隊の編制

会津遊撃隊長　諏訪常吉
- 一番小隊長　並川亭
  - 半隊長　馬島伝一郎
  - 嚮導役　斉藤主税
- 二番小隊長　安部井政治
  - 半隊長　松田精介
  - 嚮導役　渡辺庄蔵

※会津藩士松田精介の証言から

箱館戦争の記念碑的な非戦の手紙

　年が明けて明治二年四月九日、新政府大軍が日本海側の乙部《おとべ》村から蝦夷地へ上陸して来た。四道から分進して箱館平野へ押し込み、五稜郭を旧幕府から奪取する軍略である。総督は公家清水谷公考《きんなる》、陸海軍参謀は長州藩山田顕義《あきよし》、陸軍参謀は薩摩藩黒田清隆ら。陸と海からの攻勢である。

　会津遊撃隊は、箱館湾の海岸を守備した。

　四月二十二日、諏訪常吉は敵軍の目に止まること念じ、湾岸の当別（現北斗市）に一通の置き手紙を残し、当別から退却した。幸い二日後、新政府軍の津軽藩士が手にし、この手紙を、

「賊の置き手紙」

　と呼んで本営へ届け出た。

諏訪は置き手紙で、「戦を好まず候」

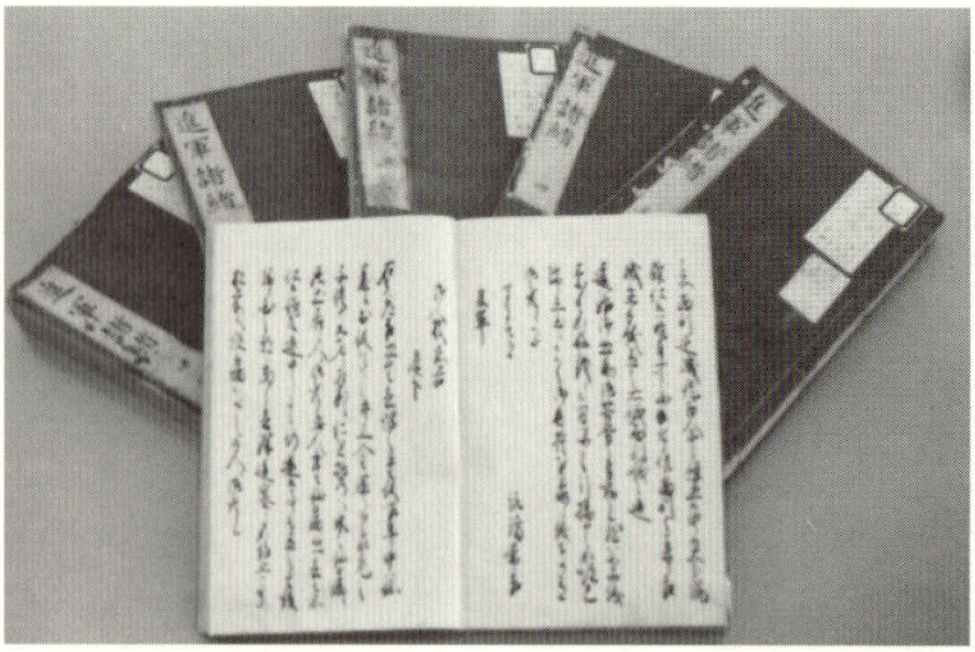

会津遊撃隊長諏訪常吉の敵軍宛て置き手紙写し
（弘前市中央図書館蔵「進軍諸緒」所収）

と己《おの》れの意志をはっきり示し、名を隠さず堂々と記した。これが箱館戦争の和平工作の始まりであり、和平への一筋の道を開く記念碑的な非戦の手紙だ。津軽藩文書「進軍諸緒」（弘前市中央図書館蔵）に収録されている手紙の全文はこうだ。

遠路の御出場、御苦労に存じ奉り候。然《さ》るは小子儀、素《もと》より戦を好まずに候間、早々に引き揚げ申す。已《や》むを得ざる際に立ち至り候《そうら》はば、御用捨を蒙《こうむ》り候儀も御座有《あ》る可《べ》く候。　以上。

四月二十二日　諏訪　常吉

官軍諸君　麾下《かか》

硬軟を織りまぜた巧みな文面である。

置き手紙の核心は、まず前段で「私は初めから戦争を好んでいませんので、早々引き揚げます」と前置きし、後段で「場合によっては貴軍のお相手をし、武器を手にして戦いますよ」と言外に書いた。手紙は念には念を入れて茂辺地《もへじ》（現北斗市）にも置いている。この手紙の意志は、諏訪単独のことか、旧幕府軍幹部に託されたことなのか、それは分からない。

一週間後の四月二十九日、矢不来の浜辺（現北斗市）の急崖な矢不来台場で激しい戦闘に突入する。この戦闘は箱館戦争最激地の一つに数えられ海上からは敵艦の艦砲射撃があって、会津軍勢は苦戦した。

矢不来の戦いで、諏訪常吉は腕から胸を貫く貫通銃創を受けて、陸路で三十キロの箱館病院へ担ぎ込まれた。あるいは箱館湾を小舟で運ばれたのかも知れない。

会津諏訪と薩摩黒田の終戦交渉

明治二年五月十一日早朝、箱館戦争は総決戦に突入した。

旧幕府軍三〇〇〇人対新政府軍八〇〇〇人。

箱館市中はその日のうちに、ほぼ新政府軍に制圧され、会津藩の京都以来の恩人土方歳三はこの日に、五稜郭一本木関門で戦死した。

翌五月十二日の夜、旧幕府軍経営の箱館病院に見舞金二十五両を持参して、薩摩藩士が訪ねて来た。ここ箱館病院が終戦交渉の裏舞台である。

［箱館病院側］

会津遊撃隊長　諏訪常吉

箱館病院長　高松凌雲（元幕府奥詰医）

箱館病院事務長　小野権之丞（元会津藩公用人）

［薩摩藩側］

名を名乗らぬ男一人（後に薩摩藩池田次郎兵衛は「黒田清隆」と明言（『史談会速記録』所収）

薩摩藩士　池田次郎兵衛貞賢（軍監、後に海軍大佐）

薩摩藩士　村橋直衛久成（軍艦、後にサッポロビールの基《もとい》を創業）

他に四、五人。

それにしても、なぜ「北の政権」の首脳部でない諏訪常吉の入院先まで探知し、黒田清隆は訪ねたのか。それは自明のことで、諏訪が先に放った置き手紙「戦を好まずに候」の発信人であったからだ。あるいは会薩同盟時代、両人は旧知の仲だったのかも知れない。

諏訪の薩摩への応答について、その場にいた次の二人が記録している。

会津の小野権之丞「高松氏、拙者へ諏訪より意を承《うけたまわ》る」（「小野権之丞日記」）

薩摩の池田次郎兵衛「会津人諏訪常吉に面し、（略）意をはっきり榎本武揚、松平太郎へ伝へしむ。常吉、書を裁し（「書を書く」「文面を判断し」の意）」（『報効志士人名録』）

右の記録によると、諏訪は息も絶えだえの中で、生涯最大の大仕事を成し遂げた。諏訪が己れの意志を伝えて完成した榎本あて書状は以下の通りである。意訳した。

寸翰《すんかん》（書簡）をもって一大事を申し上げます。昨日夜半頃、薩州池田次郎兵衛と申す方ほか四、五名、諏訪常吉方へ参上し、（榎本軍の）海軍こそ敗れはしましたが、五稜郭と弁天台場で実に奮戦しており、武士の道として感服の至りです。しかし、たくさんの人民は苦しみ、朝廷にそむき、人心にそむいています。（略）どこまでも必死に抗戦するのかどうか、ご回答下さいますよう私ども（高松、小野）より申し上げるよう諏訪常吉から申し聞きました。以上。

五月十三日

小野権之丞

高松　凌雲

榎本釜次郎　様

松平　太郎　様

書簡は、諏訪常吉の意志であることを文面に取り込んで強調しているから、総裁榎本と副総裁松平への進言者は、やはり諏訪常吉でなければならなかった。

五月十四日、この和平の手紙を受けて、最後の新選組隊長相馬主計《かずえ》は決死の思いで早馬を五稜郭の榎本、松平の元へ飛ばした。途中、敵兵の誰からも指一本触れさせなかったという。

五月十六日、諏訪常吉が戦傷死。

五月十七日、五稜郭降伏を決断。

五月十八日、五稜郭開城。諏訪の姿はなかった。この日、会津藩家老萱野《かやの》権兵衛が会津藩の責めを一身に負い、東京で切腹する。

嘘、疑惑、功妙心の黒田清隆という男

薩摩藩士黒田清隆は、薩長同盟締結の際に坂本龍馬の使いっぱしりになり、長州への連絡役として頭角を現した。

奥羽征討越後口参謀、続いて青森口総督参謀として箱館攻撃を指揮する。

箱館戦争直後、勝利に酔いしれた黒田清隆は明治政府元勲の大久保利通《としみち》（薩摩藩）へ、手柄自慢の戦争報告書を送り、ごまをすった。

その嘘だらけの黒田手紙が、薩摩ライバル長州藩の正史『修訂防長回天史』（大正九年）に掲載されているから面白い。諏訪常吉との夜の終戦交渉については、こう書いた。

箱館病院には「軽重病人二百人計《ばかり》アリ」と綴り、その中に「会津残賊諏訪常吉」が居たので「諏訪へ面会、説諭を加へ」等々のことを報告している。

手紙の全文一三〇〇字。諏訪が発した置き手紙に触れず、和平を先に言い出した諏訪に対していかなる「説諭」が必要だと言うのか。更に諏訪の意志に基づいて綴られた榎本、松平宛ての書状について『修訂防長回天史』は、黒田報告が「所々筆を加え差し返し」なる一文に注目し、編者はそこに「×印」を付して全面否定しているから滑稽である。長州史の編者は黒田の嘘を見抜いたのだ。

一々逐一、死んだ諏訪常吉の心に背を向け、裏切ってまでの功妙心に呆れる。

その後、黒田は開拓次官、北海道トップの開拓長官に上り、自分に都合の悪い箱館戦争記録の焼却疑惑、開拓使官有物払い下げ事件を引き起こし、妻殺しの一件で疑惑に包まれた。黒田清隆の功妙心は北海道の頂点へ上りつめたばかりでなく日本国を制し、伊藤博文に代わって第二代内閣総理大臣の座に就いた。

諏訪常吉は、一方で箱館戦争終結の行動に乗り出し、一方であくまで戦い続ける極限の心境の中にいた。戦時下の二律背反する悲しい二重奏である。

函館実行寺に眠っている諏訪の墓前で、例年、祥《しょう》月命日《つきめいにち》六月二十五日（旧暦五月十六日）に、住職は読経を欠かしていない。まぎれもなく戊辰戦争における会津藩士最後の戦死者への弔いである。

諏訪常吉という会津遊撃隊長は、

「戦を好まずに候」

のメッセージを放った最初の人間として、いつまでも記憶されるべき会津武士である。

会津遊撃隊長の諏訪常吉墓（函館市船見町の実行寺境内）

山田陽次郎《やまだようじろう》

―頼母弟が雲井龍雄事件の冤罪で獄中死

弟を偲ぶ

山田の家を継《つぎ》たる我弟の直節（陽次郎）は函館にても逢ひ、古河《こが》藩へ幽閉せられ、後、東京にては共に居たりしが、米沢の人雲井竜雄に組《くみ》し、不軌《ふき》を謀りしとの疑ひにて、囹圄《れいご》（牢獄）につながれ空しくなりき。己《おのれ》も其折、とらはるべかりしを救《すくい》し人有りしとぞ。

―西郷頼母「八握髯翁伝」より

◇**生　没　年**＝天保十二年（一八四一）～明治四年（一八七一）一月十六日。

◇**経　　歴**＝会津藩家老西郷頼母《たのも》の実弟。養父は会津藩物頭《ものがしら》の山田内蔵。通称は陽次郎、実名は直節《なおせつ》。会津戦争では朱雀寄合二番隊長、越後へ転戦、仙台へ敗走。妻ミヨと長男重郎（後に陸軍中佐）は斗南《となみ》藩三戸同心町移住。青森市三内《さんない》霊園に墓。

◇**雲井龍雄**＝米沢藩士。薩摩藩の変節に憤慨して起草した「討薩檄《とうさつのげき》」が有名。米沢市北村公園に「討薩檄」碑が建つ。

◇**蝦夷地の足跡**＝徳川艦蟠龍丸で上陸、会津遊撃隊差図役で箱館戦争参戦。雲井龍雄事件の冤罪《えんざい》により、函館の開拓使牢獄で死去。

箱館で会津遊撃隊差図役

会津藩家老西郷家は、十二人の子宝に恵まれた。四男八女のうち長男頼母近悳《ちかのり》が家老職を継ぎ、二男陽次郎直節が会津藩物頭の山田内蔵へ養子入りした。

山田陽次郎は長じて会津代官見習、軍事方へ進んだ。会津戦争では、朱雀寄合二番隊長になり鶴ヶ城から遠方の山野で戦い、越後戦争へ転戦し、敗退する。

仙台領折浜《おりのはま》から徳川艦蟠龍丸に乗って蝦夷地に上陸した。箱館戦争の徳川艦は海戦でほとんどがボロボロになり、最後まで海戦に臨むことが可能なのは蟠龍丸のみだった。箱館庶民が歌っている。

千代田《ちよだ》ぶんどられ
　蟠龍《はんりょう》おじゃる
鬼の回天《かいてん》骨ばかり

（『函館百珍ト函館史実』岡田健蔵）

会津藩士たちは蝦夷地に着くと各艦から下船し、これを諏訪常吉が一隊にまとめて会津遊撃隊を結成し、山田陽次郎も加わった。陽次郎は差図役に任ぜられ、箱館戦争を戦う。役職名は流動的だった。

しかし箱館戦争下の陽次郎に、病いが襲った。後に明治政府の取調官が作成した「山田陽次郎口供《こうきょう》書」（供述書）によると、「蝦夷地ワシノ木へ着き仕り候処、病気ニテ脱隊仕り、箱館魯《ロ》シヤ館ニテ潜居仕り申し候」と供述したという。

七ヵ月に及んだ箱館戦争は終わった。陽次郎は箱館病院事務長の会津藩士小野権之丞と共に古河《こが》藩で幽閉生活を送り、拘束が解かれると芝増上寺境内徳水院、続いて赤坂新天の横木屋吉五郎方に止宿し、兄の頼母とも再会した。

陽次郎に先立たれた頼母は、明治二十九年（一八九六）に亡き弟陽次郎と、陽次郎が遭遇した雲井龍雄事件について、言葉少なく回想している。

「山田の家を継《つぎ》たる我弟の直節は函館にても逢ひ、古河藩へ幽せられ、後、東京にては共なりしが、米沢の人雲井竜雄に組《くみ》し、不軌《ふき》を謀りしとの疑ひにて、囹圄《れいご》（牢獄）につながれ空しくなりき、己《おのれ》も其折、とらはるべかりしを救し人有りしとぞ」

（「八握髯翁伝」）

この回想を頼母が書いていたとき、陽次郎は既に雲井龍雄事件に連座し、北海道で獄中死していた。しかもこの事件で、頼母自身が捕縛寸前であったこと、これを救った人のあったことについても告白している。その人物こそ「西郷隆盛であろう」とも、伝えられている。

「明治の大獄」雲井龍雄事件

山田陽次郎は、いかなる罪を犯したというのか。雲井龍雄事件とは――。

雲井龍雄は米沢藩の人。幼少のころから文武に秀れ、弁論が巧みで漢詩をよくし、豪傑の士と言われた。

薩長同盟以後、雲井は薩摩藩の変節、専横に異議を唱え、東北に薩摩軍が侵攻するとこれに憤慨して「討薩檄《とうさつのげき》」を起草して奥羽越列藩に配布し、反薩摩の士気を鼓舞して名を広めた。

戊辰戦争後の明治三年（一八七〇）四月、雲井龍雄たち一党は、東京で「帰順部曲点検所《きじゅんぶきょくてんけんしょ》」の標札を掲げ、明治の世に不満を持つ人びとを糾合して表面化する。これに薩長藩閥政治が反応を示し、七月四日に陽次郎は日光今市で捕縛される。

十二月二十六日に判決が下され、二十八日に刑が執行された。雲井龍雄は政府転覆の陰謀を理由に東京小伝馬町の獄で斬首され、反政府志向を抱く者への見せしめとして首級が梟《さら》された。年二十七。

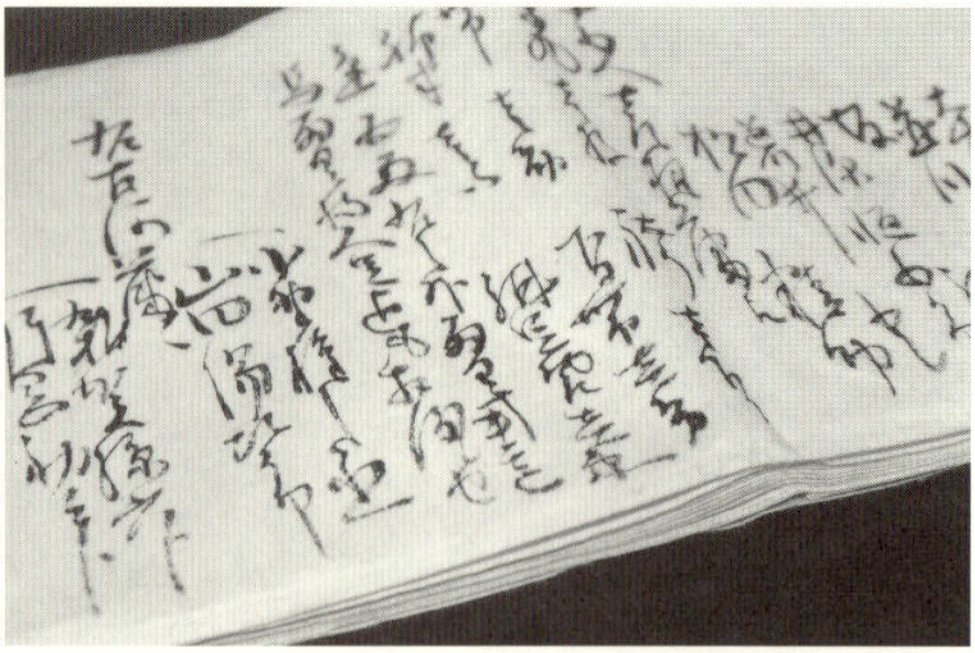

山田陽次郎ら箱館戦争の会津遊撃隊幽閉先名簿
（会津藩士好川範之丞「明治二巳年見聞雑誌」）

他に捕われたものは、老人、女子、子供、武士、農民、町人、火消、僧侶を加え総数五十九人にのぼり、梟首《きょうしゅ》一人、斬首十三人、准流《じゅんりゅう》十年が八人、徒三年が十九人という大獄事件に発展し、人心は震えた。

陽次郎の判決文要旨。

「斗南藩士族　山田陽次郎　年三拾歳　其方儀、一旦官軍ニ坑シ、出格ノ寛典ニ処セラレ乍ラ、雲井竜雄同志ノ者ヲ相集メ、徳川家並ニ銘々主家恢《かい》復《ふく》ノ儀、相企ル。其後、築瀬勝吉（会津士族）ト恢復ノ儀相語リ、右資用ノ為、金策ヲ致ス可キ旨、同人申スニ同意致ス段、不届ニ付十年准流徒罪申シ付ル」

（堀田節夫『幕末の会津藩家老西郷頼母』歴史春秋社）

陽次郎は十ヵ年もの准島流しの有罪が下った。その根拠は何であったのだろう。まるで読み解けない。

陽次郎の口供書（供述書）要旨、全文一五〇〇字。

「斗南藩士族　山田陽次郎　口上　午三拾歳。先般、米沢藩雲井竜雄魁首トシテ容易ナラザル隠謀ニ党与致シ候始末、有体ニ申上グ可キ旨、御座候。（以下、本件と無関係な陽次郎の会津藩時代の履歴が長々と続く）陰謀ノ儀ハ語リ申サズ。主家恢復ノ儀相語リ、且其ノ為、金策ニ罷《まか》リ越シ候。今市在、岸屋方ニ止宿罷リ在リ候始末、重々不届ノ旨御糺門ヲ蒙リ、更ノ通リ更ニ相違御座無ク候。以上。庚午（明治三年）十二月。山田陽次郎」

（『新稿雲井龍雄全伝』光風社出版）

やっていないことの証拠固めは徒労のようだ。官憲は主犯と見なした雲井龍雄と陽次郎の共謀は立証できず、二人の接触した事実さえ確認できなく、次に「主家回復」「金策」を政府転覆の陰謀とする始末だ。しかしながらこのとき、主家松平家は既に「斗南藩」の名称で回復していた。それは判決文、口供書の冒頭に見られる「斗南藩士族山田陽次郎」の語句によって官憲が自ら認めるお粗末極まりない冤罪事件である。

判決から一ヵ月に満たない明治四年（一八七一）一月十六日、山田陽次郎は函館の開拓使獄舎で無念の最期を終えた。奇怪な獄死である。

白虎隊長長男の原直鉄は斬首刑

世にいう「雲井龍雄事件」では、会津士族原直鉄はじめ七人の会津藩士や僧侶が刑に処せられた。

原　直鉄	会津士族	斬首	二十三歳
簗瀬勝吉	会津士族	斬首	二十六歳
能見武一郎	斗南士族	斬首	年齢不明
堀江源之助	斗南士族	徒三年	四十二歳
加藤竹蔵	斗南士族	徒三年	牢死三十五歳
山田陽次郎	斗南士族	准流十年	のち牢死三十歳
啓　範	自在院住職	存命ナラ斬罪	のち牢死四十八歳

後の明治四十三年（一九一〇）、大逆事件の首謀者として処刑された幸徳秋水のふるさと高知県四万十市（旧中村市）では、市議会が党派を超えて「幸徳秋水を顕彰する決議」をし、市議会は無罪を言い渡した。「土佐の良心」だったが、「会津の良心」はどこへ消えたのだろう。

斬首された会津士族原直鉄の実父は、白虎寄合一番隊長原早太である。早太は激戦の地を転戦し、一《いち》ノ堰《せき》（現会津若松市門田町）の戦いで重傷を負い、間もなく絶命した。

早太には斬首された長男直鉄、二男直次郎、三男直三郎がいて、二男三男は斗南藩領から明治初年代の函館に住んだ。明治十一年（一九〇八）、十二年（一九〇九）、二度の函館大火で町は焼き尽くされ、箱館戦争当時の街区を失った。

原直次郎、直三郎の兄弟は明治十二年函館大火に遭い、その光景を偶然ながら函館で友人だった筆者の曽祖父好川範之助（当時十八歳）が記録した。

「明治十二年、真砂町借家原直三郎方、我が晩餐既ニ終リ話談ニ及ブ時ニ衆人ノ騒声甚シ、窓ヲ開キ市中ヲ見レバ火災アリ。泣クモアリ怒ルモアリ、南無阿弥陀仏ヲ唱フルモアリ南無妙法蓮華経ヲ唱フルモアリ。原直三郎氏ノ兄原直次郎氏ノ宅焼失ニ付、弁当ノ菜食ヲ持チ行カントス」

（好川範之助「函館火災記」）

このころ直次郎、直三郎、範之助の三人は若く、範之助は函館小学教科伝習所（函館師範学校前身）で学んでいたから、みな同窓だったのだろう。この雲井龍雄事件から十年後、函館大火の中の原兄弟と曽祖父範之助を思うと感慨無量である。

本題に戻そう。

雲井龍雄の次の漢詩は、明治初期に自由民権運動の志士たちに広く読まれた。読み下し文。

「生きても生を聊《やす》んぜず死すとも死せず」

国を憂う悲憤慷慨の詩だ。雲井をモチーフにした作品に、藤沢周平『雲奔子』がある。

［参考文献］

童門冬二『雲井龍雄』新人物往来社（昭和四十九年）

土方歳三《ひじかたとしぞう》

―狙撃された会津藩御預り新選組副長

土方歳三辞世

よしや身《み》は

蝦夷《えぞ》とふ鳥辺《しまべ》に

朽《く》ちぬとも

魂《たま》は東《あずま》の君《きみ》やまもらむ

―明治七年「両雄逸事」原文万葉仮名より

◇生　没　年＝天保六年（一八三五）～明治二年（一八六九）五月十一日。

◇経　　歴＝壬生《みぶ》浪士組副長、新選組副長。現東京都日野市出身。父は富農の土方隼人、母は恵津。十人兄姉の末っ子。名は歳三、号は豊玉《ほうぎょく》、別名は内藤隼人。会津藩主松平容保《かたもり》の信望厚く、会津藩と行動を共にした戊辰勇士。

◇蝦夷地の足跡＝徳川艦大江丸《たいこうまる》で上陸。「北の政権」陸軍奉行並《なみ》。有事は土方歳三軍を編成して戦闘。五稜郭一本木関門で戦死。

◇埋葬地＝特定できない。戒名は箱館名刹三ヵ寺の実行寺《じつぎょうじ》「有統院殿《うりゅういんでん》鉄心日現居士」、称名寺「歳進院殿誠山義豊大居士」、能量寺「広長院釈義操」（石狩移転）がそれぞれ授与した。

新選組という名称

土方歳三と坂本龍馬は、申し上げるまでもなく幕末の二大スーパーヒーローだ。

平成二十三年、函館市選挙管理委員会が新成人を対象に「箱館偉人選挙」と銘打ち、歴史上の有名人を立候補者に見立てて、模擬選挙を試みたところ、最高得票を獲得した土方歳三に軍配が挙がった。

一位	新選組公認	土方歳三	六八票
二位	明治維新党	坂本龍馬	四〇票
三位	無所属	石川啄木	二二票
四位	菜の花党	高田屋嘉兵衛	一〇票

この開票結果に対して、函館の土方・啄木浪漫館の館長佐藤豊氏は、「今の若い人たちは、『義』を貫いた真面目な土方歳三を選んだ結果だと思います」とコメントを寄せていた。

土方出身地は武蔵国《むさしのくに》多摩郡《たまごおり》石田村《いしだむら》、今の東京都日野市である。上洛して壬生浪士組を結び、文久三年（一八六三）に新選組を正称し、池田屋の戦いでその名は天下に響き渡った。

もともと新選組という名称は、会津藩に存在した。会津藩小川渉《わたる》が著わした『志ぐれ草紙』（歴史春秋社復刻）によると、一七〇〇年代に会津藩士子弟の中から「諸芸秀俊」な精鋭を選抜し、それを新選組と名付けたのだと明記してある。

この由緒に基づいて、会津藩は会津藩と共に京都御所から長州派公卿を追い払った壬生浪士組の功績を称えることにした。それを朝廷の武家伝奏に進言し、朝命によって新選組の隊名が下賜《かし》されたもののようだ。だから新選組は「官軍」である。

下賜は文久三年、「八月十八日の政変」の日のことであった（新選組「島田魁《かい》日記」）。この日を期して新選組は創立され、

「会津藩御預《おあずか》り新選組　副長土方歳三」

が誕生する。

幕末動乱の世の池田屋事件、蛤御門《はまぐりごもん》の変、戊辰戦争では会津藩と行動を共にし、副長土方の片腕として副長助勤が置かれ、後に会津戦争における新選組隊長斎藤一《はじめ》（藤田五郎）もこのころに副長助勤になった。

謎の会津名将秋月登之助と土方歳三

慶応四年（一八六八）四月十一日、江戸城は薩長と戦闘を交えず城を明け渡し、いわゆる無血開城した。

この日、旧幕軍歩兵奉行だった大鳥圭介《おおとりけいすけ》たち二〇〇〇余人の兵は江戸城を逃れ、翌四月十二日に下総《しもうさ》鴻之台《こうのだい》（現千葉県市川市国府台）に集結し、幹部が軍議を開いた。

ここに颯爽と登場するのが、会津藩士秋月登之助《のぼりのすけ》である。

会津藩士でありながら、なぜか秋月は幕軍第七連隊、あるいは幕軍伝習隊第一隊長として勇猛ぶりを発揮、本名は江上太郎、巨体に濃紺の上着、緋色のズボンで身を包み、誰が見ても大将の風格であった。

さて四月十二日、旧幕軍は軍議の上、全体を二軍に分けて会津へ向かうことにした。一軍一〇〇〇人は大鳥圭介が率いた。もう一軍一〇〇〇人は秋月登之助が隊長として率い、土方歳三が副隊長（参謀）として補佐し、秋月・土方の両将は北関東から会津へと行動を共にして進軍した。二人の足跡を辿ろう。

［四月十二日］秋月・土方は連名で笠間藩（茨城県）で重役に出頭を求める。

［四月十七日］秋月が東照大権現の大旗を押し立て下館城（茨城県）を包囲し、下館城開城。

［四月二十三日］宇都宮城（栃木県）の戦いで、秋月は胸に、土方は足に戦傷を負った。

［四月二十四日］日光今市（栃木県）へ集屯し、秋月・土方は会津へ向かう。

［四月二十六日］秋月・土方は会津田島陣屋へ入り投宿、翌日に盟友二人は一旦、田島で分かれた。田島代官の江上又八は秋月登之助の実父という。

［四月二十九日］土方は会津城下七日町の清水屋に投宿した。このころ以降、戦傷を負った秋月・土方は天寧の湯（現東山温泉）で湯治か。

［八月一日］伝習隊、会津藩、新選組らが勝軍山（母成《ぼなり》峠）から引き揚げ、秋月・土方が三代《みよ》村で休陣した。

戊辰八月二十三日、鶴ヶ城は籠城戦に突入した。その日、土方歳三は松平容保と共に滝沢峠へ向かい、容保は城へ引き揚げ、土方は塩川方面へ走った。

新選組中島登「廿三日、敵兵大軍ヲ引テ十六橋《きょう》ヨリ滝沢峠エ押来ル。会公、土方公、滝沢峠ニ出陣」（新選組『中島登覚書』）

会津藩士北原雅長「土方歳三亦《また》馬上より来る」
（『七年史』）

旧幕軍大鳥圭介「土方歳三も来り云ふには、是より庄内に行き藩論を聞き、其決議を定めて之を公等に通すべし。其間予が兵隊（新選組）の周旋を頼むとの事なり。松本良順も庄内に赴きたり」
（『南柯紀行』）

以上いずれも八月二十三日の会津における土方歳三の様子だが、土方は庄内に向かうことが叶わず、仙台から蝦夷地へ向かうことになる。

同じ八月二十三日、秋月登之助の様子を会津藩の一女性が目撃した。次に間瀬みつ「戊辰後雑記」を引用した。

「此所にて秋月登之助馬上にてぬき身をふり廻し君恩を奉じたてまつるは此時成《なる》べし、婦人共は内へ入り、男子は出て戦ふべし、と大音声にかけ廻り申候」（宮崎十三八編『会津戊辰戦争史料集』新人物往来社）

鶴ヶ城二ノ丸、廊下橋辺りの様子である。この記録を最後に、秋月の消息は不明だが、興徳寺（会津若松市）には秋月の墓石跡が確認され、それによると明治十九年（一八八六）九月三十日没であるという。明治中ごろまで会津の猛将は、人知れず存命していたというのだ。

自由民権運動の加《か》波《ば》山《さん》事件で、ある受刑者が小菅《こすげ》集治監にいたとき、武士風の黒い獄衣を着た人物から、

「拙者は秋月だ」

と声を掛けられた（『会津史談』昭和六十一年号所収の門馬正照「秋月登之助の消息一端」）。

黒い獄衣の人物が秋月登之助であったかどうか、それを肯定する術も否定する術もない。ただ秋月の没年と加波山事件の年代はほぼ符合する。

いったい土方の盟友だった会津の名将秋月登之助は、どこへ消えたのか。

土方盟友秋月登之助の墓跡（会津若松市興徳寺）

なぜ土方歳三は箱館へ

九月初め、土方歳三は会津を離脱して一週間後、仙台に現れた。当初、庄内へ援軍要請に向かうことを考えたが、道は敵軍に塞がれ、仙台に変更した。

仙台では、榎本武揚《たけあき》が土方を奥羽全軍総督に推挙し、土方は奥羽重臣が威並ぶ中で、厳しい口調で語った。

「苟《いやしく》も三軍《さんぐん》（全軍の意）を指揮せんには、軍令を厳《げん》にせねばならん。若《も》し是れを厳にするに於て背命のものがある時は、御大藩の宿老衆と雖《いえど》も、此の歳三が三尺の剣に掛て斬って仕舞《しま》はねばならぬ。されば生殺与奪《せいさつよだつ》の権を惣督《そうとく》の二字に御依頼とならば受けますが、其辺は如何《いか》がなものでありませうか」

（『史談会速記録』）

堂々たる弁舌である。土方は奥羽の弱腰を見抜いていた。

九月十二日、土方は仙台城に登城し、重臣に意見を述べ更に詰め寄った。

「苟モ武士ノ道ヲ解シ、聖人ノ教ヘヲ知ルモノハ、彼レ薩長ノ徒《と》ニ与《くみ》スベカラズト信ズ、貴藩ノ見ル、果シテ如何《いかに》」

（『仙台戊辰戦史』）

もはや奥羽の雄たる仙台藩重臣に戦意は喪失していた。そのころの土方の横顔を、二本松藩安部井磐根《あべいいわね》（後に初代福島県議会議長）は、次の通り回想した。

「色は青い方、躯体《くたい》も亦《また》大ならず、漆《うるし》のやうな髪を長ごう振り乱してある。ざっと云《い》へば一個の美男子と申すべき相貌《そうぼう》に覚へました」

（『史談会速記録』）

そのような中で、徳川艦隊を率いる榎本武揚は蝦夷行きに傾斜し、土方も同調せざるを得なかった。当時、土方は自分の心境を親しい仲の旧幕府医師の松本良順（後に順）にそっと打ち明け、初めて「死」について口にしている。

「三百年来、士《さむらい》を養うの幕府、一蹶《いっけつ》倒れんとするに当たり、一人のこれを腕力を訴え死する者なきを恥ずればなり。到底勝算の必ず期すべきあるにあらず」（『松本順自伝・長与専斎自伝』東洋文庫）

仙台城下で松本は抗戦を主張した。土方は松本に対して更に「拙者は無能者だから快戦殉国あるのみ、蝦夷地行き」をほのめかし、「松本先生は前途有能な方だから中央に出て病者の役に立て」と、奥羽戦線の離脱を進言する。

後に松本良順は日本陸軍の初代軍医総監になり、生涯を通して土方の恩を思い出している。

明治元年（一八六八）十二月十二日、土方歳三と新選組一五〇人は仙台領折浜《おりのはま》から徳川運送艦大江丸に乗り込んで北走し、箱館戦争へ転戦した。

五稜郭一本木関門に散る

明治元年十二月十五日、蝦夷全島を制圧した旧幕府軍の諸隊は、士官以上の武士による日本初の入札《いれふだ》選挙によって、箱館五稜郭に連立政権を樹立した。

総裁榎本武揚、副総裁松平太郎、陸軍奉行大鳥圭介が上位を占めた。土方は第六位の高得票票を得て、「北の政権」の閣僚という要職の座に就いた。

「陸軍奉行並《なみ》箱館市中取締裁判局頭取」

という長い名称の役職だが、陸軍全軍の副奉行格だ。新選組隊長は別の人物を配置し、出兵するときは「土方歳三軍」を編成して戦地に向かった。このころ有名な土方歳三写真は（箱館八幡坂近くの写真師田本研造が撮り、上半身像の土方オリジナル写真「本物」は一枚しか現存しない）、会津藩士の子孫一瀬久雄氏が秘蔵している。

箱館時代の土方は、酒席で大声を挙げず、女性に近寄らず、物静かな紳士だったという。そのように後に森鷗外の漢文の師になった佐倉藩士（千葉県）の依田《よだ》学海が伝えている。

「歳三、独り蔬食《そし》に自ら甘んじ婦人に近づかず」

（『譚海《たんかい》』）

新選組中島登《のぼり》は次のように回想した。

「性質英才にて飽迄《あくまで》剛直なりしが、年の長ずるに従ひ温和にして人の帰する所、赤子の母を従うが如し。奥羽で英名を止《とど》め、蝦夷島に渡り屡々《しばしば》美名を顕《あらわ》す」

（『戦友姿絵賛』）

明治二年大晦日（この年は十二月二十九日）、土方は箱館の高名な俳人弧山堂《こさんどう》無外《むがい》が主催する年忘れの句会に出席し、一句詠んだ。

「わが齢《よわい》氷《こおる》る辺土に年送る」

会津藩士が遺した土方歳三上半身像で唯一のオリジナル写真（子孫の一瀬久雄氏蔵）

箱館戦争古戦場から発見された弾
昭和53年(1978)、国道227号線を江差方向に12㌔、下二股橋から400㍍ほど離れた国道横の畑から発見されました。直径12㎝、重さ3.2㌔の砲弾で、箱館戦争当時としてはかなりの威力をみせたものと言われている。
箱館戦争二股口の戦いで土方歳三軍が発砲したと見られる四斤山砲弾（北斗市郷土資料館）

氷る辺土は言うまでもなく「箱館の冬」である。時代が激しく揺れ動いた一八六八年、鳥羽伏見戦争、幕府瓦解、新選組局長の同志近藤勇斬首、沖田総司病死、会津戦争、箱館戦争、あまりに激しい一年が去ろうとしていた。それでもなお、悲憤《ひふん》慷慨の士魂を秘めた一句と理解した。

年明けて箱館戦争明治二年戦に突入した。

二股口《ふたまたぐち》台場山の山岳戦あり。

戊辰戦争最大のスペクタクル戦、宮古湾海戦あり。

陸戦あり。

土方歳三と土方歳三軍は、圧倒的な戦闘力を誇り、箱館戦争のあらゆる戦いで連戦連勝する。薩長中央政権に対する凄みある戦闘魂は、箱館諸将のうち筆頭であろう。

四月十五日、土方歳三は五稜郭に新選組少年隊士十六歳の市村鉄之助を呼び、片身の品々として写真、辞世、毛髪を郷里へ極秘に運ばせた。その中に一枚の小切紙（メモ）も持たせた。

「使《つかい》の者の身上を頼み上げ候」

と書き、少年の行く末を心配し、このメモは土方の姉佐藤のぶがいつまでも大切に保管した。

再び二股口台場山の戦場に赴いた。「土方軍銃弾三万五〇〇〇発」「土方軍一銃一〇〇〇発」で知られる二股口台場山の戦いは「四斤山砲《しきんさんぽう》二門」も持ち込み（『脱艦日誌』）、土方生涯の最激戦地になった。北斗市戦跡地は、新幹線の新函館北斗駅から西方一〇キロの山中にある。

四月二十九日、海岸線矢不来《やふらい》の戦いで会津遊撃隊たち旧幕府軍が全滅すると、榎本武揚は近くで善戦している土方軍も危なくなると察し、二股口撤兵を命じ、土方歳三は五稜郭へ帰陣した。

五月十一日午前三時、箱館決戦に突入した。

旧幕府軍三〇〇〇対新政府軍八〇〇〇。

両軍は陸海で激突し、新選組の砦と化していた弁天台は重囲《ちょうい》の中に孤立し、これを土方歳三が五稜郭陣営から出撃し、五稜郭一本木関門で自軍を叱咤していた。

「吾れこの柵《さく》に在りて退く者は斬らん」

（新選組大野右仲「函館戦記」）

そう叫んだ直後、一発の銃弾が土方の股間《こかん》を撃ち、馬上の土方の身は砂塵に叩き付けられ、絶命する。三十五年の生涯だった。会津藩大恩人の死である。

少し時間を置き、狙撃した松前藩八番隊小隊司令士の銃士米田《まいた》幸治が遺骸に近づくと、既に首級はなく、陣羽織を返すと「土方」と書いてあり、土方歳三と分かった。

この歴史的一瞬の一大事はひ孫米田義昭家（北海道大学名誉教授、元水産学部長）に記録と伝承によって伝えられ、イツ夫人（元函館消費協会会長）は皮肉なことに会津藩青龍一番隊士の血を引く。夫婦のルーツが敵味方に分かれてしまった歴史の悪戯《いたずら》について、心境をイツ夫人に聞いた。

「今は亡き夫の先祖松前藩米田幸治、戦死された土方歳三さま、私の先祖の会津藩柏村久蔵の戦死、戦いに明け暮れた戊辰戦争のころの先人を思い、ただただ仏前に手を合わせるばかりでございます」

土方戦死地一本木関門跡は、函館市若松町三三番と海岸町一番の路地裏辺りで、近くに建つ「土方歳三最期之地」碑にはいつも香煙が絶えない。

土方没後、遺刀の会津兼定（第十一代和泉守兼定）は、箱館から郷里の土方家へ届けられた。日野市有形文化財として現存する。

土方歳三が銃弾に倒れた一週間後の明治二年五月十八日に箱館戦争は終結し、鳥羽伏見戦争から一ヵ年半の長い戊辰戦争が終わった。その年の八月十五日、「蝦夷地」は「北海道」と改称した。会津戦争から一年後のことである。

土方歳三最期之地碑（函館市若松町に建ち、碑の近くで土方は戦死した）

第五章

斗南藩

宗川　茂友
好川喜五右衛門
三井　勝用
川崎尚之助
松平　容保

宗川茂友《むねかわしげとも》

―余市リンゴ侍を率いた傑物

主君が宗川に送る歌

我はまだ蝦夷地知らねども
蝦夷ヶ嶋《えぞがしま》
寒しと聞けば心して住め

―松平容保詠「蝦夷へゆくと聞きて」より

◇生没年＝天保元年（一八三〇）十二月五日～明治三十四年（一九〇一）九月三十日。

◇経歴＝会津藩宝蔵院流の槍術家。朱雀士中隊半隊長。鶴ヶ城籠城。通称は熊四郎、実名は茂友。長男虎松、戦死。会津戦後、東京元火消屋に謹慎。父勇之進茂弘は松平容敬・容保《かたもり》の二公に侍講として仕える。

◇北海道の足跡＝余市移住旧会津藩士団の中隊長、余市総取締。一家六人家来三人で入植。開拓使の少主典《しょうさかん》。余市郡黒川・山田両村の戸長。離道後、会津中学の武芸教師。

◇余市リンゴ実る＝明治十二年、わが国初の民間リンゴ「緋衣《ひのころも》」「国光」の栽培に成功する。

◇二男宗川虎次＝少年時代、余市日進館に学ぶ。名著『補修会津白虎隊十九士伝』著わす。

中隊長として移住した宗川

余市会津藩研究の台頭《たいとう》、余市町の前田克己氏は、よく会津若松の会津藩研究家の心ない言動を嘆いておられた。その一端を前田氏の著作から抜き出しておこう。

「昭和四十五年ころ町史編集資料を求めて、町の関係者が会津若松へ行ったことがある。会津の人は、余市移住旧藩士のことは知らず、たまに知っている人も、『身分の低い人々だったから……』と、記録の無いのも当然と言わんばかりの応待だったという。関係者は聞き捨てならない屈辱を感じたであろう」（『余市移住会津藩士物語』平成二年）

これは歴史を地位でしか見ない呆れた半世紀前の話である。

前田氏は会津人でなく、一教育者として余市町郷土研究会会長として、余市会津藩の研究に生涯を捧げた。平成二十九年三月七日、一〇四歳で逝去され、著作、論考の功績を数多く残しておられる。

かえりみると、余市会津藩の始まりは、通常の北海道における会津藩士の移住と性格を異にし、旧主松平容保の減刑を念じた渡海だった。言い換えるなら、容保の形代《かたしろ》（身代わり）にされたかたちで、はるばる北へ向かった。斗南《となみ》藩成立前のことである。

だから容保は、北を行く会津藩士代表の宗川熊四郎茂友が東京を出達するとき、茂友たちの行く末を心配し、惜別の和歌を真心を込めて送った。

「我はまだ蝦夷地知らねども蝦夷ヶ嶋寒しと聞けば心して住め」

この主君が家臣に送った三十一文字《みそひと》は、会津若松の宗川子孫宅が、永遠の家宝として保存していると、生前、前田氏は語っておられた。

宗川茂友（前田克己氏提供）

明治二年（一八六九）九月二十一日、宗川茂友に率いられた旧会津藩士一〇三戸三三二人の一団はオタルナイ（現小樽信香《のぶか》浜）に着いた。

これが会津藩降伏後、最初の旧会津藩士北海道集団移住である。その後の斗南藩集団移住と異なり、先に一藩の責任を負って自害させられた会津藩家老萱野《かやの》権兵衛の「一味《いちみ》」として渡海し、明治政府は「会津降人《こうじん》」と呼んだのである。

そのいきさつを余市旧会津藩二世の川俣《かわまた》兵司「炉辺夜話」は、次のように書いた。

「故萱野城代一味ノ枝幹トシテ二百戸ヲ選定シ、流罪ノ形ノ形式トナル」（『余市農業発達史』）

移住団は第二陣、第三陣と続き藩士とその家族は計六〇〇人余に及んだ。

第一陣は軍事編成で小樽に上陸した。最高責任者は中隊長宗川茂友、小隊長簗瀬辰之助（家老簗瀬三左衛門分家）、更に甲士勤、寄合《よりあい》組と編成され、移住者には船中で日記を克明に綴った青木丑之助《うしのすけ》、第三陣には元白虎士中二番隊分隊長の佐藤駒之進がいた。

小樽上陸後、宿舎は鰊場番屋《にしんばんや》が主で、中には遊女屋に割り当てられた者もあり、「遊女屋に入れるとは何たることとか」と痛憤する藩士もあった。

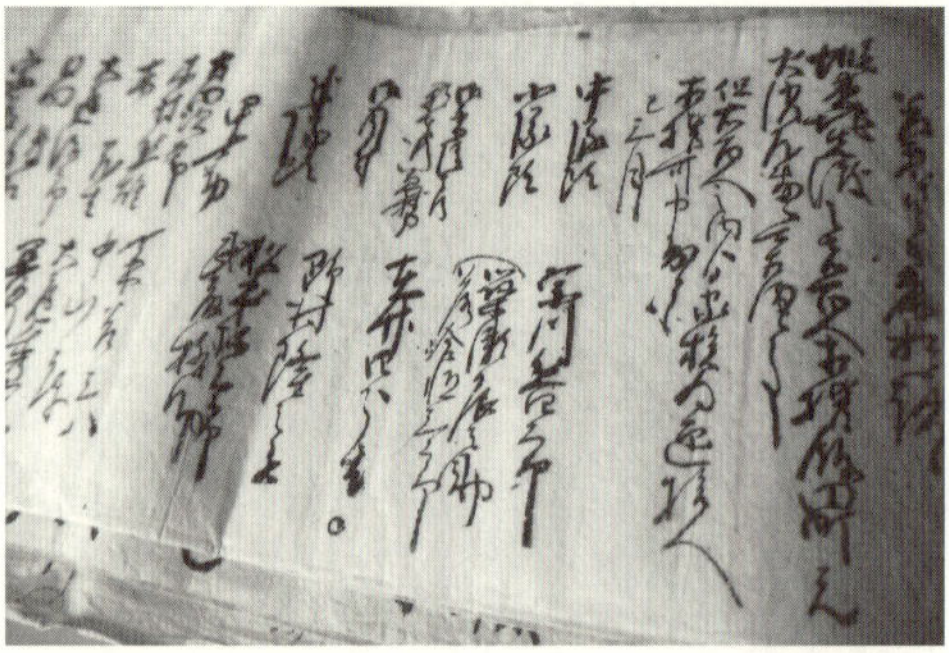

明治２年、会津城南で発表された宗川熊四郎茂友ら旧会津藩士余市移住団の最初の名簿（筆者蔵）

それから二ヵ月後の十一月、会津松平家は家名再興となり、藩名は斗南藩に決まった。このとき小樽の移住団は「流罪人」ではなくなり、主君減刑のためという本来の使命は終わった。と同時に「何のための移住であったのか」と思った藩士もいたに違いない。

移住先は決まらなかった。兵部省軍務官と北海道の開拓使の間で、「あっちだ、こっちだ」の内輪もめが続いたからだ。

上陸から一年半過ぎた明治三年（一八七〇）十一月十八日、開拓使の黒田清隆が斗南藩小参事広沢安《やす》任《とう》と宗川茂友へ宛てて「引受《ひきうけ》」という文書を送り、これでやっと落ち着き先が決まったのである。

行き先は、余市川下流のほとり、未開地の余市郡シュブントである。総取締は宗川茂友に決まった。

当時を会津藩士細谷伴助の子道之助（明治八年生まれ）が回想している。

「私が物心ついた頃でも、おやじ連中は夜になると集まって、毎晩のように会津の話に花を咲かせ、一度帰ってみたいとか、金ができたら引揚げたいとか、話合っていたのを記憶しております。宗川熊四郎という人が、よく団員を励まし指導したので、どうにかみな定着するようになったそうです。この宗川という人はのちに総取締になったほどの傑物で、よく指導的役割をはたしたようです」

（『余市農業発達史』）

入植後、最初に耕作したのは砂糖きびだったという。

紅玉の「緋衣」と「国光」

余市は積丹《しゃこたん》半島の入り口。四季折々の自然、海産物や果物にあふれ、近ごろは竹鶴政孝とリタ夫人の愛を育んだニッカウイスキーの故郷として知られている。その近くに、先住者の会津藩士団が住んでいた。

明治四年（一八七一）正月が過ぎて、藩士団は余市移住の準備に取り掛かり、雪が解けると余市川の両岸で開墾が始まった。

川東（後の黒川村）

川西（後の山田村）

黒川村という村名は、黒田清隆の一字、宗川茂友の一字から採ったものと言われてきたが、そうではなく近年では会津若松の古名「黒川」ではないかと言われ出している。昭和十一年（一九三六）、余市黒川に萱野権兵衛殉節碑が建立された。

入植後、初めて死者が出た。

寺院は「会津は朝敵であり、檀家でもないから」と言ってニべもなく葬儀を冷たく断わったので、移住団は「死者に対して何事か」と激怒し、一騒動が起こりそうな気配になった。

総取締の宗川茂友は一同を鎮め、「諸氏に神道の葬儀ができる者はいないのか」と聞くと、旧会津藩二〇〇石の在竹《ありたけ》四郎太が前に出て来て、手を挙げた。在竹が司斎を務め、弔いはとどこおりなく終わった。

このとき以来、余市藩士団の家々は仏教から神道に改宗し、宗川家も会津時代から代々続く浄土宗であったが、神道に改宗した。

開拓使は藩士団の家々に、リンゴのアメリカ苗木を配り、人びとは疑心暗鬼で植えた。それが初めて実ったのは、明治十二年（一八七九）秋のことである。

山田村赤羽源八の庭先に開拓使導入番号十九号の「緋衣《ひのころも》」。

同じく金子安蔵の畑隅に開拓使導入番号四十九号の「国光」。

当時の様子を「炉辺夜話」から引用しよう。

「ヤサシキ花ガ咲キシニ、之ヲ見タル人々ハ何カ成ルカト話シ合イタリト。時、明治十二年ノ事ナリ、晩成ニ至リ粒形肥大紅色鮮ナル数個ノ結実ヲ見ル（赤羽氏十九号）、又、金子氏畑隅ニアリシ樹ニモ堅キ実ヲ見ルニ至レリ（四十九号）、之、本道否、日本ニ於ケル苹果《へいか》（リンゴの意）嚆矢トス」

余市リンゴは、民間リンゴ栽培の最初の快挙であった。

余市会津人は入植の際、血判書に一人ひとりが押して開墾を決意した。その筆頭に名を連ねた宗川熊四郎茂友は、リンゴの実の成る明治十一、二年ころになぜか余市を去り、郷里の会津中学で武芸教師になった。

［参考文献］

前田克己『余市移住会津藩士物語』余市豆本の会、
前田克己『余市移住旧会津藩士の足跡』余市郷土研究会編。

好川喜五右衛門《よしかわきごえもん》

―北海道斗南藩士の瀬棚発第一信

北海道から下北半島の兄弟へ

大間、函館、松前城下通り、瀬棚着仕《つかまつ》り候、道中寒風難所なり。長屋入り仰せ付けられ候。極不自由に之《これ》在り、然《しか》し魚は沢山《たくさん》にて汁のミ（味）まで肴《さかな》に候。蝦夷地の取勢未《しゅせいいま》だ相分からず御座候。

―好川喜五右衛門の手紙より

◇生没年＝天保元年（一八三〇）九月九日～明治三十三年（一九〇〇）五月三日。

◇経歴＝斗南《となみ》藩領北海道四郡の一つ、瀬棚に移住。父は会津代官所好川忠左衛門忠豊、母は松。五人兄弟の三男。初め忠四郎、後に喜五右衛門。会津戦争後、東京謹慎。斗南藩本州領を経由して斗南藩北海道領へ渡海する。

◇北海道の足跡＝明治三年（一八七〇）、下北半島大間岬から渡海。瀬棚領へ入植、瀬棚村で没す。なお喜五右衛門は第二次会津藩北方警備の慶応三年（一八六七）ころ、野付《のつけ》半島に御船方として在勤した（歴史研究家榾田光明氏の教示）。

忘れまい斗南藩領北海道四郡

会津戦争で瓦解した会津藩が、斗南藩という藩名で復活したのは、明治二年（一八六九）十一月三日のことである。

太政官（明治政府）は、旧会津藩主松平容保の実子慶三郎（後に容大《かたはる》）をもって家名を立てることを許し、立藩も認めたのである。

この朗報は、松平容保家来総代として戦後処理に苦闘していた元家老梶原平馬から家臣一同に示され、新領地は明治二年と明治三年の二度に分けて申し渡された。

明治二年十一月三日の申渡――。

陸奥国三戸郡　二十六村（現青森県南部一帯）
〃　北　郡　三十五村（現青森県北部一帯下北半島など）
〃　二戸郡　九村（現岩手県北部）

新封地は会津二十三万石から斗南三万石となり、極端な減封になった。しかも実高は七〇〇〇石しかなく、南部藩（盛岡藩）の領地が割譲された。
続いて明治三年正月の申渡——。

北海道後志《しりべし》国　太櫓《ふとろ》郡（現久遠郡せたな町北檜山区太櫓）
〃　瀬棚《せたな》郡（旧瀬棚村会津町、現久遠郡せたな町瀬棚区本町）
〃　歌棄《うたすつ》郡（現寿都郡黒松内町）
北海道胆振《いぶり》国　山越《やまこし》郡（現山越郡長万部町と現二海郡八雲町）

以上が斗南藩のいわゆる北海道四郡支配地である。

斗南藩の政庁は、最初は南部藩五戸代官三浦伝七家に置かれ、まもなく下北半島田名部《たなぶ》村の円通寺（現むつ市）に移され、両地にわずか二歳の松平容大が斗南藩主として渡った。

新封地への移住は明治三年春から始まり、謹慎先の東京、越後高田（現長野県上越市）、会津から、陸路や海路で斗南の地へ向かった。移住総数は日本の歴史に例を見ない大移動となり、藩士と家族を含

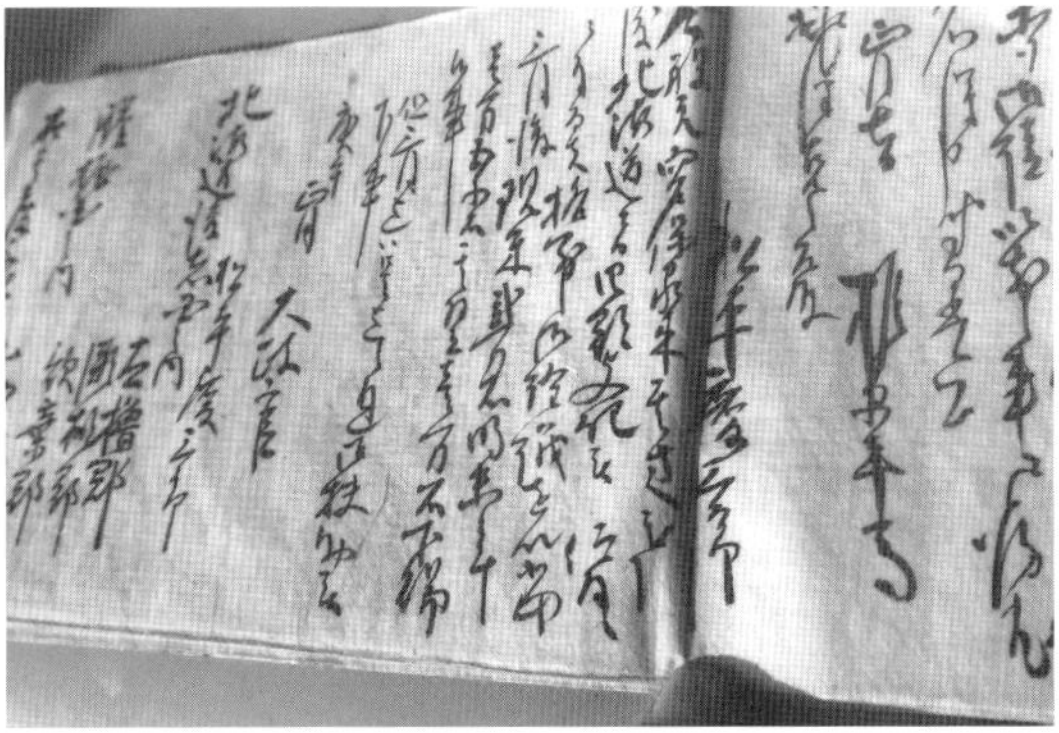
松平容保家来総代梶原平馬が発表した斗南藩立藩と新封地（好川範之丞「明治二巳年見聞雑誌」）

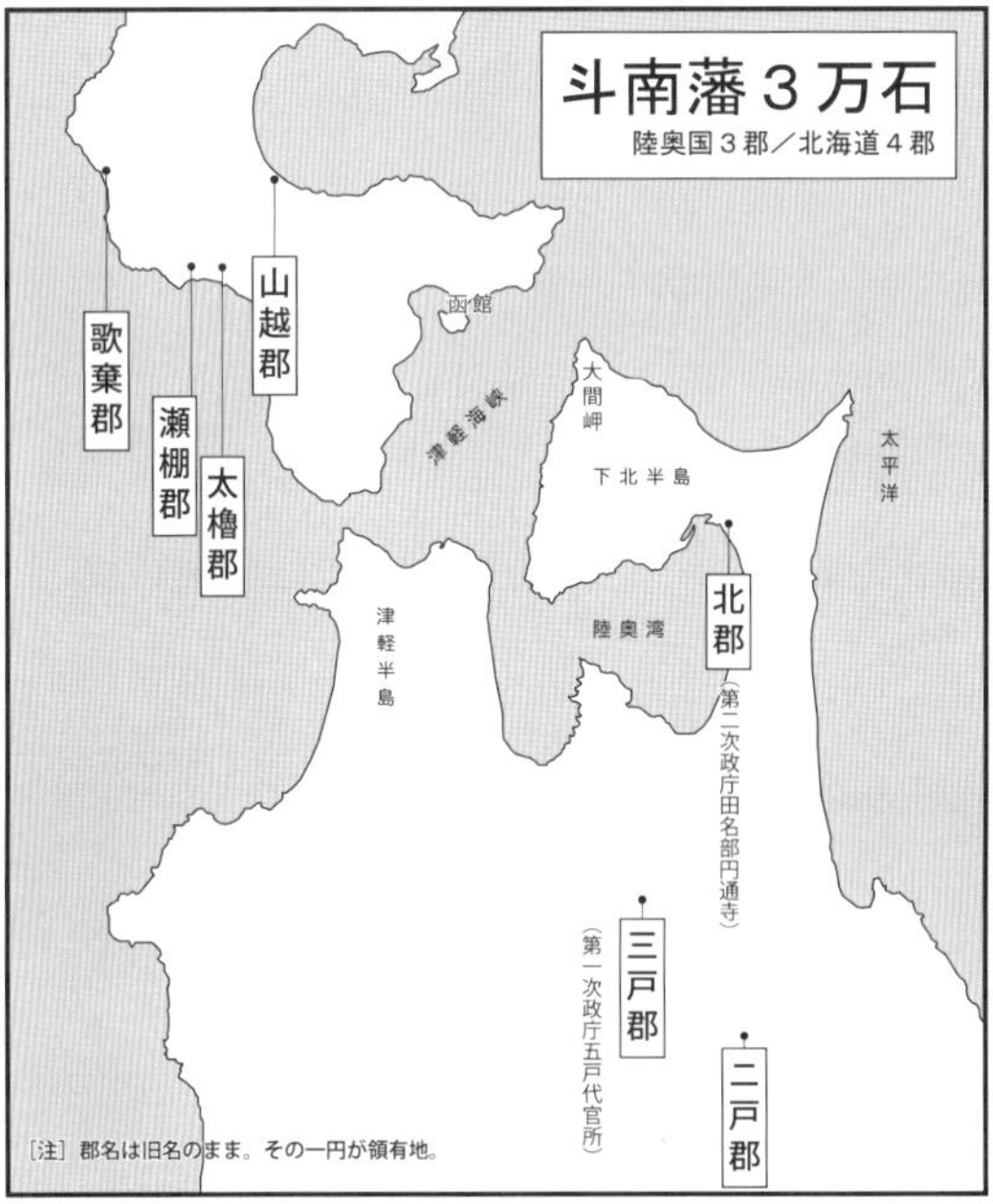

斗南藩（陸奥国三郡、北海道四郡）

めて「四三三二戸一万七三二七人」に達した（『青森県史第六巻』）。斗南藩には確たる家臣録（分限帳）が現存しないから、この数字に頼らざるを得ない。

斗南という藩名の由緒は、今だに不明である。

かつて「北斗以南皆帝州ではないか」と唱える研究家がいた。一時、定説化したが問題が起きた。この語句は「下北以南は天子様の領地である」「旧南部領は天子様の領地である」の拡大解釈に発展し、斗南藩北海道四郡が除かれ、過った解釈が広まったからだ。

会津史研究の硯学、相田泰三氏は、「斗南」の意味することを探究したが、「北斗以南皆帝州」を正当化する結論を得られず、ただ一つ会津藩士秋月悌次郎の漢詩「唐太以南皆是帝州」に辿り着く。しかしこれも、斗南藩の藩名とは言い難いと判断した。

次に相田氏は、松平家家令飯沼関弥氏の子の飯沼一省氏、また漢学者らに研究対象を広げたが、病中の相田氏は探究を断念して出版した名著『斗南藩史未定稿』で、次のように結んでいる。

「（斗南藩の）その地は北極星以南の天子様の治め給う地であり、天子様の領地以外の地に追放されたのではなく、以前と同様天子様の家臣であるという自尊心かあきらめの心か、或は誇大していえば一種の愛国心から斗南藩と命名したものと思うのである」

相田氏は推論しか得られなかったことに対して、「これ本書を未定稿とするゆえである」とも書いた。謙虚な研究姿勢が清々しい。

明治三年、旧会津藩士とその家族は斗南へ向かい、その一人好川喜五右衛門は単身で瀬棚を目指した。

魚は沢山にて御座候

瀬棚は日本海側の漁村で、明治初年代は松前藩の交易拠点として場所請負人《ばしょうけおいにん》を置き、運上屋《うんじょうや》古畑幸三郎の支配人桂為助が村を仕切っていた。

斗南藩士は明治三年、明治四年（一八七一）の二度に分かれて瀬棚に移住し、好川喜五右衛門（忠四郎改め）は第一陣の明治三年移住であった。喜五右衛門は、既に下北半島の斗南藩川内村に移住していた兄好川範之丞《はんのじょう》（筆者高祖父）、末弟喜代美に宛てて、おそらく明治四年正月元日に書いたとみられる手紙が残っている。

これは斗南藩領瀬棚発の移住第一信である。知らない土地で初めて迎えた冬の心細い生活ぶり、春を待つ心境が兄弟ならではの率直な筆致で綴られ、当時の状況がうかがわれる。

　発信先の兄範之丞は十歳年長、会津戦争では鶴ヶ城西出丸で戦傷を負った。弟喜代美は四歳年少、本藩の遊撃隊士として戦った。

　手紙を読んでみた。

「余寒未過候得共、先以御家内様御揃益御機嫌克被成御座候由、奉賀上候。昨冬出地之途中参上仕、緩々奔走に相成難在仕合奉存候」

　時候のあいさつ、昨冬北海道に来る際、立ち寄ったお礼である。

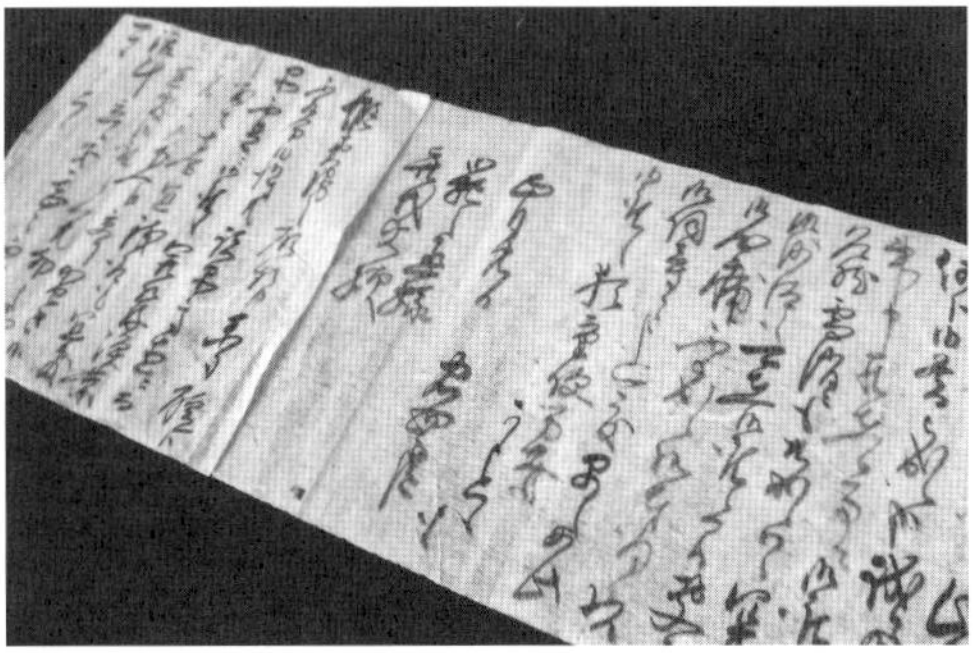

好川喜五右衛門（忠四郎）が下北半島の兄弟に送った瀬棚発第一信（筆者蔵）

　次に、弟喜五右衛門が兄宅から旅立ち、川内川河口から田名部経由で大間に着き、だが海が荒れていたので風待ちをして六日後に海路で函館に着き、それから陸路をとって、松前城下を通り、瀬棚に着いたのは十一月二十四日のことだ。雪道に難儀している。

　手紙は続く。

「魚は沢山《たくさん》にて日々肴斗《さかなばかり》にて汁のミ（味）迠肴に御座候。雪消にも相成候《そうらは》ば山野之早菓も沢山の由に御座候」

　魚ばかりの食卓で、春を待ちわびている。

「御渡方は玄米五合渡りに御座候処、去十一月十五より玄米三合（以下略）

　正月元日　　忠四郎

　範之丞様

　喜代美様

」

　瀬棚では支給米が五合から三合に減ったが、御地斗南でも三合に減った由聞いたと、下北の兄弟を心配する。

　そして追伸とみられる断片には、「北海道の状勢はいまだ分からぬ」「開発や漁業を下人とともに働けば銭取りも宜しいのだが」と書いた。

　以上が瀬棚発第一信のあらましである。

　瀬棚斗南領で移民総取締が選任されて村政の基礎がつくられ、戸長、副戸長も決まった。

　明治七年（一八七四）、喜五右衛門は開墾に成功し、同十一年（一八七八）になって隣村の太櫓郡太櫓村に畑と宅地を持ち着農した。瀬棚の名士山本金兵衛の長女フサを養女にし、係累は札幌の妙見本宮出雲神社宮司になっている。喜五右衛門（瀬棚没）や範之丞（青森県三本木没）、喜代美（札幌山鼻屯田兵村没）は、その後再会は果たせなかった。

会津人の移住当時、瀬棚には海浜漁労に従事する者がわずか二十戸余り、アイヌの集落が十五戸、会津人は馬場川に沿う一帯に小さな家を建てた。それが「瀬棚村字会津町」の起源である（『会津会々報』大正七年）。

瀬棚会津人の多くは土地を離れ、森眞咲の子孫は北海道新聞社写真部カメラマンとなり、池沢小藤治の長男小助（元白虎隊）は函館警察となり、ただ一人篠塚啓右衛門子孫が定住しているという。

[参考文献]

井上礼吉「ある斗南藩士の瀬棚第一信」（『北の幕末維新』第2号）。井上氏は福島県立会津高等学校出身、北海道新聞社瀬棚支局、同出版局図書編集部長歴任。

三井勝用《みついかつよう》

—会津弔魂碑「傷心惨目」除幕式で祭文

会津英霊へ響け

明治十三年、謹《つつしみ》て同藩の諸士及び弟三井勝章の霊を祭る。君臣父子離散、敵、四方に充満し弾丸雨注、願くは泉下の英霊それこれを響けよ。

—三井勝用「松の名残」より

◇生没年＝天保十二年（一八四一）七月七日〜明治四十二年（一九〇九）三月二十六日。

◇経歴＝会津藩士三井伴次郎長男。通称は計之助、実名は利勝。後に号の勝用を正称す。会津戦争は青龍士中三番隊、別撰組で戦闘。越後高田最尊寺で謹慎。斗南《となみ》藩権大属司局掛として水島純と山越内村など視察。

◇北海道の足跡＝函館高龍寺「傷心惨目《しょうしんさんもく》」碑建立に尽力、除幕式で祭文《さいもん》奉読。茅部《かやべ》山越郡長雑賀《さいか》重村の死後、郡長心得として代理、森村外五ヶ村戸長。宿野辺《しゅくのべ》郵便局長（現駒ヶ岳郵便局）。和歌日誌「松の名残《なごり》」を著わす。先祖三井十太夫は第二次会津藩北方警備へ出兵。

◇三人の弟＝三井勝章、三井酉吉は会津戦争戦死。三井計次郎は八雲村初代村長。

函館の会津残同体

会津戦争でも、箱館戦争でも、敗軍戦死者の遺体は山野に打ち棄てられた。埋葬さえ禁止されたからだ。

傷心惨目碑（函館高龍寺）

函館会津人士は、当時の惨状と戦慄を思い起こし、亡き幾千の戦友への弔魂碑を函館を代表する名刹曹洞宗高龍寺の本堂そばに建立した。

大文字で四文字が刻んである。「傷心惨目《しょうしんさんもく》」

その碑面の左側に、碑に込めた意味も刻んである。

「撰宋岳飛《がくひ》真蹟李華《りか》古戦場文字勒石弔以焉会津残同体共建　明治十三年」

添え文の意味するところは、「傷心惨目の四字は、中国南宋の英雄岳飛の真蹟を、唐の詩人李華の『古戦場を弔う文』の文字より選び、石に勒《ろく》し以て弔わん　会津残同体共に建てる　明治十三年」である。

明治十三年（一八八〇）といえば、明治十一年（一八七八）、十二年（一八七九）と相次いだ函館大火で高龍寺が、坂上の現在地に移転した直後のことである。

このころ函館は、開港地としてエキゾシズムや近代性が充満し、人口が集中し、会津人も多く集まって来た。例えば、北海道における出世一番星の旧会津藩士雑賀重村は開拓使の大主典《だいさかん》に登り、妻浅子と函館上大工町（現末広町）に居を構えた。浅子の実父で会津藩家老だった簗瀬三左衛門も同じ場所に暮らしていた。

傷心惨目碑建立の呼び掛け人は、これら会津人が中心になったのではないか、と想像されるが、残念ながらその記録はない。

翌明治十四年（一八八一）八月二十三日、函館に

三井勝用

続いて室蘭の満冏《まんけい》寺門前に、北海道第二の会津弔魂碑が建立され、「弔魂碑」とだけ刻まれた。建立者有志は、旧会津藩士の千里安吉、永井音治、北見数太郎、中野勝太郎（旧姓石井）ら二十人が名を連ね、例年、鶴ヶ城籠城戦に突入した八月二十三日、弔祭が行われたという。

今も怨念の地で弔魂祭

北海道の開拓使は、薩摩閥である。

明治十三年九月三十日、北海道初の会津弔魂碑「傷心惨目」除幕式が開催され、開拓使下の一役人だった三井勝用（元斗南藩権大属）も参列した。

いまだ会津戦争から十三年、会津の戦いでは実弟の三井勝章、直吉二人を失い、除幕式では旧会津藩を代表し、茅部・山越両郡長心得の三井勝用が祭文を奉読した。郡長雑賀重村が直前の九月十日、病死していたから代理役だったかも知れない。

三井は開拓使上層が嫌う会津戦争、箱館戦争という直接的な文言を用いず、巧みに、しかし激しく次のように祭文を奉読する。

明治十三年九月三十日、陰暦八月二十六日謹《つつしみ》て旧同藩の諸士及び弟三井勝章の霊を祭る、アァ歳月の経過する白駒の隙を過ぐるが如し、一瞬殆ど十有三年人事日に新たに懐旧益深し。

一朝子等と共に国難に際し丁巳（己巳《きし》）戦ひ敗れ、君臣父子離散、敵四方に充満し弾丸両注遂に子等命を致し、忠節を全うし芳名を万世の後に在す。士に栄たり余輩諸士に反し生を今日まで存在して、此の祭典を行ふ実又共に幸ひなく、願くは泉下の英霊それこれを饗けよ。

時あり散りけん花のこのもとを思いば袖に露で乱るる。

（三井勝用「松の名残」）

式典は滞りなく終わった。勝用の弟三井計次郎（後に八雲村初代村長）も列席した。

その後、三井勝用は森村五ヶ村戸長、宿野辺郵便局長などを歴任し、会津戦争から書き続けた和歌日誌「松の名残」の中に、傷心惨目除幕式の様子が記録された。

この記録は今日、九十代になる歴史研究家の中村正勝氏が発掘し、新史実が明らかになったのである。

例年五月十一日、碑前で函館福島県人会主催による慰霊祭が挙行されている。新政府軍が高龍寺の箱館病院分院を襲撃した日に由縁している。

碑のそばには昭和五十五年、松平容保《かたもり》令孫で当時福島県知事の松平勇雄氏が植栽したツツジが見事だ。会津に自生する紅更紗灯台《ベニサラサドウダン》である。

［参考文献］
中村正勝『朔北の大地に生きた会津・斗南藩士三井兄弟』平成十八年

川崎尚之助《かわさきしょうのすけ》

―斗南藩を開拓使尋問で守る

すべて私の責任である

斗南藩より殻配《こくはい》之命令は更に之無く候《そうら》えども、多人数之飢餓《きが》傍観《ぼうかん》を黙止《もくし》難より、全く自己之存意《ぞんい》に任せ取り組み申し候。　明治五年六月　川崎尚之助

―「開拓使公文録」川崎尚之助供述より

◇生没年＝天保八年（一八三七）～明治八年（一八七五）三月二十日。

◇経歴＝会津藩校蘭学所教授。正之助、尚之助、斎号は尚斎。出石《いずし》藩（兵庫県）の医師息子。江戸で蘭学、砲術、舎密術《せいみ》（化学）を学んだ稀代の俊才。会津藩入国、山本覚馬食客となり、妹の八重と結婚。会津戦争では鶴ヶ城内から小田山砲台へ命中弾を与え、会津少年たちから「薩賊長《さつぞくちょう》奸《かん》」の歓声が挙がった。

◇斗南《となみ》藩広東米《かんとんまい》事件＝斗南藩士として単身、田名部《たなぶ》入り。斗南藩を窮状から救うため、函館

のデンマーク商人と取り引き、支払いをめぐりイギリス、ブラキストン商会を巻き込む訴訟事件に発展した。

◇北海道の足跡＝函館の開拓使、東京の司法省が取り調べ、斗南藩へ責任の及ぶ供述をしなかった。気骨ある斗南人は、係争中に東京で病没。

会津に入らずんば名を天下にあげん

川崎尚之助は、但馬《たじま》国出石藩（現兵庫県豊岡市出石町）の医師の子として生まれた。

江戸に出て芝浜町（現東京都港区）の大木忠益《ちゅうえき》塾に入門し、出石同郷の加藤弘之（後に東大総理）と学問を競い、会津藩士山本覚馬とも共に学んでいる。

川崎を会津藩士柴四郎は絶賛している。「川崎尚之助と云ふ者あり、盛年有為の洋学者にして、加藤弘之と神田孝平（経済学）と名を等うす。（戊辰戦争に負けた）会津に入らずんば名を天下に揚げんこと難からざりし」（『世界盲人列伝』昭和十七年）

洋学、砲術、和歌、いずれも第一級の人物だった。

安政四年（一八五七）、会津に来て山本覚馬家の食客になり、会津藩校日新館蘭学所の教授に抜擢される。まだ二十一歳、覚馬の妹八重はこのとき十三歳の少女だった。

川崎は会津入りのとき正之助を称したが、会津藩祖保科正之《ほしなまさゆき》と文字が重なることを憚《はばか》り、尚之助と改称し、後年、学者や武芸家が誇り高く用いる斎号《さいごう》は尚斎と称している。

元治元年（一八六四）、この年の蛤御門の変で山本覚馬は大砲の名手として出陣し、父山本権八は御所御花畑《おはなばたけ》の会津陣営を守り、藩当局は川崎尚之助にも出陣を頼んだ。しかし尚之助は出陣を拒んだ。

『幕末会津藩往復文書』はそのことを、言葉少なく、「（尚之助は）罷《まか》り在らず甚《はなはだ》差支《さしつかえ》候」と伝える。その理由を記録していないが他国者としての憚りから戦さには出兵しなかったのか。それは想像するしかないが、尚之助が砲術家として見込まれていたことは自明である。

やがて東日本に戦争が迫ると、米沢藩は友藩会津へ練兵修行のため藩士を派遣させた。そのとき大砲操作の指導をした人物は、

「八重の夫の川崎尚之助だった」

と、市立米沢図書館が平成二十四年夏、記者クラブで発表し、大きな反響を呼んでいる。

具体例でいうと、米沢藩常備砲兵の内藤新一郎は鶴ヶ城で操練を受けた。そのとき川崎尚之助に随身し、四斤砲《しきんほう》（四斤山砲）の奥意を極めたというから、尚之助の名は米沢藩にも知れ渡ったことがうかがえる。

現代に残る砲師川崎尚之助の弾痕

鶴ヶ城籠城に突入の日の朝、米沢藩内藤新一郎は山本家に泊っていた。会津の緊迫を知らせるため、山本家で急いで朝食を済ませ、米沢へ向かった（『米沢戊辰実記』）。

八重は鶴ヶ城へ走り籠城した。

八重と結婚していた川崎尚之助も籠城し、家老内藤介右衛門隊に属し、小田山砲台からの敵軍砲撃に対して反撃していた。城の南門近くで尚之助は、会津兵を勇気づけている姿を、顔見知りの少年高木盛之助がその様子を回想する。

「九月十四日、砲師川崎庄（尚）之助来り、余に言って曰《いわ》く。我軍は天主閣を的《まと》に掲げるのに、彼等の弾は命中する能《あた》はず、余一発を小田山の砲塁に加え心ず命中せしべし」

（高木盛之輔「会津籠記中護衛隊」大正四年）

このように豪語して、尚之助は城中豊岡社から砲弾二発を発射する。盛之助の回想では、一発目は小田山々上の敵の砲台に命中し、更に会津藩家老丹羽家の墓石を破砕した。二発目は小田山の要所に命中弾を与え、しばし敵の砲撃が鎮まった。

二発とも命中すると、城中で一斉に歓声が挙がり、片峰小次郎という少年は胸壁《きょうへき》の上に立ち上がって、感極《かんきわ》まり、絶叫する。

「薩賊長奸」

そう叫ぶやいなや、少年は最前線の敵の銃士から左乳の辺りを撃ち抜かれて即死した。少年は十四歳だった。尚之助が使った大砲は、移動しやすい四斤砲とみられ、小田山は十分射程内にある。

平成二十四年春、鶴ヶ城豊岡社跡から一〇〇〇メートルほど先の小田山の敵軍砲台跡と丹羽家墓所を訪ねた。会津若松市中町の旧知の遠藤健一氏に案内され、恵倫《えいりん》寺裏山の急斜面を登って行くと山桜が妍《けん》を競っていた。

恵倫寺はその昔、会津初の陸軍大将柴五郎翁が、避暑で泊った。恵倫寺の九十代と思われる夫人いわく、「ちっちゃなころ、柴大将はお嬢ちゃんはかわいいね」と言って頭をなでられた日を懐かしそうに思い出しておられた。途中、柴家墓所群を探し、手を合わせる。

少し登ると小田山の新政府軍砲台跡があり、ここから眼下に鶴ヶ城天守がよく見え、もう少し行くと平らな山上に、高木盛之助が回想した通りの丹羽一族の墓石が現れた。これを川崎尚之助の発射弾が破砕したというのだ。

同行の遠藤健一氏が墓石の一点を指して大声を挙げた。

「これ、ここがきっと弾痕ですよ」

丹羽墓数基の棹石《さおいし》の横や裏面に、明らかに自然の劣化ではない損傷がある。尚之助の弾痕に違いない、と確信した矢先に小田山に雨が降り出し、あわてて急斜面を下山した。

「小田山に登ったのは小学校の遠足以来でした」

遠藤氏は会津を知り尽くす生っ粋の会津人である。

後日、韮山《にらやま》で砲術家江川太郎左衛門や砲術史を研究する第一人者の仲田正之氏へ丹羽墓について丹羽墓の写真を送り判断を仰いだ。

「弾痕と見立てていいでしょう」

と、返事が返って来た。偶然ながら仲田氏の祖父母は共に会津人だったと言い、野口英世との出会いが縁で結婚したという。


会津戦争のころ、川崎尚之助は会津の寺々から釣《つり》鐘《がね》を集めて「大巨砲」が二門もつくれば会津は大勝するのに、と豪語したという。

川崎尚之助という人物は、痛快な人柄であったようだ。

義侠心が招いた斗南藩広東米事件

会津戦争後、川崎尚之助は他国出身であったというのに、会津藩士と苦闘を共にした。別の道もあったはずである。
明治三年（一八七〇）、会津藩士の移封地斗南藩田名部村に向かい、妻八重は尚之助の砲術の教え子米沢藩内藤新一郎一家の厄介になった。この別行動がゆくゆく、二人の離別に繋がるのである。
斗南藩の財政は困窮した。
田名部に住む斗南藩士が、一発勝負に動き出した。次の二人だ。
川崎尚之助
柴　太一郎
二人の計画は、広東米（中国米）を輸入し、支払いは斗南藩産の大豆《だいず》を充てることにしたというのだ。資金がない中の苦肉の策、いわゆるバーター取り引きを計画した。

　斗南藩入りしたばかりの閏《うるう》十月。函館のデンマーク商人デュース（デンマーク領事）と、広東米十五万斤《きん》（九トン）を斗南藩が受け取り、支払いは斗南藩産大豆二五五〇石を、翌年三月に積み渡す契約を結んだ。

　ところが間に入った函館イギリス貿易商・ブラキストン商会は、函館の米蔵にある広東米を押えて出荷ができない。そうこうするうち、米価が暴落するし、米は劣化してしまう。

　大損したデンマーク商人デュースは、斗南藩を提訴する。一方の斗南藩側は、米の出荷を止めたブラキスト商会にこそ非ありとして提訴し、尚之助と柴太一郎は思いもしなかった大国イギリス商人の横暴

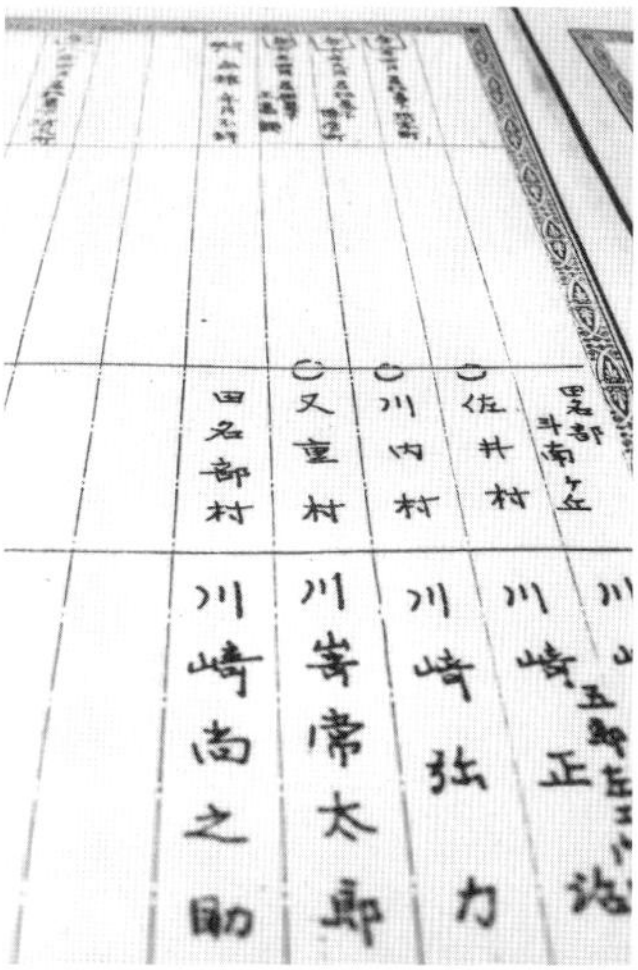

斗南藩田名部村へ移住した川崎尚之助（「斗南士族名籍便覧」）

に苦しんだ。

　なぜか柴太一郎は、一〇〇日の禁固で放免となり、まもなく警保寮《けいほりょう》（特高警察前身）に就職し、訴訟の的《まと》は独り川崎尚之助に絞られていく。どうしてか、そこが分からない。

　そもそも、広東米をめぐる事件は尚之助一個人で実行したのか、斗南藩として取り組んだことなのか。函館の開拓使はそこを尋問した。

　それに答えて明治五年（一八七二）六月、尚之助は次の書面を開拓使へ提出する。「（斗南藩の）多人数の飢餓黙止難くより自己之存意に任せ取組申候」（「開拓使公文録」）。男っぽく「すべて私の責任である」と答えたのだ。

　一方、斗南藩最高責任者の権大参事だった山川浩は、次のように答える。「デュースとの米と豆の貿易は、斗南藩庁が申し付けたことではない。まったく同人どもの自己の見込みをもって約定《やくじょう》を取り結んだものである」（「開拓使公文録」意訳）

　山川の答えは、それが事実であったにせよ、冷ややかな印象を免れない。このとき斗南藩は廃藩になっていたが、気骨ある梶原平馬が斗南藩政の表舞台にいたなら、どう振る舞ったのだろう。

川崎はその後、浅草鳥越で貧苦の中で暮らし、尚之助への司法当局の吟味は東京において、重病に陥るまで継続した。

肺を患い、明治八年（一八七五）三月二十日、東京医学校病院（東大病院前身）五号棟の一室で両眼を閉じ、函館を舞台にした斗南藩広東米事件は、川崎尚之助の死をもって終止符をうった。三十九歳だった。

元斗南藩士小川渉《わたる》（青森県新聞記者第一号）は、川崎を忘れられずに、亡骸は東京今戸（現台東区）の称福寺に葬ったと『会津会報』で伝えたが、現在、墓標は見当たらない。寺院によると関東大震災、東京大空襲の災禍で過去帳ほか寺院記録のすべてを失ったという。

明治七年（一八七四）版「旧斗南藩帰農商人伊呂波寄」（青森県郷土館蔵）と題された名簿に、次の一行が記録されている。

「川崎尚之助　壱人《いちにん》　京都府」

訴訟が解決したら、八重のいる京都へ参じようと思ったものか。孤独な最期を偲ぶと胸を打つ。

会津藩、斗南藩の恩人は、気の毒な生涯を終えたが、その義侠心とその名は斗南藩の歴史と共に朽ちることはない。

松平容保《まつだいらかたもり》

—容保主従の北海道初上陸

明治四年函館入港

斗南藩知事　親　松平容保
同　兄　松平喜徳
士族　梶原景雄　外十名
右は今日英国蒸気ハイホー号船便にて当港着船、滞在御印章御渡し下されたく奉存候
辛未《しんび》七月十四日　斗南藩　辰野宗城

—国の重要文化財「開拓使文書」より

◇生没年＝天保六年（一八三五）十二月二十九日〜明治二十六年（一八九三）十二月五日。

◇経歴＝第九代会津藩主。会津中将　源《みなもと》　肥後守《ひごのかみ》。幼名は銈之助、号は祐堂、芳正。和歌多作。美濃高須藩主松平義建《よしたつ》の六子、江戸藩邸誕生。京都守護職、孝明天皇の信頼厚かったが、崩御し政局は急転した。大政奉還で守護職屋敷を追われ、王政復古のクーデターで京を追われ、鳥羽伏見戦

争勃発で江戸へ東帰。徳川慶喜《よしのぶ》から江戸城登城禁止、会津へ帰国。鶴ヶ城に籠城し、死力を尽くして会津を守る。

◇北海道の足跡＝明治四年（一八七一）、最初で最後の函館入港、松前大沢村へ向かう。

◇会津藩祖保科正之《ほしなまさゆき》の札幌・琴似神社合祀＝平成六年、会津藩領以外の神社に初めて祀り、第十三代松平保定《もりさだ》氏参列。

恩讐の京都に容保桜

松平容保（酒井峯男氏蔵）

松平容保が会津藩主だったころ、最初の苦しみは、京都守護職の受諾の是非をめぐって藩内が揺れたときだろう。

そんなとき、二十八歳の青年藩主は生家の父の高須藩主松平義建に次の和歌を送り、胸の内を吐露した。

「行《い》も憂《う》し止まるも憂し如何《いかん》にせん君と父とを思うこころを」

当時の心境を能弁に語っている歌ではないか。国家老の田中土佐、西郷頼母《たのも》の反対を押し切って、容保は受諾を決めた。

咲くも花なら散るも花である。文久二年（一八六二）、尊攘運動が最も激しかったこの年の十二月二十四日、松平容保は会津藩士一〇〇〇人と共に上洛した。

会津藩主は美男だった。会津に縁の深い益田晴夫という映画監督は、昭和の初め、京の九十歳近くの老人が直接語った松平容保の面差《おもざし》を紹介している。

「京都守護職であられた会津中将さんはとても美男子で、男が見ても惚々するような人でした。京都の人は容保さんのことを会津中将さんと呼んでおりました。何でも黒谷《くろだに》さんから御所さんにお出での時を、私は一度烏丸《からすま》通りで見たことがありましたが、真白い馬にお乗りになって真赤な陣羽織みたいなものを着、烏帽子《えぼし》を冠り、槍を担いだ新選組を従えて、馬のお口は近藤勇が取り、右手には例の虎徹《こてつ》とか云う刀を抜身《ぬきみ》で持っておりました。会津中将さんのお通りだと云うと、若い女の子はわれ先にと、表てに飛び出して行ったものですよ」

（『会津こぼれ草』昭和二十七年）

この本で益田は、「昔の人は話好き、いろんな話をしてくれた」と付け加えている。文中の「黒谷さん」は京の会津藩が最初の本陣にした大寺院、「真赤な陣羽織」は恐らく孝明天皇が容保へ下賜した緋《ひ》衣《ころも》のことであろう。

やがて京都守護職松平容保は、策略のうごめく京にあって、権威の象徴である御所の朝廷、権力の象徴である幕府二条城の間で苦しんだ。ついには、大政奉還によって退去させられ、王政復古大号令によって京都を追われ大坂城に向かう。

将軍徳川慶喜は、大坂城大広間で叫んだ。

「千騎没して一騎なるとも退くべからず」

戊辰戦最初の戦い鳥羽伏見戦争で敗走したが、幕軍、会津、桑名、新選組らの兵を振るい立たせた。

その舌の根もかわかない翌日の慶応四年（一八六八）正月六日、将軍は松平容保、松平定敬をひそかに目的も告げずに誘い、夜の大坂城を抜け出すのである。なぜ連れ出し江戸へ逃げ帰ったのか。

それを後年、徳川慶喜に直接聞き出したのが、旧桑名藩士江間政発（漢学者）という人物である。以下、『昔夢会筆記　徳川慶喜公回想談』より。

江間　あの時肥後守と越中守……、すなわち会桑の首脳を、そうとも何とも言わずにお連れ出しになりましたのは誠に……。

慶喜　あれは残しておけば始まる。

江間　それで越中守に、あの時貴方がなぜお帰りなすった、残念な話だと申しましたら、上様がちょっと来いとおっしゃいますから、何かお庭廻りでもなさるものと思って、兄（松平容保）と両人無頓着に御供をした、それっきり（大坂城の）桜門から八軒家……、というような話でありました。あれはもう会津はもちろん、旧藩では唯一人知っていなかったのでございます。

時は流れ平成二十二年、かつての京都守護職屋敷跡に当たる京都府旧本館の中庭に、ヤマザクラとオオシマザクラの珍種の桜が発見された。これを見つけた京都桜守として高名な佐野藤右衛門氏は、

「容保桜《かたもりざくら》」

と命名した。

平成二十四年四月、咲き盛る容保桜を囲んで観桜会が催され、名付け親の佐野氏、容保曾孫の第十四代松平保久《もりひさ》氏が対面する。

この年、松平容保の京都守護職就任から折りしも一五〇年、孝明天皇の深い信頼のもとに京都守護に努め、戊辰の戦乱で心ならずも京を石持て追われた会津藩主は、容保桜の名で復活したのである。

白虎隊弔歌「その名は世々に朽じとぞ」

慶応四年八月二十三日、一ヵ月の籠城が始まった。鶴ヶ城の外は皆敵である。

松平容保は平時、本丸内を御座所にしていたが、九月に入ると砲弾は絶えることなく撃ち込まれ、安全な場所でなくなった。

そこで砲弾の届きずらい天守閣の陰に当たる黒金門の内に藩公を移した。軍の下知はすべてここから発し、家老梶原平馬が常侍し、夜はそこへ寝具をのべて休んだ。川崎尚之助妻の八重が容保に四斤砲弾《しきんほう》を分解して解説したのも、この場所である。

戦況はますます利あらずだ。

九月四日、友軍米沢藩が降伏した。

九月十四日、敵に占領された小田山の小丘からの砲撃が、激しくなった。

この間、容保の心中は降伏に傾いていた。九月二十一日、家老はじめ諸臣へ降伏について諭している。

「遂に、領民一同塗炭の苦を受け、（中略）依って降伏謝罪、閑地へ引籠り在り、国民一同の儀は免れ候様、歎願奉り候」

（『松平容保公伝』相田泰三）

こうして戦争は終わった。

九月二十二日午前十時、降旗を追手門前に立てた。

九月二十三日午前十二時、追手門前甲賀町通りの路上に大毛氈を敷き、敵の軍監桐野半次郎に次の降伏書を呈した。

「臣容保、謹んで言上奉り候。（略）全く臣容保の致す所に御座候。臣、父子、家来共の死生、天朝の聖断を仰ぎ奉り候。早速開城待ち官軍御陣門へ降伏謝罪、寺院へ罷り居り罪を奉り候。源容保謹上」

無念の降伏式が終わると、容保と喜徳《のぶのり》の父子は一旦、城に帰り、藩祖歴代の霊廟を参拝し、家臣に対して長い戦いの苦戦辛労をねぎらい、城内の墓地を訪れて人びとの冥福を祈る香花を献げた。

それから容保父子は、城中病室で苦しむ傷病兵を見舞い、城兵一隊ごとに辛労を慰め、援軍郡上八幡隊には心から感謝した。

松平容保は会津藩士に訣別し、北追手門から駕籠《かご》に乗せられ、滝沢村妙国寺へ向かい、謹慎した。

城外で会津藩降伏を知った家老佐川官兵衛は、新政府軍に対して、

「民の財貨を奪い、罪なき民を殺し、奸賊にして王師にあらず」

と、激昂した。今日なお続く、会津人の気持ちである。

松平容保は、会津戦争を象徴する白虎隊の悲劇を思い、次の弔歌を遺した。

幾人の涙は
　石にそそぐとも
世々に朽《くち》じとぞ思う

敵への降伏書では謝罪し、この弔歌では会津藩の正義を詠んだ。容保は見事な面従腹背《めんじゅうふくはい》の意地を後世へ示したのである。

斗南藩権大属函館詰の辰野宗城

会津藩は幕末のあらゆる戦禍を含め、三〇〇藩中最大の死者を出した。

闘死。刑死。自害。戦病死。

その数は三〇〇〇人に達し、死者は戦場に打ち棄てられ、埋葬は禁止され、殉難という言葉さえ使用ができなかった。近年では埋葬禁止令など存在しないなどと一面的に語る呆れた研究者さえ出現しているから困ったものだ。会津戦争全体の記録をしっかり見よ、村々の伝承に耳を澄ませ。

およそ侵攻軍は、自らの非人道な戦後処理を自らの公式記録に残すはずはない。会津戦争における敵軍の愚かな非武士道性、非人間性は、東日本敗軍戦死者を合祀しない靖国神社本殿（霊璽簿奉安殿《れいじぼほうあんでん》）の戊辰戦争戦死者を選別する非宗教性に共通する。

この忌まわしい歴史を、勝者史観に基づいて「明治維新一五〇年」などと祝い事にして包み隠してはならない。歴史から学ぶべきなのは、戦争（原発事

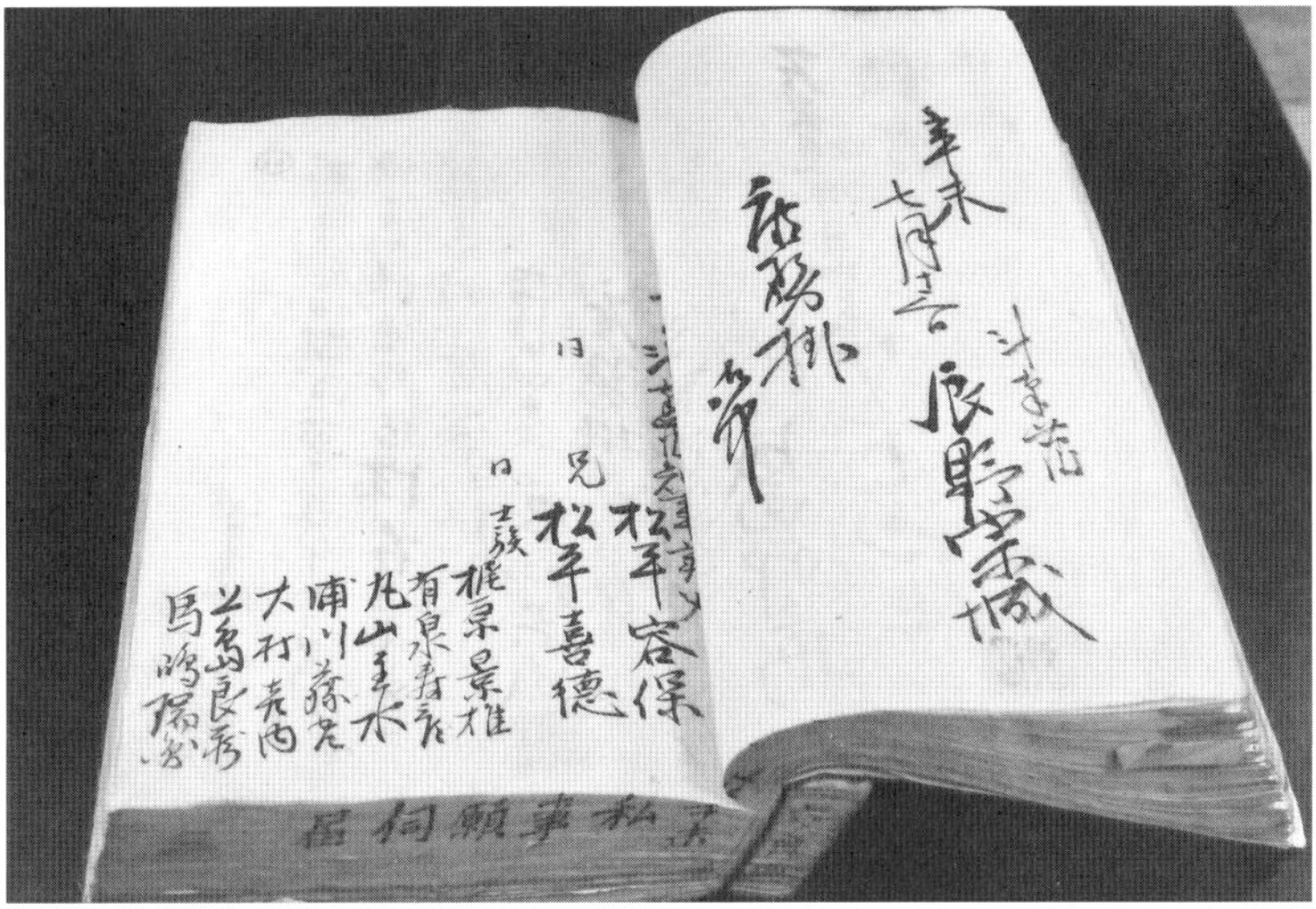
松平容保主従の北海道上陸を記録した「開拓使文書」（「国重要文化財」北海道立文書館蔵）

故も）とはひとたび事が起きると制御不能になるという経験である。

会津戦争後、松平容保父子は会津から東京へ護送され、容保は因州鳥取藩主池田慶徳《よしのり》邸に、喜徳は久留米藩主有馬慶朝《よしとも》邸に、それぞれ永預けとなった。これが解かれると、二人は、容保の実の子の斗南《となみ》藩知事松平容大《かたはる》に御預けの命令が下った。

明治四年七月十四日、イギリス蒸気船ハイホー号に乗船した容保と喜徳は、ひとまず函館港に着いた。この日は折りしも廃藩置県が断行され、のち斗南藩は斗南県（後弘前県→青森県）になった。

この七月十四日、側近が同行した。元家老梶原景雄（平馬改め）、有泉寿彦、丸山主水（シンガー・ソングライター矢野顕子の祖父）ら一〇人の家臣、それに大野英馬夫人の志のが随行し、一行は函館で和船に乗り換え松前城方面の大沢村（現松前郡松前町大沢）へ向かった。容保の目的は不明であるが、旧会津藩主として蝦夷地時代から続いた北海道への感謝と惜別のためであったろう（「開拓使文書」）。

開拓使への入港手続きは、斗南藩権大属で函館詰の辰野宗城《たつのむねのり》が行った。辰野は会津戦争では会津藩軍事方として、旧幕軍衝鋒隊を指揮、戦後は東京御搗《おつき》屋《や》（御春屋）で謹慎、斗南藩五戸村へ移住し、函館詰を経て小樽稲穂、札幌に転居し現中央区北三条東三丁目に住んだ（「辰野宗城履歴書」）。

旧主松平容保の北海道上陸を見守った辰野宗城は、明治十九年（一八八六）、北海道警察トップの座（道庁本庁警察本署長）に就いたが、その後の消息は不明である。

松平容保は、函館から海路で下北半島佐井に渡り、大畑を経て田名部《たなぶ》の斗南藩政庁だった円通寺に着き、玄関で三歳のわが子松平容大が出迎え、容保と喜徳は下座から挨拶した。このときの容保は、

「おいたわしい光景であった」

と語り継がれている（『斗南藩史未定稿』）。

容保に六人の男子があった。

〔養子喜徳〕　第十代会津藩主。徳川慶喜の末弟。

〔長男容大〕　会津若松大龍寺で出生。斗南藩三万石知事、貴族院議員。

「二男健雄《たけお》」　久能山東照宮宮司。健雄の二男勇雄は参議院議員、福島県知事。

〔三男英夫〕　旧長州藩士、伯爵山田顕義家の家督相続。

〔四男恒雄〕　英米大使、宮内大臣、初代参議院議長。恒雄の長女節は昭和三年、秩父宮勢津子妃となる。

〔五男保男〕　十二代会津松平家。十三代松平保定、昭和天皇祭官。十四代松平保久氏、現在。

明治二十六年（一八九三）十二月五日、松平容保は波乱の生涯を自ら誰にも語らず閉じた。五十九歳だった。

会津若松の院内松平家墓域に歴代会津藩主と共に深い眠りの中にある。

第六章

明治時代

大庭　恭平
加藤寛六郎
日向　ユキ
丹羽　五郎
穴沢　祐造
大竹作右衛門
西　　忠義
武田　惣角
関場不二彦

大《おお》庭《ば》恭《きょう》平《へい》

—反幕反薩長、会津異端の思想家

札幌の校長先生第一号
無事を嫌い詭激《きげき》を好む
書は風の生ずるが如し
—『幕末会津志士伝』「大庭恭平」より

◇生没年＝天保元年（一八三〇）一月九日～明治三十五年（一九〇二）一月四日。

◇経歴＝鎌倉武士大庭氏の系譜、北条氏遺臣、会津藩仕官。幕末は京都守護職先遣隊、会津藩公用方、御密御用の御聞番。通称は恭平、実名は景範、後に大庭機《き》を正称。号は松斎《しょうさい》、変名は秦《はた》要助。学問に秀れ漢詩集『松斎遺稿』、書家、剣客、論客、酒豪。母は会津藩士大庭氏の娘、父は南部藩士正吾弘訓の二男。京で足利将軍木像梟首《きょうしゅ》事件に連座。五ヵ年間投獄。会津戦争を旧幕軍衝鋒隊副隊長として戦う。会津松平家家名再興の功労者。斗南《となみ》藩少属、田名部《たなぶ》在勤。妻きせ、長男一精。きせの実弟は白虎士中《しちゅう》二番隊の鈴木源吉。

◇北海道の足跡＝資生館《しせいかん》初代館長（札幌の校長先生第一号）。室蘭《むろらん》で没。

司馬遼太郎『猿ケ辻の血闘』の間違い

大庭恭平は「スパイ」でも「テロリスト」でもなかった。

尊攘運動が激しかった文久三年（一八六三）の二月二十三日、京三条大橋下の鴨川畔に室町幕府三代にわたる三つの木像首が晒され、この不気味な光景に京は騒然とした。

世に「足利三代将軍木像梟首事件」の名で知られ、これが京都守護職時代の会津藩が遭遇した最初の事件であり、事件が奇怪なだけに歴史小説の恰好のモチーフになった。

事件に連座した会津藩公用方の大庭恭平は島崎藤村『夜明け前』ではスパイとして、司馬遼太郎『猿ヶ辻の血闘』ではテロリストとして扱われる始末だ。両作品とも、推測による見込み違いの歴史作品になったことを、ひとまず断言しておこう。

事件のあらましは、次の通りである。

　二月二十二日の深夜、一味は洛西の等持院に押し込んだ。天龍寺の塔頭《たっちゅう》として知られ、寺院名は足利尊氏《たかうじ》の院号「等持院殿」を取り、作家水上勉が寺小僧として働いたのは等持院・瑞春院で、水上の直木賞受賞作『雁の寺《がんのてら》』は両寺院をモデルにしたことで有名になった。

　木像首事件の一味は、この等持院霊光殿から室町幕府の初代将軍足利尊氏、二代義詮《よしあきら》、三代義満《よしみつ》の座像の首だけを引き抜いて盗み出す。

　一味は、徳川の世の幕府政治に不満を持つ国学者平田篤胤《あつたね》没後の門人たちである。中心になったのは、

大庭恭平

首が引き抜かれた足利尊氏木像（京都等持院霊光殿）

角田《つのだ》忠行（後に熱田《あつた》神宮宮司）はじめ、神官、浪士、商人、会津川口村の医師志望の長沢真古登《まこと》ら平田門人が十人、非門人は大庭恭平一人だった。

　翌二月二十三日朝、木像首を鴨川の三条河原に晒し、罪状を記した捨札は書家の恭平が書いた。

「鎌倉以来の逆臣、この三賊は巨魁」

などと、やや長文にして書いた。

　尊王家の恭平は捨札に、「尊氏」と書かず元の名の「高氏」にした。尊氏とは天皇から賜った名であったからだ。

　木像首事件は、古《いにしえ》の足利将軍に名を借りて、「徳川将軍よ、今にお前の首も晒すぞ」という尊攘激派のデモンストレーションは衝撃的であり、昭和初期に島崎藤村、中期に司馬遼太

郎がモチーフにするのは無理もない。

藤村の長編小説『夜明け前』は、藤村実父のいわばルーツの小説である。この父子の故郷は信州木曽馬籠《まごめ》、父親は平田門人、木像首事件に加わらなかったがシンパで、木像首事件の実行者を父親の土蔵に匿《かくま》ったと、小説は設定している。

だから小説の冒頭は「木曽路はすべて山の中である」で始まるが、この舞台は藤村のフィクション世界である。小説は戊辰戦争勝者の立場にあった平田門人が、夢と理想に挑んだが、その後、主人公（藤村実父）は「明治維新」に絶望し、小説でも実際でも挙句は発狂して死ぬ。

作中で恭平の扱いは、素っ気なく、「会津探偵方」の裏切り者扱い、平田門人は一人ひとり克明に描いたが、恭平は名前さえ登場せず、藤村は真実を探らなかった。藤村らしくない。

先年、本当の平田門人アジトを訪ねてみた。ここに木像首事件を主導した角田忠行が京から逃亡し、尊王家で平田門人の倉沢義随の家に匿まわれた。アジトは現存し、場所は長野県辰野町、信州伊那路である。

ご当主倉沢義夫氏（北海道大学出身、元信州大学理学部長）は、いかにもアジトにふさわしい当時の家に居を構えている。藤村実父の書、平田門人の書、会津人長沢真古登の短冊などをご開陳していただき、地酒「夜明け前」の美酒を飲みながら話は弾んだ。

「――僕の青春のふるさと札幌からよくお越し下さいました（中略）学部長のころは学生運動が激しくてね。全共闘にいじめられましたよ（笑）」

「先生、平田門人も全共闘も同じですよ（笑）」

「言われてみたら、その通りだよ」

そんな雑談を交わしているうち座がなごみ、倉沢氏は秘話を語り出した。倉沢家代々が住む土地は元高遠藩領、会津藩発祥地である。江戸時代の初期、倉沢家先祖の長男はここ高遠から保科正之《ほしなまさゆき》に随従して会津藩士になり、二男は高遠に残った。

「僕は二男系です。平田門人の子孫もよく来ますが、そのときは会津は国賊だという話になる。ところが僕の倉沢と会津の倉沢は、幕末のころも親しくしておりましてね。会津は大切なんですよ」

胸の熱くなる秘話である。

倉沢義夫氏は『敬祖崇祖　倉澤義随家五代の記録』三部作を出版し、先年逝去された。

また司馬遼太郎は短編『猿ヶ辻の血闘』で、大庭恭平を主人公に据えた。京都入りした恭平は宿の女に、「わしが会津藩士であることは他言して下さるな」などと描く。

　タイトルの猿ヶ辻事件は、文久三年五月三十日の姉小路公知暗殺事件である。人斬り新兵衛こと薩摩の田中新兵衛が実行犯とされるが、真相不明な迷宮入り事件になっている。このとき恭平の身柄は拘束されていたから、事件にまったく関与できない。この司馬短編は、テロリスト恭平が自ら命を絶って苦悶の人生を清算したところで終わる。

『猿ヶ辻の血闘』は松平容保《かたもり》をテーマにした『王城の護衛者』と共に会津二大作品になるが、惜しいことに恭平作品は埋葬地も事件もタイトルも何もかも思い違いが書き込まれ、「大庭恭平」という人物名だけが正しい。しかし作品は、恭平ファン、会津ファン、司馬ファンに愛読されているから困惑してしまう。

　実在の大庭恭平とは、いかなる思潮のどんな人物だったのだろう。

政見を正直に主張した大庭恭平

会津藩士は概して政局を語らなかったという記録があれば、それに反して松平容保は公用局では「討論」という言葉を用いて、自由な発言を督励したとする記録もある。実際はいかなる傾向だったのか。

　次の記録は、大庭恭平が持論にしていた「復古論」「政見」を正直に主張している姿だ。いずれも同時代の会津藩士の証言である。

「我が藩士政見を語らず、独り恭平のみ語る」（広沢安任《やすとう》の兄安宅《あんたく》『幕末会津志士伝』）

「一意見《いちいけん》を持つ人物」（山川浩編『京都守護職始末』）

「正直な人、持論は復古論」（京都守護職先遣隊の柴太一郎『史談会速記録』）

恭平は自らの信条を、会津藩の秩序に拘泥されることなく、自由に語っていたことを伝えている。行動もそのようにした。

　例えば土佐勤王党平井収二郎（龍馬初恋人お加尾の兄）の『隈山《わいざん》日記』に見える文久二、三年の日付をめくると、大庭恭平がひんぱんに平井と接触していた様子が分かる。

　この日記の文久三年正月十二日付、木像首事件の一ヵ月ほど前に、平井は会津本陣で松平容保と会い、議論を交わした。その日の次の一行は見逃せない。

「会津侯に謁し攘夷を論ず」

容保は黒谷会津本陣に土佐の一藩士を招いて対話していた。これが容保が常に唱えていた「言路洞《げんろどう》開《かい》」（対話）の実際の様子である。この場を取りもったのは恭平であろう。

木像首事件の直後、恭平は松平容保の御前で事件の顚末、自分が実行者であることを報告したところ、容保は言葉を失った。

容保は、恭平と平田門人の振る舞いを許さなかった。捕縛を指示した。それを察知した恭平は平田門人に追手の来ることを知らせ逃亡を促したが、平田一門は逃亡に成功したものがあったが、多くは捕まった。それにしても、主君に報告し一方で逃亡を促す、恭平は主君への忠義、同志への義理に呻吟し二律背反の不可解な行動を取った。

はっきり言えることは、身分を隠す密偵としてでなく正々堂々と会津藩士を名乗り、またミイラ取りがミイラになった訳でなく、反幕復古論（尊王論）を行動に移した事件であったことは確かである。

事件の実行者は、みな厳罰が京都町奉行によって下され、恭平と国学者師岡正胤《もろおかまさたね》（後に二女千代子は幸徳秋水妻）の二人は、武装兵二五〇人に囲まれ京都から信州上田藩に護送され、幽閉地に向かった。

それにしても護送の道中警備の二五〇人は、大変な数である。それほど平田門人は膨れ上がり、会津人の平田門人は前述の長沢真古登（本名栗城文次）、ほか会津商人数人が密盟者として名を連ねた。

恭平三十五歳、漢詩「獄に下る途中の作」（『松斎遺稿』）は、罪人籠《かんしゃ》（檻車）に揺れながら詠んだ堂々たる詩である。以下は読み下し文。

君恩深きこと海に似たり
臣命一毫《いちごう》軽し
復《ま》た心に関る事無し
檻車夢を載せて行く

松平容保への惜別の漢詩のようである。意味するところは「主君の恩は深く、拙者の命は一本の毛のように軽い。もう思い残すことは無いけれど、檻車は拙者の夢を乗せて行く」であろう。

上田に五ヵ年幽閉され、母親が慰問した。恭平は会津藩の幕末動乱期を知らず、特赦で自由の身となるのは、戊辰戦争開戦の直前のことである。

身柄は松平容保に引き渡された。容保は恭平のことを忘れずにいて、会津藩軍事掛として旧幕軍衝鋒隊の客将副隊長に任じた（「大庭恭平履歴書」は隊長とある）。

明治政府を動かした大庭恭平

慶応四年（一八六八）秋、大庭恭平は会津戦争では薩長軍勢と激しく戦い、大暴れした。

○旧幕軍衝鋒隊副隊長として山野で猛戦。

○旧幕軍遊撃隊長坂本平弥の横暴を許さず刺殺。
坂本の酒・女・金・敵軍内通を許さず、江戸桃井道場の剣豪坂本に誰も物言えずにいたところ恭平が手を下した。

○白虎隊十九士の甥っ子鈴木源吉自害、この少年は妻きせの弟。

○庄内から謹慎地高田へ向かう途中、敵軍の脱刀命令を頑迷に拒否。

○高田城下の謹慎所を脱走。

恭平はあらゆる場面で暴れまくった。

戊辰の年が明けた明治二年（一八六九）、恭平は高田城下の謹慎所真宗寺境内の林西寺を脱走し会津へ向かい、会津城下にいた岩代国巡察使ナンバー2の岡谷繁実《おかのやしげさね》に面会を求めた。

恭平は謹慎所を脱走したお尋ね者になっていたから、新政府方の岡谷は会うはずがない。幸い岡谷は館林藩《たてばやし》（群馬県）の勤王家で恭平と旧知の仲だったので面会に応じてくれた。

このときから、恭平単独による会津松平家の家名再興工作が始まった。恭平は岡谷に次の提案をしてみた。

「城下で会津藩士による暗殺など不穏な動きが広まっているらしいが、容保公の長男慶三郎君《ぎみ》（容《かた》大《はる》）を取締責任者にせよ。さすれば会津の治安はすぐ回復する」（諸記録を意訳）

会津の治安維持に苦しんでいた岡谷は、恭平の妙案をただちに実行すると、不穏な動きはたちまち治まった。これは岡谷の回想談である。

恭平の進言に感服した岩代国巡察使筆頭の公家四《し》条《じょう》隆平《たかとし》と岡谷繁実の両人は、太政官（明治政府）に出頭し、恭平の意を体して岩倉具視へ、「会津松平家家名再興」「猪苗代五万石の領地」について建白した。

このような経緯を踏んで松平家は再興し、新藩は猪苗代でなかったが斗南立藩が実現した。このことに関する恭平自身の記録は見当たらないが、明治二十七年（一八九四）一月二十二日に岡谷繁実が「旧藩事蹟取調所」という公の席で、大庭恭平の思い出を語り、次のように明言した。
「大庭は会津家のために大いに功を奏したる者であります。この保証は繁実が致します」（『史談会速記録』）
誠の功臣は黙して自ら功績を語らず、ここに大庭恭平の会津武士道の真骨頂ありと見る。

大庭恭平の西郷隆盛三題

［その一、恭平の庄内潜伏先に隆盛参上］　明治元年（一八六八）九月二十六日、庄内藩が降伏すると、薩摩の黒田清隆に同行して西郷隆盛も庄内鶴ヶ岡城へ入城した。このとき会津藩士の一団が在城していたが、あわてて城を退去し、領内丸岡村へ逃れた。

そのときの会津勢とは大庭恭平と南摩綱紀ら小グループであり、恭平は村の肝煎《きもいり》小林宇之吉家に潜伏し、南摩綱紀は村の天沢寺《てんたく》に潜伏した。それも束の間、再び西郷と黒田が村へ現れた。天沢寺境内に由緒ある清正公墓《せいしょうこう》（加藤清正墓）のあることを知り、参拝に来たのである。恭平たちは再びあわてて、あっという間に姿を消したという。

この地域に伝えられる「隆盛参上」「金玉《きんたま》が大きくて乗馬できない西郷」「会津藩士の潜伏」の逸話は、今日でも語り草である。

恭平たちはこの村から、謹慎地の越後高田城下へ送られる。なお天沢寺の現住職庄司良圓《りょうえん》師は、ヒット映画「たそがれ清兵衛」に僧侶役で特別出演した。

［その二、恭平の隆盛漢詩］　恭平は士族反乱で露《つゆ》と消えた長州の前原一誠《いっせい》、西南戦争で自決した西郷隆盛を例にあげ、忠臣が一転して逆臣になってしまう運命のはかなさを考え込み、漢詩にした。次は恭平『松斎遺稿』の読み下し文。

朝《あした》には忠臣となり暮《くれ》には逆臣
一誠　隆盛　彼何人《なんびと》ぞ
誰《たれ》か知る　東海　牛を牧《やしな》ふ意
即ち是西山《これせいざん》に世を避くるの民

奥の深い詩だ。忠臣から逆臣へ、これを蓮如《れんにょ》上人「白骨の御文章」の無常観、死生観に重ねて恭平は詩にした。「牛を牧ふ」は牧場を開いたかつて会津藩公用方同僚の広沢安任、「西山」は中国の西山のベジタリアン、いずれも浮世を逃れて自然回帰した人びと。

「隆盛、彼なんびとぞ」は「恭平、彼なんびとぞ」と、己れ自身を問うたようにも映る。
［その三、恭平一族から隆盛嫡男の西郷寅太郎へ嫁ぐ］ 恭平の兄大庭七郎景賢の孫娘（園田ノブ）は、西郷隆盛の嫡男寅太郎の妻になった。馴れ初めは不明、ノブは大正十二年（一九二三）没。寅太郎、ノブの息子は第一次・第二次佐藤内閣法務大臣の西郷吉之助である。

以上、会津大庭一族山野恵利子氏、隆盛直系西郷吉太郎氏、園田元彦氏に聴いた。

貴人や高官に動ぜず

明治四年（一八七一）七月、斗南藩は廃藩置県により、二年余りの短い歴史の幕を閉じ、斗南藩小属刑法掛の大庭恭平は、田名部（現青森県むつ市）から札幌へ渡ってきた。

この年の十月二十六日、開拓使が札幌初の官立学校「資生館」を創立すると、大庭恭平は名を「機」と改めて心機一転、資生館初代館長として赴任した。

これぞ札幌の晴れがましい校長先生第一号の誕生になった。現札幌市立資生館小学校の前身校に当たり、開校記念日は当然ながら十月二十六日である。校舎は都心のススキノにある。

同じ明治四年、恭平の同志だった平田門人長沢真古登が旧会津城下で何者かに暗殺された。墓は会津若松市内にあるという。

大庭はその後、明治六年（一八七三）に若松県出仕、弘前県、秋田県の官吏として在勤し、新潟裁判所の判事補になった。新潟では、新潟県議会議長坂口仁一郎《にいちろう》（五峰、無頼派作家坂口安吾の父）の詩友として交流を結んでいる。

明治十五年（一八八二）、再び北海道に渡り函館県警察部兵事課長となり、箱館戦争戦死者を慰霊する碧血《へきけつ》碑を参拝し、漢詩を詠んだ。このころ恭平は明治政府の内命を受けて、旧会津藩士広沢安任を北海道開拓長官にするため出馬を乞うたとされ、広沢は「野に在りて尽す」と応え、断られたとされている（岡田益吉『東北開発夜話』河北新報社）。

函館には、大庭の信奉者がいた。会津出身の商人五十嵐治太郎は、大庭の漢詩集『松斎遺稿』を編み、五十嵐は大庭へ愛情を込めて「奇行伝の一大冊子を成すべきなり」とまえがきに記し、次の大庭詩も収録する。

迂老《うろう》は近来苦《はなは》だ事《こと》無《な》し
盤根錯節《ばんこんさくせつ》を辞するを須《もち》ひず

平易に訳すと「この老いぼれは近ごろ暇だから、入り組んだ紛争も辞退はしない」という意味だから、老いてますます痛快な人物だった。

現職のころはもっと凄まじい。高慢な県知事に鉄拳を食らわし、上司を拘引して暴れまくった。それでも大庭にはよき理解者があり、大庭の行動パターンを次のように称えている。

「貴人や高官であっても、誹《そし》り非難して少しも容赦しない。人の難儀には急いで赴き、強きを抑《おさ》え弱きを扶《たす》け、怨《うら》み嫌われても構わない」（井口一眠『函館游寓名士伝』明治二十五年）

この純真な心意気で生涯を貫いた大庭に、拍手を送りたい。

明治の世も落ち着いてくると、木像首事件の立て役者は、

「木首連《もくしゅれん》」

と呼ばれて人気を集め、大庭もあちらこちらで書を求められた。書幅が会津、斗南、札幌、函館に多く現存し、旧会津藩士馬島瑞園《ずいえん》は松平容保や大庭の書を選定して上野の帝室博物館（現東京国立博物館）に収めるほどの人気ぶりだった。大庭の運筆は一流派を成すほどだったという。

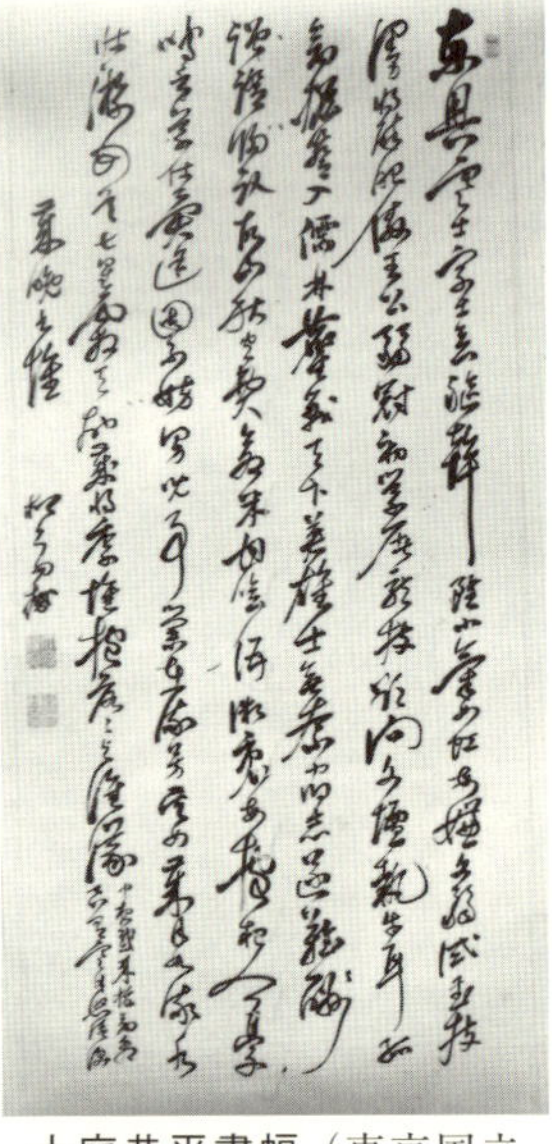
大庭恭平書幅（東京国立博物館蔵）

明治三十二年（一八九九）、旧斗南藩領に居を構えていた大庭恭平の別家筋の家に、男児が生まれた。この家では一族が輩出した恭平の名声と豊かな学識にあやかり、迷うことなく、

「大庭恭平」

と、同姓同名にして命名した。大庭恭平が二人いたのである。しかし残念なことに生後まもなく逝去し、一家は「名前負けさせてしまった」と悔んだ。

右のように話してくれた現当主の大庭紀元《のりもと》氏（元南部中学校長）は三八《さんぱち》斗南会津会（三戸町・八戸市）の副会長であり、斗南会津史研究家として知られ、各地の会津藩史跡を歴訪しておられ、著作に『三戸斗南残照』がある。

明治三十五年（一九〇二）一月四日、大庭機こと大庭恭平は北海道室蘭のみすぼらしい伏屋《ふせや》で波高い

生涯を閉じた。七十三歳だった。

会津藩旧臣に、「無事を嫌い詭激を好む」人物として知られ、権力や権威に決して動じなかった豪快な逸話の裏には、きっと孤独と悲しみがひそんでいたに違いない。恭平が死んだとき、既に一粒種の長男一精には先立たれ、妻きせは会津若松に去り、離別していた。

晩年の境涯が偲ばれてならない。死後、どこに埋葬されたのか、アウトローの墓はどこにあるのか、それすら分からない。

［参考文献］
徳田武『幕末維新の文人と志士たち』ゆまに書房

恭平兄系譜の大庭家墓（東京雑司ヶ谷霊園）

加藤寛六郎《かとうかんろくろう》

―警視抜刀隊から第二代札幌区長に

田原坂の戦い

田原坂《たばるざか》の激戦は続いたが、薩軍の斬込出現によって、山県参軍より進軍を命じられ、参軍自ら「警視抜刀隊」と命名す。五郎は加藤寛六郎警部と二十名を率い抜刀左塁を斬込み奇捷《きしょう》を奏し、加藤警部は足部を負傷せり。

―塩谷七十郎『錦絵でみる西南戦争』より

◇生没年＝嘉永二年（一八四九）五月二日〜昭和十五年（一九三五）六月十三日。

◇経歴＝会津藩士。号は六石。猛将佐川官兵衛隊に属し鳥羽伏見戦争、会津戦争を戦う。加藤与一郎長男。斗南《となみ》藩田子《たっこ》村移住、三本木小学校、青森中学校教師。警視庁警部、千葉警察署長、警視庁復帰。郷里会津の各界で活躍した。

◇思案橋事件＝政府転覆を企てた旧会津藩士は、千葉警察署長加藤の武装蜂起を期待した。

加藤寛六郎

◇西郷軍と戦う＝警視抜刀隊として西南戦争参戦。
◇北海道の足跡＝北海道庁札幌支庁長、上川支庁長。
第二代札幌区長、札幌時計台保存に尽力した。

土方歳三から直接聞いた話

会津藩士加藤寛六郎は、鳥羽伏見戦争、会津戦争を戦った。戦後、会津で活躍した人物だから、寛六郎の語った秘話は歴史に埋もれることなく、会津人が伝えた。

特筆すべきは、鶴ヶ城中で土方歳三の口から直接聞いた次の話である。

慶応四年（一八六八）、江戸無血開城で土方は江戸、北関東、東北へと大軍を率いて会津入りを果たした。既に新選組局長近藤勇は江戸板橋宿で斬首され、土方は盟友を失っていた。

会津若松市の天寧《てんねい》寺には、近藤勇の大きな墓碑が現存している。誰が建てたのか？ 誰が表面に刻まれた戒名を授与したのか？ その疑問について会津戦争正史『会津戊辰戦史』は加藤寛六郎の話を掲載し、貴重な秘話を今日に伝えた。

「会津東山村天寧寺に近藤勇の石碑あり、正面には貫天院殿純忠議義居士、側面には慶応四戊辰四月二十五日俗称近藤勇藤原昌宣《まさよし》とあり、是土方歳三が建てしものなり、勇が頭又髻《もとどり》を埋めしと云ふ説あれども、短日月の間に、頭若《もし》くは髻が土方の手に入ると云ふは信ぜられず、確証なき限りは、招魂碑と見るを可なりとす（注・ただし若松市長松江豊寿は近藤首塚説を裏付けるメモを残した）、又法名は我が公（松平容保《かたもり》）の賜ふところなるを加藤寛六郎氏が城中に於て親しく土方歳三の語るを聞けりとの話あり」（昭和八年）

この本は加藤寛六郎の存命中に刊行され、天寧寺裏山の小高い所には、近藤墓碑と左側に土方歳三慰霊碑が並んで建ち、参拝者が後を絶たない。

会津戦争後、加藤寛六郎は斗南藩田子村（現青森県三戸郡田子町）へ移住し、三本木小学校（現十和田市）、青森中学校の教師を務めた。

その後寛六郎は東京に出た。明治八年（一八八五）、警視庁警部補に任ぜられたのを振り出しに、千葉警察署長へ転じ明治九年、萩の乱に呼応して旧会津藩士による思案橋事件が起きた。このとき会津勢は署長だった寛六郎の武装蜂起を期待したという。

直後、加藤寛六郎は警視庁警部へ復帰した。

明治十年（一八七七）、鹿児島県士族を中心に政府への不満が充満していた。西郷隆盛は帰郷して私学校を興し、生徒は西郷を擁して挙兵し熊本鎮台を包囲したが、政府軍に鎮圧され西郷ら指導者の多くは自刃した。

この西南戦争は、明治初年代の士族反乱のうち最大にして最後のものになった。旧会津藩からは新政府軍側として、元家老佐川官兵衛、山川浩、元白虎隊士、元斗南藩士藤田五郎（旧新選組）、北海道からは琴似《ことに》屯田兵、山鼻《やまはな》屯田兵が出征した。

中でも田原坂の戦いは、激戦中の激戦になった。三月三日から薩軍抜刀斬り込みの猛威によって、政府軍は進めない。政府軍は抜刀斬り込みの決死隊を募集し、旧会津藩の志願者が多かった。応募者の中から剣の達人一〇〇人を選抜し、山県参軍はこれを「警視抜刀隊」と命名する。田原坂の激闘は両軍から多くの戦死者が出たが、警視抜刀隊の加藤寛六郎は生還し、この戦いから二つの歌が生まれた。

軍歌「抜刀隊」〽我《われ》は官軍我が敵は……（学徒出陣壮行の際の行進曲に用いられ、軍国主義を象徴する軍歌として知られる）。

民謡「田原坂」〽雨は降る降る人馬は濡れる越すに越されぬ田原坂……（哀調切々、今日に歌い継がれる）。

寛六郎にとって薩摩の英雄西郷の軍はかつての敵、攻める政府軍首脳はかつての敵、心が葛藤する戦いだった。また敵味方の両軍に分かれて交戦した旧薩摩藩士にとっても慨嘆は同じであった。

田原坂で足部に重傷を負った加藤寛六郎は、学問に秀れ漢詩をよくしたので警視庁を離れ、教育界の仕事に就いた。

土佐男「会津の若者は手綱わい」

時は流れ明治十六、七年頃、加藤寛六郎が高知県学務課長兼高知県師範学校長を務めていたときの話である。

高知県令（知事）と一緒に出張先へ向かった。県令は駕籠《かご》で、寛六郎は徒歩だった。道中、茶亭で休んでいると、土佐男が大瓢箪《おおびょうたん》から貝殻の一合余りも入る盃に酒を飲み、その貝殻を寛六郎にさし出して、「お若いの酒をあがらんか」と言った。寛六郎は一気に飲み乾して返盃、県令は酒豪だから三盃まで飲んだ。

寛六郎はその大瓢箪が実に立派だったので、「何かいわれがありそうだから伺いたい」と尋ねると、男は「これには大いにいわれがあるからお宿へ行ってお話しよう。私は刈谷馬狂と言う者だ」と名乗り、高らかに詩吟しながら行ってしまった。

その晩、男は寛六郎の宿を例の大瓢箪を携えて訪ね、大瓢箪は会津戦争における分捕品であると語り、寛六郎は元は会津藩士であると名乗った。刈谷は大いに酔いしれ、戊辰戦争の話をしきりに繰り返し、「会賊、会賊」としきりに放言する始末だ。

温厚な寛六郎も「会賊」の語がはなはだ耳障りに感じ、男に向かってやり返した。

「吾が会津は決して賊に非ず、伏見の変は薩兵より打ちかけられ故、武士の意気応戦して負けた故……」（『会津会々報』）

男もなかなか、だまらなかった。県令の仲裁でようやく座は鎮まり、仲直りの宴が続き、男は「会津の若者は仲々手綱《てご》わい」とつぶやいたという。

時は移ろい明治三十二年（一八三九）、道都、北都、札都と呼ばれるようになった札幌に、「札幌区」（札幌市前身）が誕生し、官選区長が任命された。

初　代　対馬嘉三郎　旧弘前藩士
第二代　加藤寛六郎　旧会津藩士
第三代　青木　定謙　秋田県警部出身
第四代　阿部宇之八　滝本五郎の子、徳島県出身
第五代　佐藤　友熊　薩摩出身

加藤寛六郎は第二代札幌区長として、明治三十五年（一九〇二）から三十九年までの四ヵ年在職し、札幌時計台の保存に力を尽くした。

その後、福島県農工銀行頭取、福島県商業会議所頭取、会津藩祖土津霊神社殿整備、松平家家政顧問を務め、居を東京に移して悠々と晩年を送った。

［参考文献］
高橋哲夫『明治の士族　福島県における士族の動向』、塩谷七十郎『錦絵でみる西南戦争　西南戦争と福島県人』、いずれも歴史春秋社

日向《ひなた》ユキ

―いつまでも「お八重さん」と呼んだ幼なじみ

新島八重の幼なじみ
高木のお婆さんからお針仕事を習った。何でもよく出来る偉い人であった。その頃、山本覚馬の妹のお八重さん（新島襄夫人）も高木に来て、一緒にお針を習った。お八重さんは六つ上であった。
―ユキ談『萬年青《おもと》』内藤芳雄より

◇生　没　年＝嘉永四年（一八五一）五月十五日～昭和十九年（一九四四）十一月九日。
◇経　　歴＝会津藩町奉行日向左衛門、チカ二女。継母は秀。本名はユキ、よし子、芳子。山本覚馬の妹八重の幼なじみ。会津戦争で父、兄を失う。斗南藩野辺地村《となみはんのへじむら》へ移住。
◇北海道の足跡＝明治五年（一八七二）、開拓大主典雑賀重村《さかんさいかしげむら》の世話で開拓使内藤惣十郎兼備《けんび》と札幌で結婚、札幌市中央区大通東七丁目の自邸で他界した。
◇ユキの孫内藤普＝学徒出陣（日本大学）の際、ユキ従弟の陸軍大将柴五郎から「武運長久」の書が届く。生還し昭和二十六年スイスダボスの世界スピードスケート選手権大会五〇〇メートルに挑み優勝、国民的ヒーローになった。北海道新聞社運動部長、スポーツ記者として健筆をふるう。

少女時代の幕末会津

会津で少女時代を過ごした日向ユキは、後に明治五年から他界するまで札幌で暮らした。新島八重の幼なじみである。

二男内藤芳雄は母ユキのズバ抜けた記憶力に感心し、少女の眼から見た幕末会津の思い出を克明に聞き取り、これを『萬年青』と題しまとめた。ユキは年中、青々としている観葉植物の萬年青が好きだったから、この題にしたという。

昭和十九年（一八四四）、九十四歳でユキは他界し、成長した子供や孫たちは口々に、こう語った。

「おばあさまは、札幌在住の最高記録でないかと思ふ」（『萬年青』）

札幌市里塚《さとづか》霊園に眠っている。

平成二十五年、大河ドラマ「八重の桜」が放映されると、ユキは主人公八重の幼なじみとして脚光を浴び始める（ユキ役は人気タレント剛力彩芽）。またユキ墓（内藤家墓）に参拝者が増えたのは申し上げるまでもない。

『萬年青』が記しているユキの記憶力は、圧巻である。例えば、京都の会津藩士が帰国し、会津の子供に伝えたと思われる次の「数え歌」に注目しよう。

〽一つとや一人の知りたる会津様
　葵《あおい》で京都の御守護職〱こと厳重に

これは他の記録のどこにも見当たらず、この数え歌をユキは二十番まで覚えていた。

次に『萬年青』を拝借し、ユキの生涯を素描する。ユキは鶴ヶ城西出丸に近い米代三之丁の屋敷で生まれた。日向家は四〇〇石取りの武士であったから屋敷は大きく、邸内に十一ヵ所の部屋、堀から流れる水を活用した滝、庭に築山《つきやま》、柿や林檎の木があり、また仲間《ちゅうげん》や若党《わかとう》の住む長屋もあり、馬は一頭いた。

この日向屋敷の隣家（背中合わせ）の米代四之丁に住んでいたのが砲術家山本覚馬の妹八重（後に川崎姓、新島姓）である。

父は日向左衛門、母はチカと言い、この母の妹千重は家老西郷頼母《たのも》に嫁ぎ、会津の戦いでは邸内で自決した。チカは早くに病没し、ユキは継母の秀に育てられ、兄弟や従兄弟も多く、陸軍大将柴五郎、外交官アーネスト・サトウ秘書官野口富蔵、白虎隊飯沼貞吉はみなユキの従兄弟である。

まだ会津が平和だったころ、楽しかった盆踊りの様子を伝え、紺屋町の盆踊りはにぎやかで翌朝近くまで次の歌詞で踊った。

〽いやー　盆の十六日は蓮《はす》の葉もひらく
　子持ち女も　サ、テー　出て踊れ
　　ハア　ドッコイ〱

会津藩士も仲よく踊りの輪に加わった。

「通りには編笠に覆面をし、大小を落《おと》し差しにした士《さむらい》も入って居たのも見た」（『萬年青』）

のどかな時代は続かず、ユキ十八歳のとき戦争が始まり、ユキの家も八重の家も焼かれてしまった。

大町の竹藪の中に父の亡骸

会津藩の危急存亡を賭けた鶴ヶ城籠城戦では、男まさりの八重は男装して入城した。ユキは城へ駆け付けるが既に城門は閉ざされ、入城できず御山《おやま》へ避難した。

八重二十四歳、ユキ十八歳の秋の日のことである。

城に入れなかった祖母、継母、ユキ、妹りん、弟の新四郎と新五郎の六人は弾丸の下をくぐり、御山在の肝煎《きもいり》伝吉という百姓家へ避難した。
父の日向左衛門は大町口の城門付近に出陣していた。乗馬の馬が脚を撃たれ、馬から下りて戦っているうちに負傷し、切腹した。
ユキが父の変わり果てた亡骸を発見するのは、遺体埋葬が禁止されていたので、次の年の春になってからである。大町の竹藪の中に入ってみると、日向の紋の付いた羽二重《はぶたえ》の着物が目の中に飛び込んで来た。
「（ユキは）驚いて棒切れで寄せて見たら、上顎の骨が出て来た。よく見ると前の上歯の重なった特徴もあり、又野袴の浅黄縮緬《ちりめん》の紐に絡んだまゝのがあって、確かに見覚えがあった」（『萬年青』）
ユキは急いで継母秀のいる御山へ行き、会津若松まで来て確認してもらった。
「相違ないといふことであった。身内のもの丶血を骨につけると良く滲むといふことなので、念の為め指先を切って血をつけて見たら、よく滲み込んだ」（『萬年青』）
ユキたちは、父の亡骸であると確認した。

兄新太郎は、腰を撃たれ、更に肩を撃たれ、配下に介錯を頼んだ。首級は、犬がくわえていたという話をユキは伝えている。

左衛門、新太郎の亡骸は、城下浄光寺に並べて葬った。

昔語りの好きなユキも、父や兄のこの話は「余り悲惨で思ひ出しても涙が出る」と息子に言って、二度と口にしなかった。

会津戦争が終わり斗南藩へ送られた。ユキは会津から斗南まで二十日を費やし、初めて長い草鞋をはいた道中には閉口した。

「足の裏は豆だらけになり、云ふに云はれぬ苦しみであった」（『萬年青』）

札幌で再会ユキ三十七歳、八重四十三歳

日向ユキは青森から津軽の海を越え、函館に渡った。

明治五年、開拓使の大主典雑賀重村と浅子夫妻が二人とも病気で困っているから「手伝いに来てもらいたい」と頼まれた。ユキと浅子は会津時代からの知り合いである。ユキは一生懸命に働き、函館の暮らしにも慣れて来た。

ある日、雑賀宅へ札幌の開拓使内藤兼備が訪ね、雑賀へ何事かを依頼している。

「会津の人を貰ひ度い」（『萬年青』）

ユキとの話が自然に進み、二人は結婚することになった。その年の十月二十五日、ユキは函館を発ち札幌へ向かった。内藤は何と旧薩摩藩士、共に恩讐の敵だが、このことについて『萬年青』は一言も触れていない。

函館から森までは馬の背に乗り、森からは小さな帆船で室蘭に下船し、波止場には会津人の役人浅井清一という人が出迎えていた。雑賀重村の心遣いだろう。

道中、激流の川を馬で渡るときは恐ろしく、馬のたてがみにし噛《が》みつくと、アイヌの人に「馬の首サつかめ」と怒鳴られた。川に鮭が群《むれ》を成し、野道には時に十四、五頭の鹿の群が逃げて行くのを見た。

札幌に着いたのは、函館を発ってから九日目の明治五年十一月三日夕方のことである。豊平川の危なっかしい板橋を渡り、真っ暗な街を通って脇本陣に着き、ただ一軒あった風呂屋で垢を流した。

そして脇本陣の傍らの小さな旗亭で、ささやかな祝言《しゅうげん》を挙げ、日向ユキと内藤兼備はめでたく夫婦になった。

これぞ会津女と薩摩男のブライダル第一号である。二人は札幌の開拓使官舎で暮らした。

明治二十年（一八八七）夏、京の新島襄と八重夫妻が来函し、函館メソジスト教会（現日本キリスト教団函館教会）で雑賀浅子（家老簗瀬三左衛門三女）から、ユキの札幌在住を初めて知った。このころ浅子は夫重村に先立たれ、キリスト教に入信し、女性運動家として活躍していた。現在、簗瀬子孫はパリとボルドーに住んでいる。

右はユキ、左は八重（明治20年札幌で再会したときの記念写真、内藤晋氏蔵）

ユキと八重は会津戦争後初めて、思いがけない邂逅を果たした。

当時、内藤兼備は北海道庁課長だった。ユキ夫妻は現中央区北五条西一丁目の創成川側に面した道庁官舎に住み、八重夫妻は現中央区北四条東一丁目に二ヵ月も住んだ。

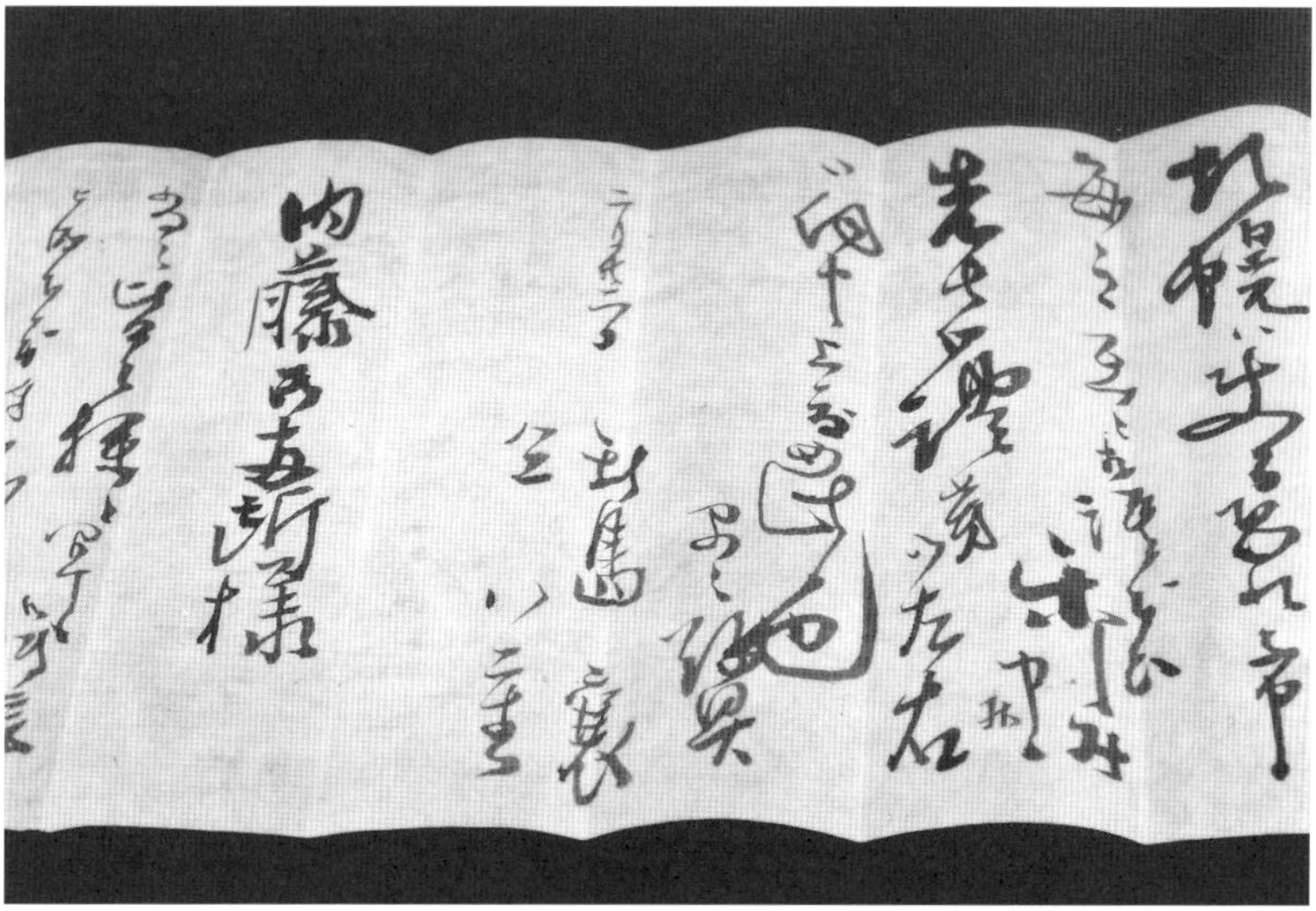

新島襄と八重が京都から札幌のユキの夫に送った礼状（内藤晋氏旧蔵）

それから四年後、ユキは長男一雄を新島襄が創立した同志社英学校（現同志社大学）へ進学させ、二男芳雄を北海道帝国大学へ進学させる。

ところがその年の夏、一雄は京で急病を患い、八重は一雄の親代わりになっていたが、看病の甲斐なく病死する。

「（内藤一雄君の）病気中は第二の慈母たる労を執られたり」（追悼集Ⅰ『同志社人物誌』）

この年の前年、八重は新島襄を病気で失った。『萬年青』には、八重を思い続けたユキの次の歌が収められている。

詞書《ことばがき》「幼な友達新島八重子様に会ひて」

うれしさに
よる年波もうち忘れ
またのあふせをいのり居るかな

［参考文献］
内藤芳雄聞き書き『萬年青』ユキ五十日祭刊行

丹羽五郎《にわごろう》

—元会津藩家老家の壮大な会津コロニー—

寄生地主の廃絶

本道における、大農経営の方法を見るに、多くは小作法を用ひ稀《まれ》に地所を分与するものあるも、その町歩寡少《かしょう》にして、土着心強固ならしむるに足らず。

是において丹羽は移民に五町歩以上を貸与し、成功の上直《ただち》にその八分（四町歩以上）の所有権を登記し…。

—丹羽五郎『我が丹羽村の経営』より

◇生没年＝嘉永五年（一八五二）三月十四日～昭和三年（一九二八）九月六日。

◇経　歴＝会津藩家老丹羽宗家一〇〇〇石を継ぐ、宗家曾祖父は織之丞能教《よしのり》。分家の実父は野尻代官丹羽族《やから》、母は茂子の長男。妻は宗家の娘豊子。会津戦争では実父族と従弟の白虎隊二人が自害。斗南《となみ》藩に渡らなかった。警視庁に入り、警視抜刀隊として田原坂《たばるざか》の決戦を戦う。『漢英対照いろは辞典』『話漢雅俗いろは辞典』二冊を出版し、相当の拓殖資金を得る。

◇北海道の足跡＝丹羽村（現せたな町北檜山区丹羽地区）を丹羽弥介、大関栄作らと創建。丹羽家墓は丹羽村共同墓地にある。

◇弟たち＝七郎は会津中学出身、岩手県知事、埼玉県知事、内務官僚。八郎は北海道製麻瀬棚工場長。

◇旧会津藩士十倉綱紀《とくらつなのり》との交遊＝官を辞し農業の道に進んだ大中山村（現七飯《ななえ》町）の十倉綱紀は、丹羽五郎の良き理解者。大正十五年（一九二六）丹羽村三十五年祝賀会へ列席。

丹羽開村と令孫丹羽松子女史

いまだ農地が人びとに解放されていない封建の世の明治中期、元会津藩家老家の丹羽五郎は小作制を廃し、自作農の創設に情熱を燃やして北海道へ向かった。どうやら五郎は、日本農業の近代化、農民の自由平等を主唱していた東京学農社の津田仙「開拓雑誌」を愛読し、触発されたらしい。

明治二十五年（一八九二）、丹羽五郎を先頭にした十二戸四十九人の一団は、会津藩旧領の福島県猪苗代地方から北海道へ新天地を求めて旅立った。

ひとまず一団は、旧会津藩士が先住している旧斗南藩北海道領瀬棚村会津町(現せたな町瀬棚区本町)で旅装を解き、家族を会津町に待機させて男たちは目的地へ向かった。

やっと目的地らしきところに到着した一団は、松の木の下に重い荷物を降ろした。これは、春まだ浅い三月二十一日のことである。この松は巨木に育ち現在は二代目、人びとに「荷卸《におろし》の松《まつ》」と呼ばれ、「丹羽発祥之地記念碑」が建っている。

丹羽五郎

ここから、丹羽五郎、丹羽弥介、大関栄作らによる丹羽村づくりは始まり、農業史に特異な丹羽村の経営形態は、当時「二分八《にぶはち》方法」と呼ばれて注目を集め続けた。

入植後の耕作者へ、一戸当たり五町歩(五ヘクタール)を抽選で場所を配当し、開墾後にその八〇%を永小作《えいこさく》とする契約である。この二分八方法は、我欲を捨てた会津人丹羽五郎の人間像を浮き彫りにしている。

北海道の利別《ともべつ》川流域で始まった「北の会津コロニー丹羽村」に、明治二十五年当時の新聞が注目している。

北海新聞「磐代《いわしろ》国猪苗代より移住したる人民を以て一村落を形成した。(略)既に二十余町歩を墾成し、粟・稗・黍《きび》・馬鈴薯・玉蜀黍《とうもろこし》及び煙草に至るまで……」

函館新聞「磐代国猪苗代地方より南折不撓《ふとう》の精神に富み、親戚盟友を以て組織したる純農の一団……」

それ以来、丹羽村は輝かしい農業史を刻み続ける。

昭和六十二年(一九八七)三月十六日、国鉄瀬棚線の廃線に伴い、丹羽五郎の姓氏を冠した国鉄丹羽駅も歴史の幕を閉じた。筆者はその年八月九日、丹羽在住の五郎翁の令孫に当たる丹羽松子氏（大正五年生まれ）を訪ねた。事前に元北海道新聞社瀬棚支局の記者だった井上礼吉氏（会津若松出身）から、「松子さんは有名人、女丈夫で教養人、日本女子大学の出身ですよ」と聞いていた。

近くの料理屋で、松子氏、丹羽郵便局長佐藤信夫氏（丹羽百年史『ひらけゆく丹羽』執筆中）と昼間から酒を飲みながら歓談し、開口一番「瀬棚線廃止反対のデモもやりましたがダメでした」と口惜しそうだった。

「祖父の五郎は私が十二歳のとき他界しました。丹羽村は小作でなく、二分八という方法が特色です。晩になると、ときどき孫の私に話してくれたことは、ある程度覚えております。会津戦争で死んだ甥っ子の白虎隊、有賀織之助と永瀬雄次のことはよく話しておりました。丹羽の玉川公園には白虎隊十九士の揺拝所をつくって供養しておりました」

その日、松子氏は大いに「丹羽五郎」を語り、五郎翁が死の前年に書きあげたという『我が丹羽村の経営　附録丹羽五郎自叙略伝』と題した貴重な一冊を頂戴した。本をめくってみた。

「丹羽村は実に明治二十五年三月二十一日を以て創始せり、丹羽五郎は北海道起業の志を決し、磐代国猪苗代千里村の一部落、南土田《はにた》村は曾祖父織之丞能教の創設したる所を以て、同村より農民を募集せん」

この本の著作が五郎にとって、生涯最後の大仕事になった。

平成三年、丹羽松子氏は丹羽一〇〇年の節目の事業を見届け、隠棲した。

会津戦争と西南戦争

会津藩丹羽家は、先祖代々が家老だった家柄ではない。五代目織之丞能教の代に、一代で一〇〇〇石の高禄を賜わり、破格の家老職を仰せ付かった。家老着任は文政二年（一八一九）、能教五十二歳のことで、「丹羽家中興の祖」と言われている。

この丹羽家の分家に当たるのが、丹羽五郎の生家である。宗家丹羽勘解由《かげゆ》が京都黒谷で病死したため、宗家から五郎に養子入りの命令が下ったのである。五郎十二歳だった。

養子入りの日、五郎は鶴ヶ城の城南花畑から、追手門に近い城北本二之丁の屋敷へ入った。門前には大勢の出迎えがあり、妻となる豊子と初めて対面し、五郎は一〇〇〇石の家老丹羽家の主《あるじ》になったのである。

家老職を襲封しないうち、十八歳のとき会津戦争が始まった。

実父の丹羽族《やから》は自決した。

五郎は松平容保《かたもり》の使者として、鶴ヶ城の守りが手薄だったから、会津田島方面に陣を構えていた山川浩隊へ、「諸兵引き揚げ鶴ヶ城へ入城せよ」の伝令を伝えた。

五郎の自叙伝は、鶴ヶ城籠城中の出来事をほとんど記していない。しかしわずかに一つ、

「茲《ここ》に一大快哉事《かつさいじ》あり」

という次のエピソードだけ五郎は紹介している。

丹羽宗家の歴代墳墓は、城東の小田山上にあった。敵軍はこの辺りに砲台を築き、昼夜にわたり、眼下の鶴ヶ城を砲撃していた。城中に十八歳の五郎がいた。

五郎が「一大快哉事あり」と言っているのは、城中から発砲した砲弾が、丹羽宗家の墓石に命中し、それが粉砕し、辺りの十数人の敵兵を殺傷したと言っているのだ。これはきっと本書「川崎尚之助」の項で前述した川崎尚之助の発射砲のことであろう。

会津戦争では、五郎は父の族、伯父、甥っ子の白虎士中《しちゅう》二番隊士を失った。

会津戦争後、斗南藩へ移住せず、東京に出て警視庁へ奉職し、明治十年（一八七七）の西南戦争では警視抜刀隊小隊長として西郷軍と戦った。

明治二十一年（一八八八）、五等警視奏任官となり神田和泉橋警察署長に着任。この年銀座博聞社から『いろは辞典』を高橋五郎に嘱して出版し、相当の利益を得た。拓殖資金である。

明治二十四年（一八九一）、警察退任。北海道に貸付地六〇〇町歩の許可を得る。猪苗代南土田村に赴き、かつて家老丹羽能教が耕作した土地の子弟に北海道移住を説き、大関栄作らと移住を約束した。会津若松の実家へ行き、婿の丹羽弥介を取締として移住することを約す。

明治二十五年三月一日、東京を出立、移民十二戸四十九人を率いて猪苗代を出立し、目的地に三月二十一日到着し丹羽村の建村が始まった。

昭和三年（一九二八）九月六日、丹羽五郎死去、七十六歳の生涯であった。

丹羽村の歴史を伝える記念碑など

丹羽五郎は、止み難い望郷心を丹羽村建村の原動力にした。村の景勝地には遥か彼方の鶴ヶ城を思い「鶴ヶ台」「鶴ヶ池」と命名し、また移住者出身の会津猪苗代の亀ヶ城を偲び「亀ヶ池」と呼んだ。

旧丹羽村ゆかり（現せたな町北檜山区丹羽地区）の史跡は、次の通りである。玉川公園内。

［丹羽開基百年記念碑］　石は福島県竜光石。

［白虎隊玉川揺拝所］　飯盛山で自決した白虎士中二番隊士十九人の供養碑。大正十三年（一九二四）建立。

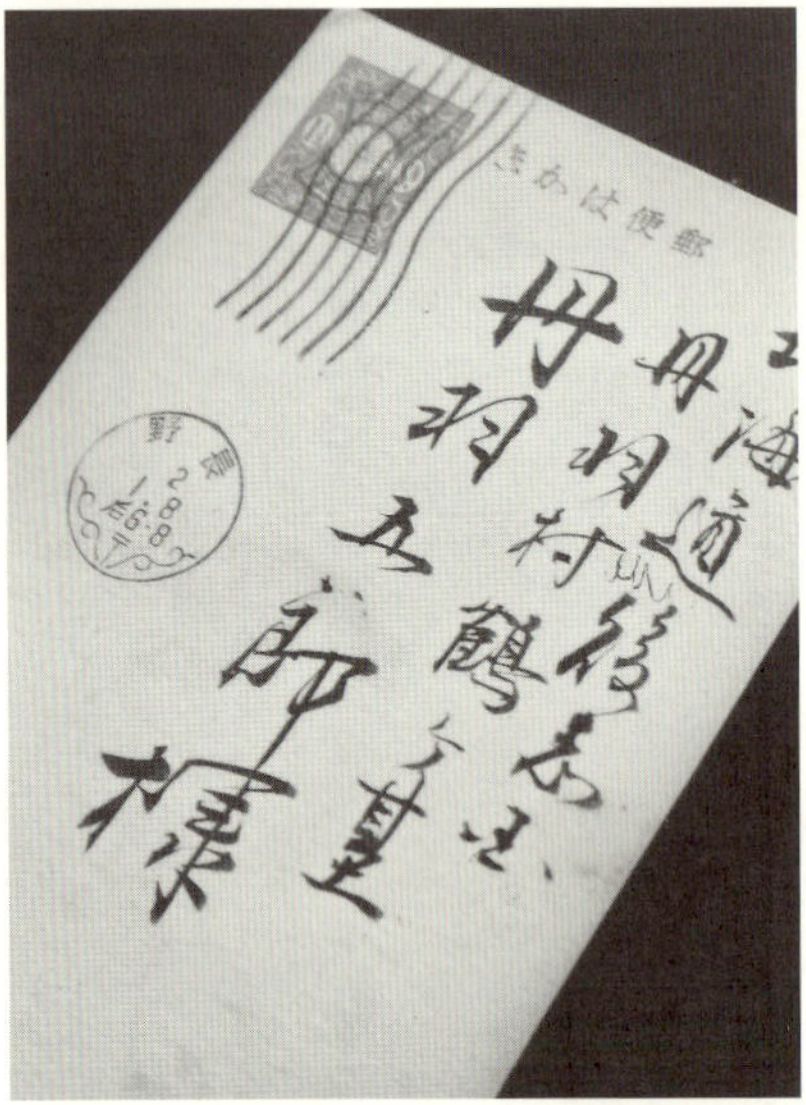

五郎は望郷の念こめ居住地を「鶴ヶ台」と名付けた（昭和２年、寒中見舞い）

丹羽五郎の建立した白虎隊十九士碑（北海道せたな町北檜山区丹羽、玉川揺拝所）

［西南戦争三十三観音碑］　田原坂の戦いで戦死した丹羽五郎部下の警視庁警部、警部補、巡査を観音様に見たてた一人ずつの慰霊碑。大正三年（一九一四）建碑。

［丹羽五郎翁頌徳碑］　題額は松平保男書。

［大関栄作先生胸像］　玉川小学校初代校長、猪苗代出身。

［玉川神社］　御神体は丹羽五郎愛刀。

［能教寺《のうきょう》］　寺号は丹羽五郎曾祖父で会津藩家老丹羽能教《よしのり》の実名。

［玉川公園］　園内には右記の記念碑のほか、水面一ヘクタールの亀ヶ池など。

［参考文献］

丹羽五郎『我が丹羽村の経営　附録丹羽五郎自叙略伝』、高橋哲夫『丹羽村の誕生　会津藩士丹羽五郎の生涯』歴史春秋社、佐藤信人編『ひらけゆく丹羽』丹羽連合部落会会長田中勝男発行、三角美冬『ある会津藩士の「戦後」　十倉綱紀自伝「八十寿の夢」を読む』新人物往来社

穴沢祐造《あなざわゆうぞう》

—若松の地にJAブランド「北の白虎米」

その地を若松と称す

開拓は百年の計なり。たまたま巨樹オンコのまつの雌雄《しゆう》を発見して、「祖松《みおやのまつ》」と名付けてその地を若松と称す。翌明治三十年四月、第一次移民十一戸を各所に茅屋《ぼうおく》を営む。故穴沢祐造氏の功最も大なり。死線を越えて奮闘し、牧畜蚕業《さんぎょう》を興し水田を計画して永遠の福祉の基《もとい》を立てたり。昭和九年五月吉辰、会津佐治勇平撰。

—せたな町法覚寺境内「若松開拓記念碑」より

◇生没年＝安政四年（一八五七）十一月～大正八年（一九一九）九月。

◇経歴＝穴沢祐造は戦国時代からの会津人系譜、十五世紀後半に耶摩郡北塩原村檜原に定住。芦名、伊達、上杉、蒲生《がもう》の戦国大名と盛衰を共にする。江戸期は代々北会津郡の肝煎《きもいり》、農業、林業を経営した。父は栄吾、嗣子は武夫。

◇北海道の足跡＝明治二十九年（一八九六）、会津若松に「会津殖民組合」を設立、北海道の現地を測量し、若松開墾史の原点オンコ「祖松」と邂逅《かいこう》。この年若松開墾総代人として北海道庁長官に許可願を提出し、三五八町歩が認められ、会津の穴沢本宅に若松農場事務所を置く。翌明治三十年（一八九七）、会津から第一陣入植。郡農会議員、太櫓《ふとろ》村農会長。穴沢ら組合員は不在地主。

せたな町に会津人の三つの歴史

明治期、今の北海道せたな町の町域には、会津からの一団が三度にわたり移住した。いずれの移住も人、年代、経緯、場所が異なり、まぎらわしいので概括しておこう。

［斗南《となみ》藩瀬棚領］　旧会津藩士入植。明治三年（一八七〇）。現せたな町瀬棚区本町。

［丹羽村創建］　元会津藩家老家の丹羽五郎ら入植。明治二十五年（一八九二）。現せたな町北檜山区丹羽地区。

［若松農場開墾］　会津若松の会津殖民組合が入植者募集。明治三十年。現せたな町北檜山区若松地区。せたな町三地区のそれぞれが、北の大地に由緒正しい歴史を刻んだ。この項では、三度目の「若松農場開墾」について注目する。

明治二十九年三月、会津若松の名だたる名士が資金を出資し会津殖民組合を設立、事務所を会津若松に設けて北海道の開墾に乗り出した。発起人は次の八人である。

高瀬喜左衛門
大須賀　善吉

穴沢祐造

右堂留吉
福田宣平
林　賢蔵
五十嵐惣吾
石山源太郎
穴沢祐造

早速、この年九月、穴沢祐造が管理主任として現地に至り測量した。このとき発見されたのが北海道の名木「オンコの松」であり、ここを「若松」と呼んだ。

明治三十年四月、会津から第一回移民団十一戸が到着した。明治四十四年（一九一一）には一一〇戸に達し、出身地は福島県を中心に十八県に及び、水稲の試作をはじめ、造田、灌漑事業が進み米作も盛んになっていった。

会津殖民組合の設立者は開墾資金を出した経済人であったが、もとより自ら移住したわけではない。いわゆる「不在地主」に当たる人びとであったから、小作争議も多く、若松農民は筆舌に尽くし難い苦闘の歴史を若松の地に刻み、今日に至った。

若松開拓記念碑（法覚寺境内、せたな町教育委員会撮影）

日本一のブランドにするぞ

平成七年八月二十日、若松開基一〇〇年の記念式典が挙行された。旧地主である会津殖民組合の子孫を代表して高瀬喜左衛門氏（元会津若松市長、代々喜左衛門を称す）が、若松開墾地に入植した子孫を前に次の挨拶をした。

当時の会津若松の殖民組合の子孫の代表として一言お祝いの言葉を申し上げます。ご承知の通り会津は戊辰戦争で壊滅的打撃を受け、その復興に二十年を要しました。

その後、穴沢祐造さんの唱導で我々の祖先または曾祖父がこれに賛同して組合を創立し、縁あって太櫓村（現若松地区）に農場を開設することになったのです。しかし若松集落の発展過程は、決して平坦ではありませんでした。なぜなら現地には、地主不在であるという一面もありました。

開拓の苦労を共通の基盤とするところに、北海道の今日の姿があり、北海道に特有な雰囲気、北海道民主主義もまた、この共通の体験に根ざしているように思われます。本日のご招待に感謝申し上げ、祝辞と致します。

式典には若松地区の農業者が、多数列席していた。翌平成八年、若松地区の農業者は次の開基二〇〇年に向かう新たな一ページを歩み出した。自然豊かな北海道若松のクリーンな農産物と、純粋な白虎隊少年剣士のイメージを重ねて、

「北の白虎米」

をシンボル・キャラクターとし、全国的に売り出すことにしたのである。若松開墾地の会津三世である中島賢哉氏（JA新はこだて農業協同組合営農生産課長）は、心意気を語る。

「若松産のふっくりんこ、と言う米です。北の白虎米、日本一のブランドにしてみせます」

米の味を通して、会津と若松開墾の歴史は、次代へ継承されるに違いない。

ＪＡのブランド「北の白虎米」

［「北の白虎米」発売元］
ＪＡ新はこだて若松支局　ＴＥＬ〇一三七（八五）一三三一　ＦＡＸ〇一三七（八五）一三〇〇、馬鈴薯も発売。

大竹《おおたけ》作《さく》右衛門《えもん》

―会津向井流を小樽の海に甦らせた歌人

作右衛門の創刊挨拶

この興風会といふは、和歌の道にこゝろざし深き友とつどひ、月次の題を設けてよみかはし、わが学びの師橘道守《みちもり》大人《うし》にその品さだめを乞《こ》ひけるぞ。蝦夷にしきとなんありし、北のはてにも言《こと》の葉《は》のにしきありと世に知らせてむ。明治三十二年一月。

―小樽興風会『蝦夷錦』第一号より

◇生　没　年＝文政十一年（一八二八）四月四日～明治三十六年（一九〇三）九月十六日。

◇経　　歴＝会津藩向井流の泳ぎの達人、会津藩公用方。歌人。会津藩士武藤右衛門元俊二男、大竹家を継ぐ。会津城下西名子屋町居住。通称は作右衛門、実名・号は元一。妻はナホ。会津藩校北素読所で和歌・数学・水業（向井流）を学び、日新館へ進む。京に駐屯、三大女流歌人の大田垣蓮《れん》月《げつ》と交遊。会津戦争参戦、箱館戦争転戦。彦根藩謹慎。戦後、斗南《となみ》藩五戸村移住。小樽移住。大竹回漕店創業、植林事業。

◇北海道の足跡＝明治六年（一八七三）、明治二十八年（一八九五）八月十一日、小樽に初めて向井流水法を伝えた。小樽興風会・宝生流清風会の会長。墓は小樽市中央墓地から東京・青山霊園へ改葬。

◇大竹多気《たけ》＝作右衛門を継ぐ。東北帝国大学教授。染色学専攻の学者として、黒の陸軍軍服をカーキ色（国防色）にさせたことで知られた。

明治二十八年小樽で復活、平成二年会津で復活

向井流の泳ぎは、日本水泳連盟が公認している由緒正しい日本泳法十三流派の一派である。いわゆる古式泳法だ。

それが今から一〇〇年余り以前から今日に至るまで、小樽の海で脈々と伝えられている。

明治二十八年八月十一日、歌人仲間の二人の老翁がそれぞれの泳ぎを披露し、その妙技を見て小樽の人は驚いた。

［向井流］泳ぎ手は旧会津藩士大竹作右衛門六十八

旧会津藩士　大竹作右衛門（栗原俊男氏提供）

歳、勝納《かつない》の信香《のぶか》浜で。

［山内流］泳ぎ手は旧臼杵《うすき》藩士実相寺徳之進五十五歳、高島砂崎の立岩海岸で。

この日のことを小樽新聞が記事にしている。

「水泳講師たる大竹、実相寺の二翁が当日耳順《じじゅん》の老体を以て水泳を試みられしが、その技術の練達せるには一同喝采せざりなかりしと」

夏の日の水泳は私立小樽教育会が児童研修のために開催し、大竹作右衛門は通算して十一回行い、会津戦争後国元会津で消え去った向井流は、小樽で定着していく。

続いて大正五年（一九一六）、東京の向井流師範

向井流水法配膳泳ぎ（向井流師範、小樽市の竹原史子氏）

岩本忠次郎の指導によって裾野を広げ、岩本の泳ぎを少年時代に見た小樽向井流の杉村逸郎（新選組副長助勤永倉新八孫）は、「この人の泳ぎはまるで魚が泳いでいるようだった」と筆者に回想している。杉村翁は九十二歳で平成七年他界、小林多喜二とも親しかった。

ついに平成三年、小樽に根付いた向井流は、小樽市無形文化財の指定を受けた。そのときの向井流水法会会長は竹原栄（向井宗家直属師範）、副会長は栗原俊男（師範）、竹原は向井流の神技を伝え、栗原は向井流に流れている会津の歴史をとことん掘り起こした。

これに共鳴して会津若松の歴史研究家玉川芳男

は、会津向井流水法会を結成するのは平成二年のことである。このとき小樽人が会津人へ語った。

「むかし会津人から学んだ向井流を、会津でこそ復活してもらいたい」

感動的な逆移入だった。

玉川芳男が他界して子息玉川裕嗣氏、古川英司氏、石山裕司氏らが継承し、小樽の向井流水法会の大原一会長（師範、歌人小田観螢《かんけい》愛弟子）、竹原史子副会長（師範、日本水泳連盟資格審査特別委員）らとの交流が活発に継続されている。

ペリー黒船の眼前で会津向井流水軍

明治中期、小樽で旧会津藩士が復活させた向井流だが、近世の会津藩水泳術の歩みは次の二つに大別できる。

［前期］信州高遠天龍川の川泳ぎ。

［後期］徳川向井流の海泳ぎ。

前期の天龍川流は、天龍川やその支流で発達した急流の川泳ぎで、戦国時代の渡河戦《とかせん》に必須の武道だった。会津藩祖保科正之《ほしなまさゆき》が、信州高遠、出羽山形、会津へと加転したとき、随従した家臣の千里家、好川家が会津でも継承した。今日ではその泳法は不明である。

天龍川流の泳ぎとは場所は違うが、頼山陽「川中島」の漢詩の一節「鞭声粛々夜渡河《べんせいしゅくしゅくよるかわをわたる》」から想像することができる。そのころ上杉軍は千曲川を渡り武田軍の敵陣へ渡河して合戦する。そのような有事の渡河戦の泳ぎだった。

後期の向井流は、会津藩北方警備、江戸湾警備の時代を迎え、泳法は「川泳ぎから海泳ぎ」への転換を迫られた。会津藩士は幕府御船手《おふなて》奉行向井将監《しょうげん》（水泳指南役）の門をくぐり向井流（向井流水軍法）を修行した。小川渉《わたる》『会津藩教育考』には、その際の肉声が記録されている。

会津藩士いわく「この泳ぎは会津にて学びしものと異なる」

向井将監いわく「（会津藩士の泳ぎは）天龍川の泳法なり」

会津藩の泳ぎが天龍川流から向井流に変わるのは、一八〇〇年代の初めのことである。その後、海のない会津藩では、藩校日新館の水練水馬池、遠泳は猪苗代湖を代用して向井流を修行した。

会津藩は水泳のことを、天龍川流、向井流の各時代を通じて「水業」と書いて「みずわわざ」と読む。

会津特有の名称である。大竹作右衛門は、会津藩士赤塚志賀之助から向井流を学んだ。

嘉永六年（一八五三）六月三日の朝まだき、霧の深い江戸湾浦賀沖にペリー黒船艦隊が出現すると、この朝から「幕末」という動乱の時代が地響きを立てて動き出す。

幕府は江戸湾海防の最前線に、会津藩、忍《おし》藩、彦根藩、川越藩に命じて海の守りを強化し、当時、この布陣を「四家御固《しけおかため》」と呼び、幕府も江戸っ子も四家を頼みの綱にした。

会津藩は江戸湾の海上に、会津向井流水軍の兵力「一四〇〇余人、番船一五〇余艘」を配備した。このとき藩は、海上に多量の旗指物《はたさしもの》をひるがえして国威を発揚した。「會の旗」は、海上では赤地に白文字（平時）、青地に白文字（有事）を染め抜いた。会津向井流の水主《かこ》（船頭）は法皮《ほうひ》（ハッピ）を身に付け、異国船を警備した（「彦根藩異国覚書」参照）。

江戸湾が最大級に緊迫したペリー黒船騒動で実戦出動した向井流水軍は、会津水軍しか見当たらない。

このときの大竹作右衛門の動静は定かでないが、きっと江戸の海に在ったであろう。

江戸湾（東京湾）の湾岸三浦市の海南神社に、「会津番船遊雲丸の錨《いかり》」が宝物《ほうもつ》として奉納され、会津向井流ありし日の海の歴史を現代へ伝えている。向井流ゆかりの番船として現存唯一の錨であろう。

作右衛門初泳ぎの地に一〇〇年記念碑

江戸湾から会津藩の舞台は、京都へ移った。

会津藩主松平容保《かたもり》が京都守護職に就くと、大竹作右衛門ら一〇〇〇人も主君に従い、作右衛門は会津外交を司る公用方として京都に住んだ。

作右衛門の動静を探っておこう。

［慶応四年］　京で最初の戊辰戦争開戦、会津藩敗走。

京では絶世の美しさで知られた大田垣蓮月と和歌を通して交流を結び、蓮月は西郷隆盛が倒幕軍を率いて京三条大橋を渡ろうとしていたとき、西郷に短冊を手渡した。

「うつ人もうたる丶人も心せよ同じ御国《みくに》の御民ならずや」

蓮月はあまりの美しさに男色を避けるため、前歯を抜いていたという逸話を残している。

やがて作右衛門は会津戦争が始まると、猪苗代、白石、仙台へと出張《でばり》し、生死背中合わせの中に身を置く。

［明治元年］　会津落城。作右衛門、仙台領から榎本武揚《たけあき》らと箱館戦争へ転戦、旧幕府軍会計奉行会計方を務める。

［明治二年］　五稜郭落城。作右衛門、彦根藩で謹慎する。

［明治三年］　作右衛門、斗南藩五戸村へ移住、斗南藩会計副司を務める。藩財政を救済のため神戸―大坂間の海運業に乗り出し失敗。

大竹作右衛門が主宰した歌誌『蝦夷錦』（市立小樽図書館蔵）

［明治二十五年］

北海道最初の歌人結社「小樽興風会」を創立し、明治三十二年（一八九九）機関誌『蝦夷錦』第一号を発刊した。点者に橘道守を仰いだ。

「本道における旧派歌壇を、長い間リードした。北海道歌壇の長老小田観螢も、はじめ大竹や星野の指導を受けている」（『北海道歌壇史』北海道歌人会）

この他、文化人として宝生流謡曲「清風会」の会長、経済人として大竹回漕店、植林大事業に挑み、成功した。明治三十六年、小樽で他界。年七十六。多芸な文武両道の人物だった。

大竹作右衛門が向井流の神技を初めて披露した跡どころに、平成二年九月二日、一〇〇年記念「水心一如」碑が建った。この小樽市臨海公園の碑から、小樽の海を眺め、平掻《ひらかき》、平水《へいすい》、立游《たちおよぎ》……を想像するといい。

大竹作右衛門の歌

むささびの声さへさそふ夜嵐に
なれてもさびし山の下いほ
「会津百人一首」相田泰三撰

［向井流の文化財］

小樽市無形文化財「向井流水法」、千葉県富津市有形文化財「会津藩士遠泳絵馬」

会津向井流復活100年記念の「水心一如」碑（小樽市臨海公園）

【参考文献】
星正夫「江戸湾防備と会津藩」赤星直忠博士文化財資料館

西《にし》 忠《ただ》義《よし》

—生き神様に祀られた日高馬産の恩人

開発の父、民心の母

西翁は会津の人、明治三十四年浦河《うらかわ》支庁長としてわが日高に任を負うや、九ヶ年にわたり、よく地方開発の師父、民心徳心の慈母として治績を挙げ、産馬事情に画期的躍進を招来して、名を天下に顕揚し、翁の至誠と熱情によるところ大なり。

—北海道知事田中敏文《としぶみ》「西忠義翁碑」より

◇生没年＝安政三年（一八五六）六月二十一日～昭和九年（一九三四）五月三日。

◇経　歴＝会津藩士香川豊之進、とよの三男、鶴ヶ城郭内本一之丁諏訪邸出生。通称は留・貢、実名は忠義、号は成堂。後に改姓。妻は志賀。会津戦争で長兄、次兄戦死。斗南《となみ》藩移住。若松県・福島県で勤務。

◇足尾銅山鉱毒事件＝明治期の公害事件。栃木県足利郡長の在任中、西は官憲の警備を認めなかった。

◇北海道の足跡＝北海道庁各支庁長を歴任。浦河支庁長時代、日高種馬《しゅば》牧場開設を国に激しく要請するなどの功績を讃え、浦河町の西舎《にししゃ》神社に存命中生祀《せいし》として祀られた。

◇陸軍大将西義一＝西忠義の長男、明治十一年生〜昭和十六年没。

北海道庁浦河支庁長 西忠義

母の遺訓「誠の道」

西忠義は会津藩士の家に生まれ、会津敗戦後、母ひとり子ひとりの身の上になった。

六歳になると、母は忠義を連れて猪苗代湖畔の「小平潟天満宮」にお参りし、神前で菅原道真の和歌と和歌の意味を、諭すように聞かせた。

　こころだに誠の道にかなひなば
　　祈らずとても神や守らむ

幼い忠義に、「何事も真心をもって人の道を極めるのですよ」と教え、生涯、母のこの戒めを遺訓として忘れなかったと言っている。

忠義十三歳のとき会津戦争となり、父の香川豊之進は江戸から急ぎ帰藩したものの間もなく病没し、長兄豊記《ほうき》と次兄三浪《さぶろう》は戦死し、三男忠義と母とよが残された。いつ西姓に改姓したものか、事情は不明である。

会津戦争が終わり、忠義は斗南藩婦女子取締局に母とよと共に預けられ、明治六年（一八七三）に若松県中学校予備学校に学び、国学と漢学を修め、書家佐瀬八弥について書道を学んだ。

たまたま予備学校内に徴兵署が置かれた際、同署の徴兵官から忠義が書をよくすることを知り、奉書《ほうしょ》紙《し》四枚をつなぎ合わせ、「これに徴兵署の三字を書いてもらいたい」と頼まれた。忠義は筆三本を束ね、墨痕《ぼっこん》も鮮やかにいっきに書きおろすと、その見事な運筆に並み入る人たちが驚いた。

この書が契機になって若松県庁入りの道が開か

れ、教育界入りの志を断念し、在学中の身であったが、若松県津川支庁詰めになった。ここを振り出しにして、若松県から編入された福島県庁へ入庁、福島県の民会（県会の前身）を設立する声が高まると、河野広中らと共に開設準備に参加している。福島県には通算して十七年間在勤した。

明治二十二年（一八八九）、警視庁に出向、警視属・高等警察秘書。在勤一ヵ年。

明治二十九年（一八九六）、西忠義は栃木県高等官に栄進した。

栃木県と群馬県の渡良瀬川《わたらせがわ》周辺で発生した「足尾銅山鉱毒事件」では、栃木県が言うまでもなく渦中にあり、忠義は被害地の足利郡長に任命される。

管内には、村民が村長不信任を叫んで立ち上がる村があり、そのとき忠義は、村会の議事進行中には憲兵、警察の官憲警備を許さず、また被害に遭った村民の税金を免除した。忠義の在任はわずか一年五ヵ月に過ぎなかったが、その後の明治三十四年（一九〇一）、衆議院議員田中正造翁が明治天皇に足尾銅山鉱毒事件に抗議する義挙に出、この公害事件は全国に知れ渡った。

高らかに日高八策

西忠義四十二歳、北海道庁支庁長に任命された。明治三十年（一八九七）、檜山《ひやま》支庁長として江差入りすると、江差の町は鰊《にしん》の大漁でにぎわい、西を「鰊の神様が来た」と歓迎した。在任中、奥尻島に渡り、漁業振興、教育充実、村医の配置、定期航路の開設に努力した。

明治三十二年（一八九九）、小樽支庁長着任。

明治三十四年、浦河支庁長に転じた。

管内は水害、凶作、不漁に見舞われることが多く、西は視察を終えて、まず民心が奮い立たねば何事も始まらないと思い、有力者に呼び掛けて「日高実業協会」を組織して、目的を高らかに「日高八策」を掲げ、自ら「日高国の旗」もデザインした。

①教育の普及
②交通開発
③産業奨励
④開拓地の区割
⑤人口増励
⑥町村経営の活発化
⑦衛生保健

⑧風紀を正す

どれも言葉だけのものでなく、西忠義が詠んだ次の一首に、その意気込みの凄さが示されている。

　日高国標《しるべ》高く掲げてすすまなん
　　わがくにひとの心あわせて

一策の教育の普及についてみると、管内各村の小学校に尋常科（初め四ヵ年）のほか高等科（二ヵ年）を併置する学校を増やした。アイヌ集落には学校を新設した。

二策の交通開発では、ちょうど日露戦争直後だったから、軍馬を輸送するため静内橋を架け、「馬橋」と呼ばれた。

三策の産業奨励では、馬匹《ばひつ》の改良発展のために、明治四十年（一九〇七）に浦河の西舎に国営日高種馬牧場の創立を実現させ、日高地方からかずかずの名馬が育っていった。

静内橋は、日高地方にとって有益な事業になった。西は感動して詠んでいる。

　ゆるぎなき静内橋は今日なりぬ
　　幾千代かけて渡れくにひと

事業の実現には苦労が多かった。農商務省に要請しなければならなかったが、薩摩人の園田北海道長官は出張を認めず、西は休暇をとって私費で本省に出向き交渉したこともある。

北海道を駆け巡り、怪我や負傷も多かった。明治三十二年、利別山道の山崩れで愛馬から転覆、

日高海岸の丘に建つ西忠義翁碑（浦河町潮見台）

負傷。

明治三十七年（一九〇四）、水害地視察中、落馬怪我。広尾川で落馬、負傷。

明治四十年、釧路出張の帰途、広尾港内で激浪のため転倒、尾骨部を打撲、負傷。

明治四十二年（一九〇九）、朝鮮国皇太子と伊藤博文の視察に同行、帰途門別山中で馬車転倒、下敷きとなり負傷、気絶。

執務に立ち向かう姿勢は、独り役所に残り明け方まで仕事していたこともあったという。

明治四十二年、小樽支庁長着任、廃庁により退官。翌年、北海道の人に惜しまれて離道し、その後、宮内省に乞われて「明治天皇紀」の編纂に従事した。

西の存命中、日高町村会が西を生き神様（生祀）として祀る西霊社（現西舎神社）の造営を決議した。

昭和九年、西忠義は神奈川県大磯の自宅で死去し、東京多磨霊園に墓がある。


【参考文献】

『北海道開拓功労者関係資料集録下巻』北海道総務部行政資料室編

武田惣角《たけだそうかく》

—今卜伝《いまぼくでん》と呼ばれた謎の会津武道家

大東流合気柔術
その昔、会津藩の秘流武術として秘められていた大東流合気柔術は、明治になってから同流の武田惣角翁によって、幾百年の謎が世に出た。この武術こそ、在来の剣道や柔道などのとうてい及ばぬ、しかも護身術としてもっとも優れたものだといわれている。昭和五年八月十七日付。
—東京朝日新聞「世を避けた今卜伝」より

◇生没年＝万延元年（一八六〇）十月十日～昭和十八年（一九四三）四月二十五日。
◇経　歴＝会津藩御留技《おとめわざ》（門外不出）、大東流合気柔術伝承。武号は源正義。現会津坂下《ばんげ》町御池（旧御池村）の出生。父惣吉、母トワ三男。小野派一刀流。会津小天狗と評され、明治中期元会津藩家老西郷頼母《たのも》から大東流秘伝を学んだとされる。妻コン、北海道の愛弟子山田スエと再婚。

◇北海道の足跡＝北海道警察を本拠地に大東流を広める。現紋別《もんべつ》郡遠軽町白滝《しらたき》に定住。青森で客死。愛弟子で白滝の植芝盛平が新たに合気道術を創始した。
◇武田惣角師ゆかりの地碑＝遠軽町白滝、昭和六十年建立。
◇三男武田時宗＝北海道警察刑事、山田水産勤務、網走で大東流道場開設、網走市文化賞受賞。平成五年没。

会津の小天狗

大東流合気柔術は、明治期以降に会津坂下出身の武田惣角によって、初めて世に出された。古文書による記録はいっさい存在しないから、会津の歴史からはぐれた武道と言ってよい。

「触れただけで大の大男が宙に舞う」

この武道は神技と評されてきた。

清和天皇の末孫に当たる新羅《しんら》三郎義光が始祖とされ、それが甲斐の武田家に伝わり、更に会津藩に受け継がれ、会津藩では門外不出の御留技となり、会津戦争後に消えた。

武田惣角は、万延元年に会津坂下町の旧御池村に生まれた。父の武田惣吉は村一番の力持ちとして知られ、惣角は二男坊である。

父惣吉は、蛤御門の変、鳥羽伏見戦、奥州白河口の戦へと各地を転戦し、戦功をあげた。その後、村に帰り寺子屋を開塾し、屋敷前に土俵を設けて青少年に相撲を教え、宮相撲の大関だったという。そんな環境の中で惣角は成長した。

惣角は身重一五〇センチほどの小柄ながら、屈強な男だった。腕力は誰にも負けない。頭も良かった。しかし勉学を嫌った。

「俺は絶対、字を書かない。人に書かせるのだ」

そう豪語し、実際、終生文盲で通した。

武術に関しては幼少のころから才能を発揮し、会

会津坂下出身の武田惣角（50歳頃）

津藩士から小野派一刀流を学び、父親からは相撲や棒術を修得し、その後上京して直真陰流の門を叩き剣術修行をしたともいう。

明治八年（一八七五）、兄武田惣勝は神職についていたが重病の知らせが届き、惣角は会津に戻った。兄が死去し、武田家は代々神官を務めてきた家柄であったため、惣角がその後を継ぐが、いつまでも神職に収まっている惣角ではなかった。

明治九年、小野一刀流の免許皆伝を受けた後、悠然と全国へ武者修行の旅に出て、「気」の鍛練にも励んだという。

明治十年（一八八七）、桃井春蔵の客分となり、向かうところ敵なしの剣は、「会津の小天狗」と恐れられた。また福島県下では、道路工事の作業員四、五十人を相手に大乱闘を演じたのもこのころだ。

そして二十年後、武田惣角は元会津藩家老西郷頼母を訪ねることになる。

明治三十一年（一八九八）、惣角は宮城県（現伊達市）の霊山《りょうぜん》神社に西郷頼母を訪ねた。当時、保科《ほしな》近悳《ちかのり》を名乗っていた。近悳は大東流の秘技を継承する武人であり、優れた後継者を探し出して技を託すことを願っていたと言うのだ。頼母から惣角は大東流の伝授を受けた。

それから霊山神社を退き、日光東照宮の禰宜《ねぎ》をしていたころも、惣角を呼んで修行を積んだ。惣角は同じく明治三十一年、近悳を再び訪ね、近悳は改めて大東流の奥秘《おうひ》を伝承し、そのとき武田惣角に次の道歌《どうか》を贈っている。

　しるや人
　　川の流れを打てばとて
　水に跡《あと》あるものならなくに　　近悳

惣角は近悳から、会津藩大東流合気柔術の免許皆伝を得たのである。その後、北海道警察関係を主な足場に、惣角は活動を開始した。

北海道白滝に惣角記念碑

惣角の舞台は北海道に移る。

明治三十七年（一九〇四）七月六日、惣角は函館に乗り込んできた。暴漢を相手に風呂屋で濡れ手拭い一本で撃退したり、総勢二〇〇人ほどの博徒たちを震えあがらせたこともあった。武勇伝は尽きない。

明治四十三年（一九一〇）、旭川方面の警察を中心に大東流の講習会が開かれ、講師は惣角である。これが機縁で白滝村（現遠軽町白滝）を訪れ、やがてこの地に居を構えた。

　昭和五年（一九三〇）、惣角の名声が響き渡り、東京朝日新聞の尾坂記者が白滝村を取材のため訪ね、稀代の達人とうわさされた惣角宅に足を踏み入れた。

　尾坂記者は記事にした。

　やっと訪ねあてた惣角の陰舎は、十畳二間がぶっ通し、板べりの真ん中に囲炉裏《いろり》が切ってある。真夏だというのに自在鉤《じざいかぎ》に大きな釜が吊るされており、鉄の火箸が二本、無造作に突《つ》っ込《こ》んである。その情景はどう見ても、

「塚原卜伝か荒木又右衛門」

　という感じがしたと記者は書いている。その日、惣角はあいにく不在だった。

　記者は七時間かけて汽車で網走へ、徒歩で小清水《こしみず》でようやく惣角の宿舎を訪ねた。

「なに！　新聞記者、こんな爺《じい》に何の用があるんだ。しかしまあ、上がれ」

　当年七十二歳、五尺に足りないほどの小柄、ジロリとこっちを睨《にら》んだ目は恐ろしく光り、腹の底まで見抜かれた気がしたと記者は書いている。

　二人の話は雑談から武道の話に移った。輿に乗っ

武田惣角師ゆかりの地碑（北海道遠軽町白滝居住地跡付近）

てきた惣角は、高弟を相手にその技を披露することになった。弟子が満身の力を込めてかかるやいなや、電光石火、弟子はたわいもなくコロコロと転がり、あまりの早業で目にも止まらなかった。

惣角は記者に言った。

「見ていると八百長《やおちょう》のようでしょう」

「そうですね」

と何の考えもなしに答えてしまった尾坂記者、立って惣角の相手をさせられる羽目になった。記事を綴っている。

「どうして倒されたのか、自分でもわからないうちに倒されて」

昭和十八年四月二十五日、武田惣角は巡教先の青森で昏《こん》倒し、ついに帰らぬ人になった。八十六歳だった。

終《つい》の棲家《すみか》に決めた旧白滝村（遠軽町白滝）に、

「大東流合気武道名人　武田惣角師ゆかりの地」

と刻んだ大きな記念碑が建っている。また白滝に道場を設けて惣角を白滝に招いた植芝盛平（白滝開拓移住団団長、合気道家）の碑も、この町にある。

北海道警察刑事だった三男武田時宗は、網走で「大東流総本部」を称し道場を開いていた。

［参考文献］
竹下勇『武田惣角武勇伝』昭和四年、岡本正剛監修・高木一行編『幻の神技大東流合気柔術』学習研究社、池月映『会津の武田惣角　ヤマト流合気柔術三代記』本の森

関《せき》場《ば》不《ふ》二《じ》彦《ひこ》

―会津士道を貫いた北海道医師会初代会長

学は第二である

男子には其志節を重しとする。学は第二である。学なきも其節に死するは、一層、敬誉する価値を有する。科学者に我国家観念なきものは、寧《むし》ろ賤人《せんにん》で無く廃物同様と指付して可と断言し、且《かつ》、警告する。

―関場不二彦『関場理堂選集』より

◇生没年＝慶応元年（一八六五）十一月七日～昭和十四年（一九三九）八月二十五日。

◇経　歴＝札幌北辰病院長、北海道医師会初代会長。会津藩士関場忠武、わさの長男。会津若松中鷹匠町で生まれる。号は理堂。会津戦争で祖父の春武戦死。斗南《となみ》藩田名《たな》部《ぶ》村松ケ丘移住。東京帝国大学医科大学卒業。

◇名士との交流＝文豪樋口一葉。会津老翁赤城信一。
北辰病院で病没した坂本龍馬甥の直寛《なおひろ》。

◇北海道の足跡＝明治二十五年（一八九二）、札幌入り、公立札幌病院長をはじめ医学界で活躍した。『あいぬ医事談』『札幌医事沿革史』など著作多数。東京谷中霊園に墓がある。

利尻島で死んだ関場春温一〇〇年忌

関場不二彦は、東京帝国大学医学生だったとき、ドイツ人外科医スクリバの次の一言に心は昂揚した。

「諸君、男児として、いやしくも仕方がないといってはならない」

会津藩士二世の関場不二彦（昭和３年頃）

明治二十五年、二十八歳で初めて北海道の土を踏んだ不二彦だが、北海道との関係は、曾祖父の代に始まっている。

文化五年（一八〇八）、曾祖父関場春温は、利尻島陣将の梶原平馬景保《かげやす》（幕末平馬景武の祖父）に従い、利尻島に渡った。第一次会津藩北方警備軍である。

ところが春温は、この異郷利尻島で病没し、会津へ帰ることはできなかった。それから一〇〇年後の明治四十年（一九〇七）、ひ孫の不二彦は札幌の新善光寺で春温の一〇〇年忌法要を、身内を招いて執り行った。春温の墓は利尻富士町の慈教寺境内に、町指定有形文化財として現存する。文化年間の昔、会津藩が建てたものである。

春温の死から六十年後、会津戦争では息子に当たる関場春武（不二彦祖父）が六十二歳で戦死した。不二彦はいまだ四歳のときである。

会津戦争が終わり、関場不二彦と父忠武は斗南藩田名部村桜ヶ丘（現青森県むつ市）に移住し、ここで幼少年期を過ごした。

父は斗南藩役場から斗南県庁、青森県庁へと勤務した。その後青森県東京事務所へ転勤となり、不二彦も東京へ出た。これが医師への道を開くことにつながった。履歴を見てみよう。

明治　五年　青森小学校入学（後の長島小学校）
明治　七年　東京瀉島小学校転校
明治十一年　東京師範学校付属小学校卒業
明治十五年　東京外国語学校独逸語学部から東京大学医学部予科に入る
明治十七年　東京大学予備門卒業
明治二十二年　東京帝国大学医科大学卒業
明治二十三年　東京医科大学助手、第一医院外科医局勤務

翌年の明治二十四年（一八九一）、岐阜と愛知の一円に濃尾大地震が襲い、不二彦は救助隊医師として派遣された。死者約七二〇〇人だった。不二彦の噴墓地を襲った東日本大震災の惨劇に重なる。

会津老翁の赤城信一、文豪の樋口一葉

明治二十五年、新進気鋭の若き医師関場不二彦は、東京帝国大学恩師スクリバの勧めで北海道庁に出向し、公立札幌病院院長（区立札幌病院前身）に赴任した。いきなり札幌医学界に君臨したのである。

そのころ札幌には異色の老医師がいた。名は赤城信一という。不二彦よりも二十六歳年長、

会津藩老翁、敬虔なクリスチャンである。赤城は会津猪苗代の町医者の家に生まれ、江戸でオランダ医学を学び、鳥羽伏見戦争、会津戦争、箱館戦争では、戦傷者の救命に死力を尽くした歴戦の大物医者である。

ある日、不二彦のところへ赤城信一がひょっこり現れ、いかにも先輩が後輩へ語る命令口調で、「禁酒会の講演があるので、君が演説せよ」と依頼した。不二彦は丁重に断った。会津人らしく大酒飲みであったから、「その任でありません」と断った。

いくら断っても赤城は諦めず再三懇願し、不二彦は、やむなく講演を引き受けてしまった。講演が終わると、不二彦が予想した通り、新聞が不二彦を評して「言行不一致」と書きまくり、騒ぎはなかなか収まらなかった。

「日刊紙は不二彦が恐れていたとおり、酔漢による禁酒の進めということで、『言行不一致の人間』と決めつけ、一日のみでなく、二日連日で公立札幌病院の院長のスキャンダルとしてキャンペーンを張り、喧伝した。まさに堪え忍ぶべき『忍辱』の事件である」（秦温信《はたよしのぶ》『北辰の如く　関場不二彦伝』）

不二彦の酒好きは各界に知れ渡っていた。秦温信氏の不二彦伝によると、札幌区役所（札幌市役所前身）からもいやがらせが続いた。うっかり赤城老翁の口説きに負けたことは「不覚」だったに違いないが、人間不二彦伝を語る上で愉快なアクセントになっている。

不二彦には若妻悦子がいた。悦子の東京時代、妹樋口国子、姉樋口夏子と仲が良く、夏子は『たけくらべ』で名声を挙げる前の樋口一葉のことである。一葉の日記帳に「関場君」が登場している。

「国子、関場君へ行きて書物ども少し借てくるうちに学海居士の十津川もありき」（明治二十四年六月十四日付）

どうやら一葉は、関場悦子や不二彦の蔵書を読み込んでいたらしい。右の引用文中、「学海居士」は漢学者依田学海（元佐倉藩江戸詰）を指している（後に不二彦は悦子と離別）。

不二彦は、蔵書家であり読書人であった。

北辰病院に入院した龍馬の甥

関場不二彦は、札幌で病院経営に乗り出した。

明治二十六年　関場医院開業（現札幌市中央区南

三条西六丁目）
明治二十七年　北海病院と改称
明治三十一年　北海病院閉院、北辰病院と改称（ベルリン大学留学中）
明治三十二年　北辰病院院長就任
また公職にも就いた。
明治四十一年　札幌区医師会会頭就任
札幌区会議員当選

北辰病院は評判高く、昔も今もよく知られている。
明治四十四年（一九一一）八月下旬、元土佐自由党の坂本直寛が持病の胃が思わしくなく、北辰病院に入院し、九月六日朝、五十九歳で両眼を閉じた。「龍馬再来」と呼ばれた坂本家本家の当主である。墓は札幌市内円山墓地にある。直寛に関する不二彦の記録は、見当たらない。

北海道医師会の初代会長に就任するのは、大正四年（一九一五）八月十五日のことである。五十一歳のときある。名は広がり始めた。

昭和三年（一九二八）、旧主松平容保《かたもり》の令孫節子（勢津子妃）、昭和天皇の皇弟秩父宮と成婚。

昭和天皇令弟と勢津子の慶事に際し、奉祝会が結成され、会長に山川健次郎（元東京帝国大学総長）を選出した。そのときの奉祝金は、山川健次郎、関場不二彦らは共に「百円」の高額を出した。

関場不二彦は医学の分野ばかりでなく、あらゆる事柄に関心を抱き、数多くの論文、小説、エッセイを書き、篆刻《てんこく》（印刻）にも熱中した。

昭和十四年八月二十五日、関場不二彦は札幌で他界した。行年七十五歳。

北辰病院院長を継いだ鮫島龍水が、不二彦を回顧している。

「北海道医学界の大御所であった先生は、医政界の巨星であったと同時に、医学界の重鎮であった事は余りに有名である。（略）診療の余暇に成し遂げたやむにやまれぬ先生の研究癖の現れと思ふと敬服惜《お》く能はざるものを覚ゆるのである」

不二彦は、東京谷中霊園に眠っている。

［参考文献］

関場先生生誕百年記念会編『関場理堂選集』金原出版、秦温信『北辰の如く　関場不二彦伝』北海道出版企画センター

第七章
白虎隊

酒井　峰治
飯沼　貞吉
日向真寿見
永岡　清治
住吉貞之進
山浦　常吉

酒《さ》井《かい》峰《みね》治《じ》

—忠犬クマ公と少年白虎の会津戦争

飯盛山へ飼い犬走る

能《よ》く顧《かへり》みれば愛犬「クマ」なり。声を挙げてその名を呼べば停《とどまり》て余の面《おもて》を仰ぎ視《み》るや、疾駆《しっく》し来りて飛付き歓喜《かんき》堪《こら》えざるの状なり。涙なき能《あた》はず、その頭《かしら》を撫《なで》し。我家に飼ひし犬の余を尋ねて来り、余、腰に帯びし結飯《むすびめし》を与ふ。夢か幻《まぼろし》かの中にあり。

—酒井峰治手記「戊辰戦争実歴談」より

◇生　没　年＝嘉永五年（一八五二）一月十八日～昭和七年（一九三二）二月二十五日。

◇経　　　歴＝白虎士中《しちゅう》二番隊士、当時十六歳。会津藩士酒井安右衛門、しげ二男。鶴ヶ城郭外行人町《ぎょうにんまち》居住、酒井家本宅は郭内本四之丁。

◇忠犬クマ公＝峰治少年の黒い愛犬。クマは、会津戦争で出陣した峰治の安否を尋ねて疾駆し、飯盛山近くで若き主《あるじ》と劇的に再会し、峰治はクマ公と共に鶴ヶ城へ向かう。

◇憧れの新選組局長近藤勇＝戦後、峰治は近藤を敬慕し「勇《いさみ》」を称し、「伊佐美《いさみ》」と改名。

◇北海道の足跡＝明治三十八年（一九〇五）、会津若松から旭川へ転住し、水車業（精米）などで財を成す。旭川で没し、会津天寧《てんねい》寺の近藤勇墓近くに墓建立。平成二年、峰治令孫の酒井峯男氏が旭川の仏壇引き出しから峰治手記「戊辰戦争実歴談」を発見し、忠犬クマ公の感動的な物語が知られるようになった。幼少のころ峰治にかわいがられた峯男氏は、今も旭川にご壮健である。

飯盛山付近で飼い犬と劇的再会

花も会津の白虎隊、と歌われた少年兵は、会津藩の数え十六歳、十七歳の子弟で編成した。当初、十五歳も加わったが「余りに幼い」と除かれたが、入隊を志願する少年が多く、再び白虎隊の列に加えられた。

総員は三四三人（成人指揮官含む）と推定される。このうち北海道には五十人前後の元白虎隊士が移住し、その人物名は本項の後段に掲載した。

白虎隊と言えば、一般に「総玉砕」と印象されがちだが、そうではない。会津藩も、家族も少年たちへ「卑怯な振る舞いをしてならぬ」と言って戦場へ送ったが、決して「死んでこい」とは言わなかった。ここは昭和の軍国主義日本が突き進んだ「一億総玉砕」の姿と、明確に一線画するべきである。

会津の白虎隊は、会津戦争の災禍によって運命を、「自刃」「戦死」「生還」の三つに分けた。生還者は若かったから、その後隊士たちは、明治、大正、昭和の時代を生き延びている。

生還した白虎隊酒井峰治の手記「戊辰戦争実歴談」は、少年時代の悪夢を追想した尊い記録で、感動的ですらある。

第10代会津兼定を手にする酒井峰治
（旭川自宅で、酒井峯男氏提供）

白虎隊発足の日の記憶に始まり、大殿松平容保《かたもり》から鶴ヶ城大書院で賜った言葉、若殿松平喜徳《のぶのり》の前での操練、激戦地の様子が綴ってある。

会津戦争で峰治少年は、絶望に襲われ、山野で自害を決心したとき、農村青年が現れ、「死に急ぐな」と諭され、農民に変装して敵から襲われないようにした。

そんな中、飯盛山付近に飼い犬クマ公が現れ、峰治は「夢か幻かの中にあり」と涙し、少年とクマ公は、鶴ヶ城へ向かうのである。史実である。

この実歴談は一・五メートルの巻紙に小筆で綴られ、全文約五〇〇〇字から成り、月日、人名、場所を驚くほど詳しく記憶を甦らせている。峰治は次の

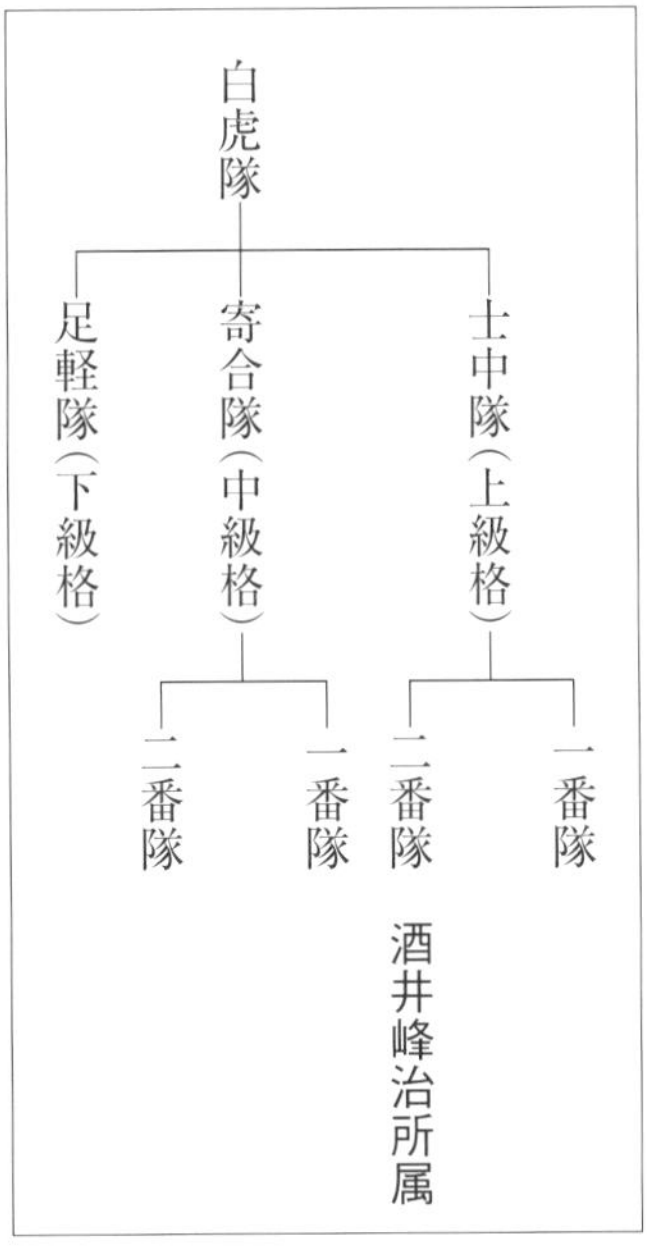

一覧の士中二番隊に属した。
士中二番隊は、「十有九士《じゅうゆうきゅうし》の悲劇」に象徴される白虎隊であるが、峰治少年は生還した。以下、「戊辰戦争実歴談」を要約する。

酒井峰治「戊辰戦争実歴談」より

[大殿様の御言葉]　慶応四年(一八六八)三月中、鶴ヶ城中三ノ丸において、幕人、会藩士に就きフランス式練兵を講習す。七月八日若君(松平喜徳)に従い福良《ふくら》(会津領)に出張《でばり》中、毎日練兵す。かつ山中に入りて空砲を放ちて若君のご覧に供す。大殿様(松平容保)より、「今般福良村に出張精々《せいぜい》尽力の段一統大儀」と城中大書院において御言葉を賜う。

[戸《と》ノ口《ぐち》原出陣]　八月二十二日に至り、敵軍戸ノ口原に来りしと報ずるに依り、白虎士中二番隊長日向内記《ひなたないき》宅に同隊ことごとく集り居れり。白虎隊の皆がいわく「ヤーゲル銃は用をなさず」、武具役人いわく「備銃少なくこれを渡すは不可なり」と。「無用の銃を携えて戦いに赴けと令するは何人ぞ」と返す。遂に馬上銃を受取る、馬上銃は短くかつ軽くして白虎隊にすこぶる適当せり。

[白虎隊士と小隊長対立]　八月二十三日、大暴風雨なり。敵の来るを狙い、立打《たちう》ちせしは独り石田和助隊員(飯盛山自決)なり。山内小隊長いわく、敵は多く我が隊は少なし、なれば犬死をしてはならぬ。石山虎之助隊員(飯盛山自刃)いわく「小隊長は腰を抜かされたか」、小隊長は憤然としていわく「勝敗の機を見ずして進死するのは小児の了簡《りょうけん》に過ぎず、予が指揮に従いて来るべし」と言い捨て山路に向いて去らる。全体もこれに従わんと歩を進めしも、小隊を見失う。

[自害の決断]　余は戦利あらず、かつ隊と相失し迷てこの処に至る。……松蔭に至り小刀を脱して自殺せんと決したるところへ、庄三(農民)及び斎藤佐一郎の妻が馳せ来りていわく、「自刃を急ぐ勿《なか》れ」と言って余の大小刀を隠し、月代《さかやき》を切り落とし髻《たぶさ》を藁《わら》にて結《ゆ》い代え、農民の姿に変装させ難を遁《のが》れられるようにした。

[飯盛山近くで愛犬クマ公と再会]　日暮れ、松《まつ》茸《たけ》山に入り小屋に憩うと余の傍《かたわら》を過ぐる者あり、能《よ》く顧《かえり》みれば愛犬「クマ」なり。声を挙げてその名を呼べば停《とどまり》て余の面を仰ぎ視るや、疾駆し来りて飛付き歓喜《かんき》に堪《こら》えざるの状なり。涙なき能はず、

その頭を撫《なで》し。我家に飼ひし犬の余を尋ねて来り、余、腰に帯びし結飯《むすびめし》を与ふ。夢か幻かの中にあり。

［大龍寺住職］　人あり来り呼ぶ。「臥《ふ》し居るは誰ぞ」と言う。「余は行人町の酒井なり」と答え、「ああ酒井様か」。……余は大龍寺の住職と共に寺に赴かば馳走すべしと共に至るも何の品も食うべきなし。寺を出て水尾村を経て栗実を喰いつつ野郎が前に至る。伊藤又八隊員と共に愛犬を引き連れ青木山続きの山に上り、城の安否を窮うに甚だ深霧にて見えず。

飯盛山近くでクマ公と酒井峰治の感動的な再会を伝える「戊辰戦争実歴談」（酒井峯男氏旧蔵、白虎隊記念館へ寄贈）

［生還して鶴ヶ城へ入城］　八月二十五日の暁《あかつき》に院内橋を経て小田山下より天神橋を渡り、三ノ丸の赤津口より笹《ささ》を振り大声を発して城に入り、はじめて命を拾いし心地せり。それより毎日、西出丸を守り居り。西出丸讃岐門口を出づれば、永岡清治隊員が抜き身の槍を提《ひっさ》げ早く詰めよと馳《は》せ来り、共に南口御門を守る。

［会津落城］　九月二十二日鶴ヶ城開城、二十三日猪苗代岡部新助の家に謹慎す。母は雀林村に在りて病死す。父も同所に在りて病に臥《ふ》するの報に接し、これを日向隊長に告げその許可を得て、行きて看護す。時に十六歳なり。

［注］　その後、クマ公はどこでどうしたものか、峰治は何も伝えていない。白虎士中二番隊に、もうひとり一字違いの「さかいみねじ」がいた。少年たちは酒井峰治を「赤みねじ」、坂井峰治を「青みねじ」と顔色で区別して呼んだ。

仏壇から見つかったクマ公の一級史料

会津戦争が終わった。峰治少年は、東京竹橋の御《お》春屋《つきや》（旧文部省跡、現毎日新聞本社の場所）で謹慎し、斗南《となみ》藩へ移住せず、再び会津若松行人町で暮らした。家族も会津若松で暮らした。

父酒井安右衛門。行人町で水車業（精米）に従事し、みとと再婚、息子の力《ちから》が出生、峰治の弟に当たる。長男徳太、元朱雀士中隊。分家独立。

二男峰治、行人町で水車業を継ぐ。旧知の人から近藤勇を敬慕していたので「酒井勇」と愛称され、その後「酒井伊佐美」と名を改めた。会津若松堅三日町に居を移し、里さ（きぬ）と結婚するが妻が死去。テツと再婚し、長男玄力《はるりき》を授かった。

祖母もん、明治五年死去。

弟の酒井力は北海道に渡った。続いて明治三十八年、峰治一家も旭川に転住し、水車業などで財を成し、妻テツ、長男玄力、二男玄次、三男玄光、長女照子と裕富に暮らしたという。

折々、峰治は旭川から会津若松を訪ねている。七日町で白虎士中二番隊の生存者と記念写真を撮り、また大正七年（一九一八）八月二十三日、飯盛山で挙行された「会津士中白虎二番隊殉難五十年祭」に列席し、亡き白虎隊の友を弔った。

昭和七年（一九三二）二月二十五日、酒井峰治こと伊佐美は、旭川の自宅で八十二年の生涯の幕を閉じ、墓は酒井家菩提寺の会津天寧寺に建てられた。近藤勇墓と土方歳三供養碑のそばである。旭川大休寺に分骨が納められた。

時は大きく流れ平成二年、旭川の酒井峯男氏（昭和五年生まれ）は、自宅の仏壇の引き出しから、祖

白虎士中二番隊生存者。後列右から酒井峰治、藤沢啓次、前列右から庄田保鉄、遠山影守（明治三十三年旧三月二十六日　会津若松七日町で撮影、酒井峯男氏蔵）

酒井峰治宛て手紙。新選組局長近藤勇に憧れ「勇」や「伊佐美」を称した（酒井峯男氏蔵）

父峰治が書いた巻物「戊辰戦争実歴談」を初めて目に触れ、幼児のころ峰治に抱かれて育った峯男氏は独り興奮した。

　孫の峯男氏は、この年八月二十三日に行われた札幌白虎忌（北海道会津会）に出席して峰治の秘話を初披露し、続いて平成五年に峰治の長女伊藤照子氏が白虎隊記念館を見学し、当時の館長早川喜代次氏から「何かよい史料はありませんか」と尋ねられ、クマ公の秘話を伝えた。

　この秘話に早川氏は感激し、峰治とクマ公の像が建立され（作・細井良雄／石台・斉藤光男）、詩吟「銅像讃歌」（全十二番）ができた。作者は早川氏。

頃は戊辰のなかの秋
戸の口原のあの戦に
四十二名の白虎の隊
鶴城指して退きぬ

クマは尾をふりワンワンと
歓喜の大声を放ちつつ
峰治の胸に飛びかかり
共に涙にむせびあう

戊辰を去りて百二十五年
旭川令孫酒井峯男の邸
仏壇の中に戊辰戦争実歴談
五千文字は忽然と現れぬ

平成六年四月二十四日、白虎隊記念館前で銅像除幕式が盛大に開催され、酒井峯男・敏子夫妻、伊藤照子氏の娘森君江氏ら峰治親族が出席した。

酒井峰治とクマ公像の除墓幕式で峰治愛刀をかざす
早川喜代次白虎隊記念館長（白虎隊記念館前で）

　その日、早川喜代次氏九十一歳は、酒井家から寄贈された峰治愛刀の十代会津兼定をひらりと抜いて、自作の「銅像讃歌」を朗々と吟詠し、平成の飯盛山に拍手が轟いた。人生最後の仕事を成し遂げた熱血の会津人老翁、早川前館長は平成十一年逝去。

［参考文献］

早川喜代次『史実会津白虎隊』新人物往来社、リーフ白虎隊記念館編『生存白虎酒井峰治銅像の由来』

［北海道に転住した白虎隊士たち］

氏名（五十音順）、移住先の順、白虎隊所属隊名は略した。

①安久原茂、函館・白老②安部八之進、札幌③在竹四郎太、成人将校・余市④飯島玄光、札幌苗穂⑤飯沼貞吉、札幌郵便局⑥池沢小助、瀬棚会津町・函館警察⑦石田和助、自刃・兄箱館戦争転戦⑧石山虎之助、自刃・遺族森・札幌転住⑨井深主、札幌⑩上野寅四郎、江別《えべつ》⑪太田小兵衛、成人将校・札幌琴似《ことに》屯田兵⑫太田源太郎、札幌山鼻《やまはな》屯田兵⑬大竹己代松、札幌琴似屯田兵⑭大場小右衛門、札幌山鼻屯田兵⑮金子家英、札幌⑯木沢治八、江別⑰木村直人、余市・札幌⑱小浅安次郎、戦死・遺族江別⑲小檜山勝美、札幌山鼻屯田兵⑳酒井峰治、旭川㉑桜井弥一右衛門、成人隊長・東和田屯田兵㉒笹内次郎、札幌山鼻屯田兵㉓佐々木平門、札幌・古宇郡神恵内㉔佐藤昌人、札幌・増毛《ましけ》・苫前㉕佐藤駒之進、成人将校・余市・小樽㉖佐藤武太郎、函館・厚岸《あっけし》・根室㉗笹原伝太郎、函館税関㉘鈴木平助、戦死・遺族余市㉙住吉貞之進、小樽量徳尋常高小校長㉚高木源治、札幌㉛高橋金右衛門、病死・遺族札幌㉜高橋清吾、余市・札幌㉝永井次郎、室蘭㉞永岡清治、札幌地裁小樽支部判事など㉟成瀬善四郎、札幌㊱仁科信蔵、札幌㊲原早太、遺族函館・苫小牧・札幌㊳日向内記、成人将校・本人移住せず一族墓函館㊴古山文治、成人将校・磯谷郡尻別㊵星野義信、根室測候所初代所長㊶本名信五、室蘭㊷町野彦太郎、札幌琴似屯田兵㊸三沢毅、成人将校・札幌琴似屯田兵㊹柳田毅、札幌山鼻屯田兵㊺山浦常吉、札幌・室蘭及び網走支庁長㊻弓田代三郎、札幌琴似屯田兵㊼吉田豊記、余市・札幌㊽渡部弾蔵、余市

※この北海道ゆかりの白虎隊士名は、本人の自筆履歴書、史料など諸記録を集約した。他にも多数の転住者がいたものと推定され、全白虎隊士の六分の一が北海道に移住している。

飯沼貞吉《いいぬまさだきち》

—小樽新聞記者に語った飯盛山の修羅

飯盛山上で
あゝ夢であったと
互いに顔を見合わせ
イザ最後のお別れと
遥かに鶴城《かくじょう》を拝す
—飯沼貞吉「白虎隊を憶ふ」小樽新聞より

◇生没年＝安政元年（一八五四）三月二十五日〜昭和六年（一九三一）二月十二日。

◇経歴＝白虎士中《しちゅう》二番隊、当時十五歳。会津藩物頭《ものがしら》飯沼時衛、玉章《たまずさ》の二男。慶応四年（一八六八）八月二十三日、飯盛山で集団自害、貞吉のみ甦生、治療回復。

◇会津戦争直後の動静＝飯盛山から生還、会津亀ヶ城で父親と再会。東京で謹慎（北海道立文書館で前田克己氏・本田克代氏が記録発見）。父時衛、兄源八、貞吉らが斗南《となみ》藩移住、移住地は初め米田村、五戸村（「旧斗南士族名籍便覧」）。戦後、貞雄と改名、号は弧舟・弧虎。妻れん。

◇北海道の足跡＝明治三十八年（一九〇五）、札幌郵便局工務課長として赴任、五ヵ年在住、局舎は中央区大通西二丁目。官舎は中央区南七条西一丁目、ここで小樽新聞の取材に答えた。仙台で没。

札幌住居跡の貞吉記念碑

元白虎士中二番隊の飯沼貞吉一家は、明治三十八年から明治四十三年（一九一〇）の五ヵ年、札幌で暮らした。

その住居跡に平成元年八月二十三日、「会津藩白虎隊士飯沼貞吉ゆかりの地」と刻まれた記念碑が建ち、それ以前は誰もこの史実に気づくことはなかった。貞吉が札幌に至る経緯を略記しておこう。

慶応四年旧暦八月二十三日、貞吉は仲間の白虎士中二番隊士十九人（人数は異説がある）と共に、会津飯盛山で集団自害した。記念碑は少年たちの思い出の山、郷里磐梯山の形にした。

飯盛山で自決を決行した友がみな散り果てる中、貞吉少年一人だけが命を吹き返し、その後、生き難

札幌郵便局工務課長時代の飯沼貞吉、最前列中央（明治42年撮影、山下キミ氏蔵）

い人生を生きるのである。

　敗者として東京で謹慎生活を送った。会津藩国替え地が斗南藩に決まると、飯沼一家（父・兄・貞吉ら十二人）は斗南に渡った。そして工部省に入省し、電信電話のエンジニアとして各地で勤務し、札幌郵便局工務課長として赴任し、一家六人挙げて札幌に移り住んだ。このころの札幌区長は、旧会津藩士加藤寛六郎である。

飯沼貞吉ゆかりの地碑（札幌第一ホテル前）

　飯沼貞吉（改め貞雄）

　　妻れん

　長男一雄（札幌で病死）

　長女浦路、夫松田一雄

　二男一精

　住居跡碑の除幕式当日、多くの人が参列した。容《かた》保《もり》の令孫松平保興《もりおき》氏、貞吉の令孫飯沼一浩氏夫妻、会津藩士子孫、貞吉の後輩に当たるNTT北海道支社の人びとほか、熱烈な白虎隊ファンら一〇〇人以上が詰めかけた。

碑前で白虎隊剣舞が始まり、「南鶴ヶ城を望めばァ」の吟詠は会津高校剣舞会OB川島忠夫氏、舞も会高OB、そのうち雨が降り出した。沿道から「会津白虎の涙雨ですなぁ」「嬉し涙です」の声が聴かれ、除幕式は絶好調に達して終わり、飯沼一浩氏の次の挨拶が引象的だった。

貞吉の母が出陣の際に貞吉に贈った歌、

　あずさ弓むかふ矢先はしげくとも
　　ひきなかへしそ武士《もののふ》の道

を朗読し、続けて「(飯盛山で甦生した祖父貞吉は)生きて行くことがむしろ戦いでした」と言葉少なく語った。

亀ヶ城で「感迫り父親と涙の対面」

札幌郵便局在職時代のある日、飯沼貞吉の自宅へ小樽新聞の記者が訪ね、取材した。北海道の有力紙である。貞吉、当時五十三歳。

記者は貞吉の口述を元にして、小樽新聞明治四十二年二月二日付から同月二月十日にかけて報じ、「白虎隊を憶ふ　白虎隊の証言者　現札幌郵便局工務課長談」の見出しを付けた。五回の連載である。

飯沼貞吉は、記者へ心を許して大いに語り、手持ちの史料も開陳、メモを渡したらしい。記事は「鶴城」を「かくじょう」と懇切なルビを振るなど、貞吉の息づかいが伝わる、ジャーナリストによる最初で最後のインタビューとして貴重な内容である。

全文の約七〇〇〇字を要約した。「　」内が新聞本文、市立小樽図書館蔵。

「敗者に心寄せる記者の論調」「国政に毒する者に対する敵対行為を、反逆者に擬するは惨酷だ」

「飯盛山上悲憤の涙を呑んで遥に鶴城《かくじょう》を拝し、自刃した白虎隊を青史（歴史）は義なる少年の犠牲として伝ふるではない乎《か》」

そのような感慨を込めて、貞吉の自宅を訪ねた。

「自刃せるもの、内の一人《にん》より死を奪った。渠《かれ》は恙《つつがな》く生存して居る。其の人こそ、現札幌郵便局工務課長飯沼貞雄氏である。記者は一日南七条東(西)一丁目の官舎を訪《おとな》ひ、当時の悲絶凄絶の惨話を聞き、飲泣《いんきゅう》惜《お》く能《あた》ざるものがあった」

「飯沼貞吉の生存を知らなかった明治の福島県当局」　明治四十一年（一九〇八）九月一日、皇太子（大正天皇）は会津入りし、白虎隊生存者の有無について尋ねた。県理事者は答えられず、小樽新聞の記者は呆れている。

「去年九月、東宮殿下東北行啓の際、轅《ながえ》（馬車）を会津に枉《ま》げさせられ　白虎隊凄絶の最後の跡を

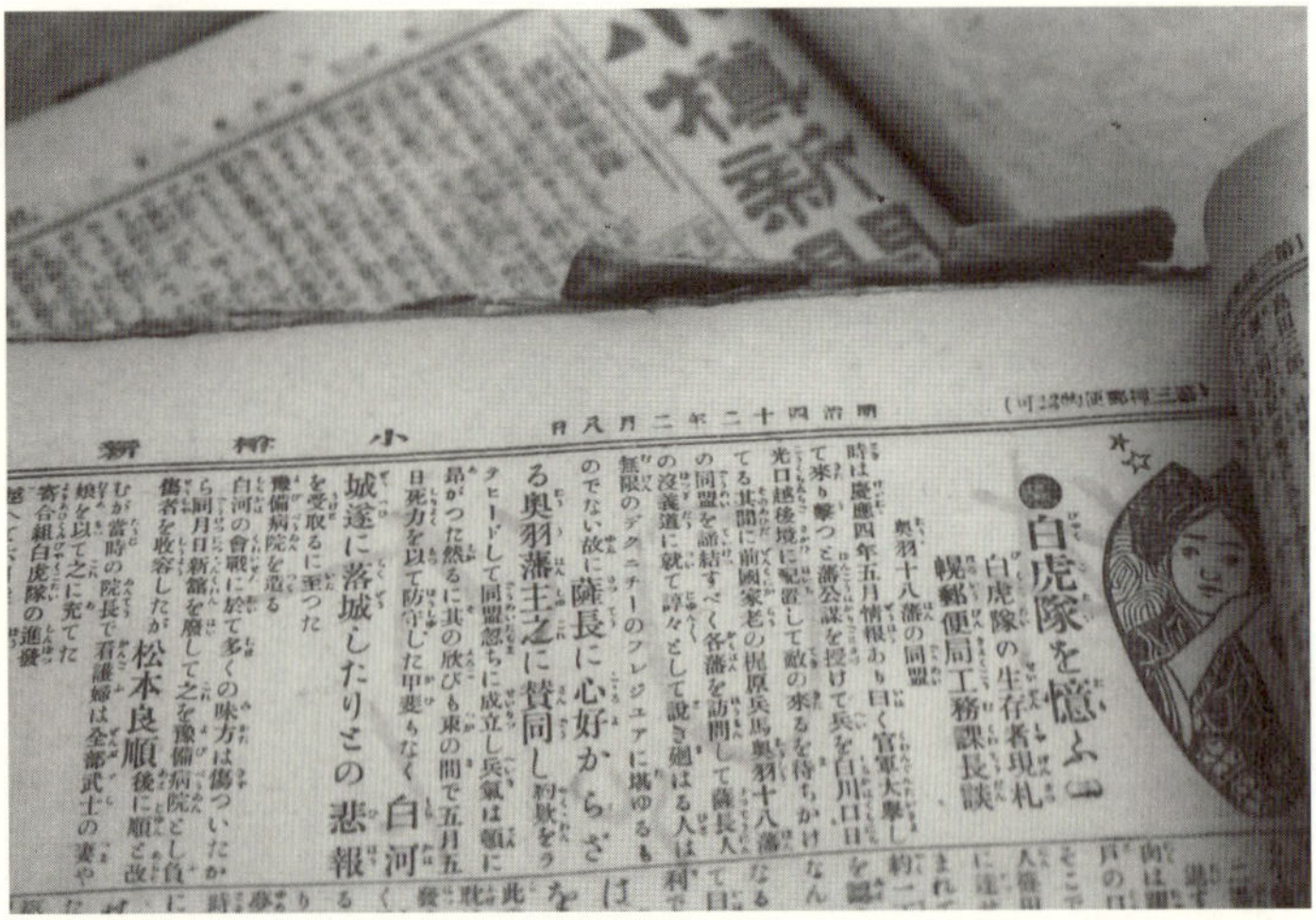

小樽新聞に載った飯沼貞吉「白虎隊を憶ふ」（市立小樽図書館蔵）

種々有難い御下問があったと承《うけたま》はる。然《しか》るに県理事者はその生存者の在るや否やを詳《つまびらか》にしないので、奉答し得なかったさうだ」

貞吉も無念だったに違いない。

貞吉は飯沼家のルーツにさかのぼり、岐阜中納言（信長孫）に仕えて切腹した先祖、飯沼勘平、関ヶ原大戦に敗れ会津藩に仕官した先祖、貞吉の厳父は七十七歳で慈母は六十八歳で眠るように逝ったこと、質素倹約の美風、少年会津武士の作法、白虎隊の編成、戊辰戦争での身内の話などを、次々と語った。

［先発した白虎寄合《よりあい》隊］「越後方面の味方大いに敗れ、後援を求めて来たため、藩公は命を寄合組に下した。そこで士中白虎隊は町はずれまで見送り、手を握り、頭を下げ互いに武士たれ、応《おう》と答いて勇ましく戦場に向って繰り出した」

［貞吉たちの白虎士中二番隊出陣］「（少年隊士の）篠田儀三郎を大将として進軍し、戸ノ口《とぐち》原に達せしは、暮色に達せし頃であった。それより前進すること約一丁、銃を肩にした敵兵の右往左往してるを認める。斥候《せっこう》を放って偵察せしめると日向内記《ひなたないき》率ゆる敢死《かんし》隊なることが判った」

この記事では、貞吉たちを率いるべき白虎士中二

番隊長の日向は、「敢死隊を率ゆる」としている。どういうことか。その後、貞吉たちは敢死隊の屯営《とんえい》に入り未明を待ったと記事は続く。

【運命の飯盛山へ】「ア、敵、敵、腹背皆敵、今は何処《いずこ》にか行くべき、一同身を潜め天を仰いで歎《たん》息《そく》した。互いに気を励まし本道と間道を合する処から左に下って飯盛山に登った。登って城下を見《み》下《おろ》せば、城郭、町は既に一面の火となり、会津の城下は今や悲憤の叫び悲歌の声に充満している」

【次々と自害】「城は落ちた、城は落ちた。飯盛山上の露《つゆ》と消ゆべし。卒《いざ》さらば涙乍らに云ひ畢《おわ》って咽喉《のど》を衝《つ》くもあり、割腹するもあり、思《おも》ひ〳〵の悲惨なる死を遂げた其日《そのひ》は八月二十三日午後一時頃であった。其際《そのさい》、飯沼氏は小刀を以て咽喉を突いた」

【貞吉、左手《ゆんで》に短刀、右手《めて》でツツジの株を握りノドを突く】「然《しか》し小刀の切先《きっさき》、幅広かりし為、只《ただ》肉破れ血出《い》づるのみで生命を断つことが能《で》きなかった。ソコで左手にて短刀を咽喉に擬し、右手にて躑躅《つつじ》の株を握り力を込めて引いた」

貞吉は地面に倒れ、短刀はノドに立ったまま気を失った。

【貞吉の甦生】「やがて顔に水をかけらる、が如きを覚え、目を開いて見た処、五十歳位の老女が何か云って居る。（中略）城は未《いま》だ落ちざるよ、死ぬるには未だ早かりし、イザ助けん」

そののち貞吉は、炭焼小屋へ避難した。更に塩川の大宮という宿屋で医師による応急手当、同家に滞在すること一週間、八月二十七、八日ごろの夜十時に長岡藩兵が敵軍に追撃され、遁走する際同家に立ち寄った。

【軍医の治療】「其内《そのうち》にある一軍医、飯沼氏が負傷に患《なや》んで居るのを見て治療してくれ、それから傷が漸次快方に赴いた」

【父親と再会し涙】「北方《きたかた》と云ふ処ニ避難し、とある代官の宅に氏を忍ばせ以て事なきを得た。戦争も済み猪苗代の亀城に至り。尊父（飯沼時衛）と面会したが、感迫《かんせま》って涙潜然《せんぜん》として下る」

記事の行間、字間から、父時衛と息子貞吉の感動的な対面の様子が偲ばれる。会津戦争が終わった明治元年九月二十二日直後のことである。

戦後、貞吉は、白虎隊記念館早川広行氏の研究によると東京護国寺で謹慎生活を送った。

会津藩が斗南藩の名で復活すると、貞吉たち飯沼一家十二人は斗南の地を転々とし、主に五戸村で暮らした。

フロックコートの似合う紳士

飯沼貞吉の札幌住居跡探しは、昭和の終わりに札幌の金山徳次氏という白虎隊ファンの熱心な研究によって、その場所が特定された。金山氏は、

「官舎前には小川が流れていたそうだ」

いつも口癖のように繰り返した。ほぼ場所が絞られた時点で、「飯沼貞吉生き証人探し」をメディア（北海道新聞社山本肇記者）を通じて探索した。札幌在住の小村豊氏から連絡が入った。昭和六十三年当時、九十三歳である。

金山氏と筆者は、興奮して小村氏宅を訪ね、開口一番、語ってくれた。

「僕は一精君（貞吉の二男）とは竹馬の友、一緒に豊《ほう》水《すい》小学校へ通学しましたから、飯沼家はよく知っております。僕の父も札幌郵便局の管理部門に勤務しておりましたからね。それに貞吉さんが札幌に赴任するというので、小村宅を空けて飯沼家へ提供したんですよ」

金山氏の口癖の通り、鴨々川《かもかもがわ》という小川辺りである。小村氏に貞吉の面影を尋ねた。

「父親の貞吉さんはいつも笑顔で僕に視線を送ってくれました。気品がありました。普段は和服姿、勤めに出るときはネクタイをキリリと結び、背が高く外人のような顔立ちでした。フロックコートがお似合いでしたなァ。とてもハラキリするような人と思えませんでした」

小村氏に、少年時代だったのに「なぜそんな詳細に記憶しておられるのか」と尋ねた。

「それは明治三十九年、僕の長姉は一精君の兄一雄さんと結婚した。ところが一雄さん、僕の父小村吉太郎たちが羊蹄《ようてい》登山に行ったとき、一雄さんは『腹が痛む』と言って下山、まもなく区立札幌病院で命を落としました。ですから飯沼家は忘れられません」

帰り際、小村氏は我々に付け加えた。

「あの飯沼さんの官舎には大きなサクランボの木がありました。懐かしいですなぁ」

小村豊氏は平成二年他界、貞吉ありし日を知っている現存唯一の方だった。

［参考資料］
飯沼貞吉「白虎隊を憶ふ」小樽新聞　明治四十二年、
金山徳次『札幌にいた白虎隊士飯沼貞吉』私家版

日《ひ》向《なた》真《ま》寿《す》見《み》

―白虎士中二番隊長の息子の函館記念碑

題字　榎本武揚

君諱《いみな》は真寿見、会津藩世臣なり。孝《こう》（亡父）は日向内記《ないき》と称し、食禄七百石、大組頭たり。明治戊辰の変となり、父と倶《とも》に軍《いくさ》に従い城を守る。明治六年開拓使電信生となる。日清の役に君ついに致命す。明治二十九年三月三十日有志。※意訳

―函館実行寺《じつぎょうじ》「日向君招魂碑」より

◇生　没　年＝嘉永六年（一八五三）一月十九日～明治二十八年（一八九五）三月三十日。

◇経　　歴＝白虎士中《しちゅう》二番隊長日向内記、諏訪氏女の長男。鶴ヶ城郭内本一之丁で生まれる。鶴ヶ城籠城。会津戦争後、斗南《となみ》藩泉下村、喜多方へ移住。明治十八年（一八八五）、父内記が喜多方で没す。

◇北海道の足跡＝開拓使・工部省・逓信省に奉職し、函館・札幌・小樽・全国各地の電信電話事業に従事した。日清戦争で朝鮮に渡り軍用電線を架設中、疫病に罹り没す。函館の菩提寺は日蓮宗実行寺、墓は未確認。

◇元白虎士中二番隊飯沼貞吉＝「日向君招魂碑」建立の際、賛助金を送る。

濡れ衣を着せられた白虎士中二番隊長

「悲劇の中の悲劇」として有名になった白虎隊十九士の悲話は、白虎士中二番隊という小集団で発生した。

隊長は会津藩士の日向内記で、真寿見の父親である。

慶応四年（一八六八）八月二十二日、日向隊長は白虎隊の少年たちに「食糧を調達する」と言って戦線を離脱したとされ、これに尾ひれが付いて敵前逃亡とさえ言われたが、これは史実として疑わしい。

発信源となった平石弁蔵『会津戊辰戦争』（大正六年）は日向が「我等には糧食の準備がないから敢死隊に相談して、なんとか都合して貰ふて来る、一同此《ここ》に待ち居るやう」と言って単身、暗闇の今来た方向へ急ぎ引き返したと言うのだ。ただ一人生存した「飯沼貞吉談」と書いてあるから、この伝承を肯定も否定もできる術を持たない。

白虎士中二番隊日向内記の長男　日向真寿見
（小桜真弓氏提供）

しかし飯沼貞吉は、これとは異なる話を伝えている。小樽新聞は、右記に示した同じ歴史の時空において、斥候《せっこう》を放って偵察すると、「日向内記率ゆる敢死隊なることが判った。篠田儀三郎（少年隊士）は命令して曰《いわ》く、今夜は敢死隊の屯営《とんえい》に入り未明を待って攻撃すべし」と語り、この談話には、日向内記の食糧調達の一件は見当たらない。

　更に平成二年に至って、白虎士中二番隊酒井峰治の手記が初めて知れ渡り、その中に、「峰治が愛犬クマに結飯《むすびめし》を与えた」とする記録が見つかった。どうやら平石本は信憑性が怪しくなり、従来説は内記にとって濡衣を着せられたものと見てよい。白虎隊の悲しい歴史を粉飾、創作、歪曲してはならない。

　また先の昭和大戦下、玉砕する「勇者」を募った際にある中隊長は叫んだ。「赤穂浪士たらんとするものは一歩前に出よ、白虎隊たらんとするものは手を上げよ」（『白虎隊精神秘話』）。会津白虎隊士の自刃と昭和軍部の玉砕思想とは、まるで性格を異にしている。極解してはならない。

　会津戦争が終結した。日向内記の一家は、斗南藩泉下村（青森県三戸町）に渡り、斗南では貧苦の会津人を救うためにすべてを傾け、のち喜多方へ全戸が寄留した。

雑業　日向内記　文政九年一月十四日生
母　ミを　文化八年一月十四日生
妻　諏訪氏女
妻（後）りさ　天保五年九月十六日生
長男　真寿見　嘉永六年一月十九日生
二男　斤治　万延元年十一月三日生
三男　寿松　慶応二年三月四日生
四男　一　明治元年一月七日生

平成三年、現代に生きる日向家ご子孫に聞いた。
西村寿子氏「みんなが内記、内記と呼んで尊敬し

てきました」（函館在住）
小桜真弓氏「何分、私の父も日向家先祖のことをあまり話しませんでした。母が祖母から聞いてそれを問い合わせがあったとき、お答えしていたようです」（横浜在住）

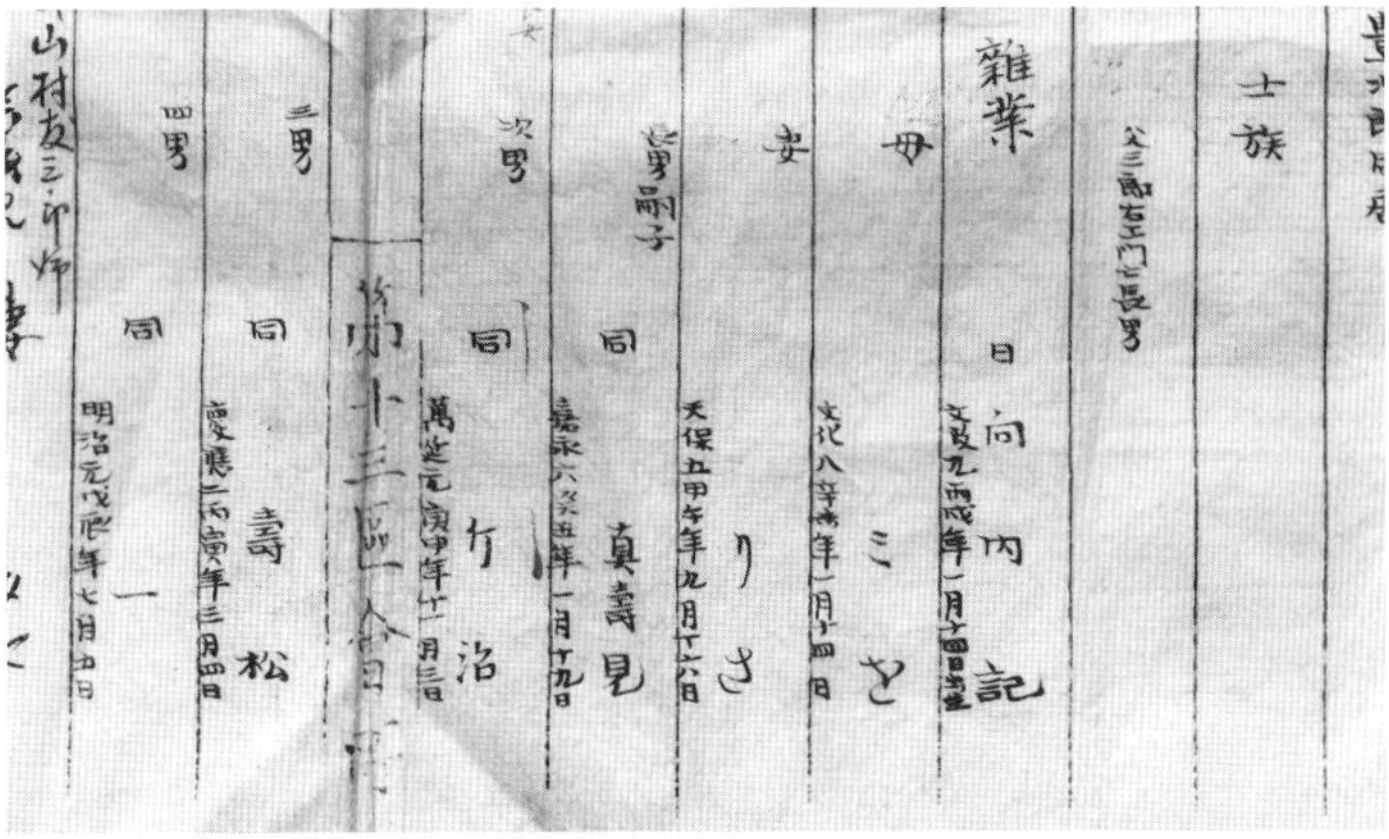
士族
父三郎右エ門亡長男
雑業　日向内記　文政九丙戌年一月十四日生
母　ミと　文化八辛未年一月十四日
妻　りさ　天保五甲午年九月十六日
嫡子　同　真壽見　嘉永六癸丑年一月十九日
次男　同　竹治　萬延元庚申年十一月三日
三男　同　壽松　慶応二丙寅年三月四日
四男　同　一　明治元戊辰年七月廿日

日向内記家の壬申戸籍（小桜真弓氏蔵）

元白虎士中二番隊長日向内記は、明治十八年十一月十四日、旧会津領喜多方で逝去した。行年六十歳、喜多方市万福寺に墓がある。

日向内記は立派な会津武士だったのだ。

本堂前に日向真寿見の碑

函館の名刹実行寺の正面を少し進むと、左手に大きな、

「日向君招魂碑」

が建っている。日向内記の長男真寿見を称える顕彰碑である。このほか本堂を囲んで、徳川藩士戦死之霊墓（会津藩士沢田光長建立、八十余名を慰霊）、会津遊撃隊長諏訪常吉墓、実行寺裏山を登って行くと日向家一族の墓石が数基あるが、真寿見の名が刻まれ墓は確認できなかった。実行寺には会津人士の墓が実に多い。

日向君招魂碑を読んだ。

日向真寿見の碑（函館実行寺）

「日向君、外征の軍《いくさ》（日清戦争）に従い、異郷の客となる。知友旧僚相謀りこの招魂碑を仙台市青葉神社に建て、以て君の功績を伝えんと欲す。君、諱を真寿見、会津藩世臣なり。亡父は日向内記と称し、食禄七百石、大組頭たり、母は諏訪氏なり。明治戊辰の変となり、父と倶《とも》に軍に従い城を守る。乱平《らんたいら》ぎ東京に囚《とらわ》る。ついで赦され、明治六年開拓使電信生となる。学ぶこと一年電信局員に挙げらるる。爾来《じらい》北海道各地に於てその職に従事すること十年にして、開拓使廃され、その後岡山、新発田、酒田等の電信局長を歴任し、日清の軍《いくさ》起くに及び、第一軍兵站部に属す。朝鮮に入り軍用電線を架せるも、たまたま悪疫に罹《かか》り、平安道瀧川に至り遂に起たず。実に二十八年三月三十日なり。年四十三」

この碑は、農商務大臣榎本武揚《たけあき》が日向真寿見を偲んで篆額《てんがく》した。明治二十九年（一八九六）三月三十日に仙台青葉神社に建立され、その後倒壊し昭和五十年代に実行寺に移築した。

先代実行寺住職の望月一正師が、真寿見の来し方を偲び、諏訪常吉墓近くに再構築した。近年、見学者が増えている。

永岡清治《ながおかせいじ》

—坂本龍馬暗殺の夜に近藤勇を訪問

会津名刀を贈る

十一月十五日、父と翁（山本覚馬）と共に新撰組七條の邸に勇《いさみ》を訪《おとな》ふ。余また従ふ。勇、刀を得て大に喜び酒を置き閑談《かんだん》夜に入りて辞し、帰り三人歩して油小路三條に来る時、藩の壮士に邂逅す。ただ今河原町通り三條上るの旅舎に於て土佐人なる坂本龍馬直柔、中岡慎太郎道正殺害せられ。

—永岡清治『旧夢会津白虎隊』大正十五年より

◇生没年＝嘉永六年（一八五三）五月二十九日〜昭和二年（一九二七）十一月十九日。

◇経歴＝白虎士中《しちゅう》一番隊、当時十六歳。通称は清治、実名は久之、号は東漸。会津藩永岡権之助、チカの長男。鶴ヶ城郭内米代四之丁居住。慶応三年（一八六七）近藤勇邸訪問、翌年会津で土方歳三と対面するなど幕末重大人物の証言者。斗南《となみ》藩横浜村、三本木村移住。判事試験合格、全国各地で判事。
◇血　縁＝山本覚馬、新島八重、永岡本家に当たる思案橋事件の永岡久茂。
◇北海道の足跡＝札幌、小樽、室蘭の裁判所判事。神戸で病没。

近藤勇宅を訪ねた十四歳の秋

永岡清治は十四歳のとき、父親権之助に連れられて京に出た。会津の自宅は、鶴ヶ城天守閣のてっぺんがよく見える米代四之丁に構えていた。近くには砲術家で名の知れ渡っていた山本覚馬、妹の新島八重も住んでいたから、顔見知りの仲であった。

元白虎士中一番隊　永岡清治（白虎隊記念館蔵）

京に着いた親子は慶応三年十一月十五日夜、山本覚馬と共に新選組局長近藤勇邸を訪ねた。このころ覚馬は視力を失っていた。

用件は時局のことではなかった。近藤勇に懇願されていた会津刀が仕上がったので、それを届けるた

慶応３年11月15日夜。永岡父子、山本覚馬の３人は会津虎徹と称された名刀「三善長道」を京の近藤勇邸に届けた（写真は会津若松市法草寺の会津刀匠三善長道家墓）

めである。近藤がどうしても手に入れたかった刀は、「会津の虎徹」と評されて人気があった「三善長道《みよしながみち》」の作である。三人は二振《ふたふり》を携えた。

会津若松古美術商の遠藤健一氏によると、当時の会津武士はこの刀を絶賛したという。

「長道のある家には、禄が低くても娘を嫁に出す」と。

後年、その夜に永岡清治は近藤勇に贈った会津刀について、次のように回想している。

「去る九月、上京の節御《おろし》のまま、二振を携帯せり。ここにおいてその研《とぎ》成る。十一月十五日、父と翁《おとな》と共に七條の邸に勇《いさみ》を訪ふ。余また従ふ。勇、刀を得て大に喜び、酒を置き閑談《かんだん》夜に入りて辞し」

（永岡清治『旧夢会津白虎隊』）

清治らが訪ねた七條の近藤邸は、西本願寺辺りである。三人は帰り道、会津藩士二人に出くわし、「坂本龍馬が今殺された」ことを知らされ驚いた。清治の回想記は続く。

「下手人は佐々木只三郎《ただざぶろう》とも近藤勇とも取り沙汰すれども、確《しか》と云《い》ふ所は分らずと云ふ。山本翁は近藤には只今《ただいま》逢《お》ふて来た故、夫《それ》は違ふ」

そう言って覚馬たちは宿舎へ帰った。勇、覚馬は共に、刀剣観賞が好きだったという。

この夜、龍馬は近江屋二階で襲われ、刺客は龍馬の前頭部を真横に薙《な》ぎ払い、龍馬が背中を向けたところを右肩から袈裟がけで斬られた。そして薄暗い燈火の下で、愛刀の土佐吉行《よしゆき》を見つめながら死んでいった。

その刀は明治三十年代、龍馬一族によって札幌に運ばれ、今は京都国立博物館に収められている。下手人は、会津藩の血を引く京都見廻組の与頭《くみがしら》佐々木只三郎が挙げられているが、いまだ確定はできない。

永岡清治にとって、忘れ難い龍馬暗殺事件であった。

白虎少年を励ました土方歳三

年明けて慶応四年（一八六八）、一月に郷里の大物山本覚馬は京薩摩藩邸に捕縛され、近藤勇は四月に板橋で斬首刑に処せられた。

七月七日、永岡清治の白虎士中一番隊、白虎士中二番隊の両隊は、若殿松平喜徳《のぶのり》の命を受け、会津領福良《ふくら》に駐屯し、軍事操練を行った。

そのとき福良陣営の白虎両隊の眼の前に、少年たち憧れの土方歳三が現れた。永岡清治も歴戦の戦士を目撃し、土方歳三の雄姿を次のように伝えた。

「中夜対抗演習をして公の覧に供す。時に土方歳三義豊、福良に陣を任し白虎隊の隣舎に在り。常に少年と親しみ且《か》つ談話して士気を励ます」（永岡清治『旧夢会津白虎隊』）

これら白虎隊士による近藤勇、土方歳三の自分の目で見た実録は珍しく、また貴重である。

戊辰八月二十三日、会津は急迫した。

清治は自宅に入り、父、母、兄弟、家族と別れを交わし自宅を後にした。

近所には縁続きの「八重の桜」の八重が住んでおり、永岡清治は会津戦争開戦日の八重出陣の様子を書き残している。

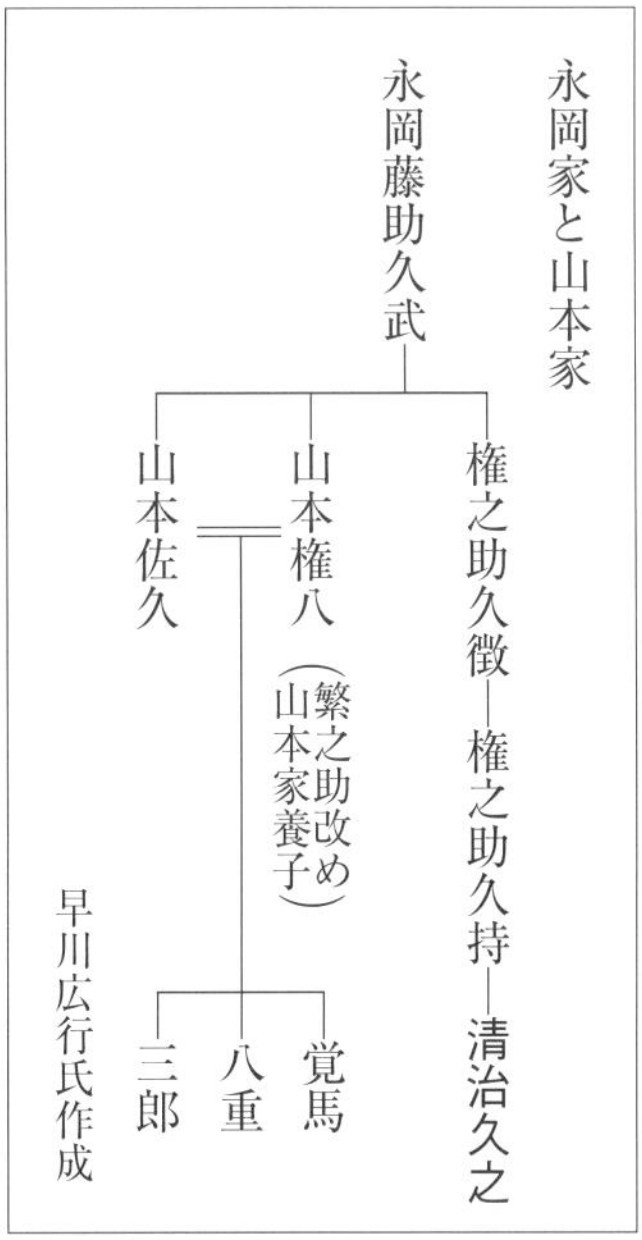

「砲術師範家山本覚馬翁の妹川崎尚之助先生の妻にして年二十四、黒髪を切り男の紋付を着し襠高《まちだか》袴を穿《うが》ち双刀を帯び襷《たすき》を掛け」（『旧夢会津白虎隊』）

勇ましい八重を活写している。

明治元年（一八六八）九月二十二日、会津の戦いは負けた。清治はいまだ十六歳、長い人生はこれから始まるのである。

後に猪苗代と東京に幽門され、斗南藩に移住し、明治五年（一八七二）京都に入り山本覚馬に寄食した。清治は、明治八年（一八七八）滋賀県に奉職中に本家永岡久茂に関係した国事犯の嫌疑を受けて入檻したが、疑いが晴れて放免となる。

明治二十年（一八八七）、判事試験に及第して北海道を含め各地の判事に任じられ、大正二年（一九一三）退職し、名古屋と神戸に移居し、悠々自適の残年を送った。昭和二年十一月十九日、病いに没す。行年七十五歳。藩籍に造詣が深かった。

［参考文献］
永岡清治『旧夢会津白虎隊』大正十五年

住吉貞之進《すみよしていのしん》

―孫のヒット曲「南国土佐を後にして」

小樽の名校長

代々会津藩士たり。累世《るいせい》朱子の学を以て立つ。貞之進氏は明治戊辰の際、白虎隊に加はりて越後口《えちごぐち》に転戦せしが、後ち子弟陶化《とうか》の事に身を委ぬ。小樽尋常高等小学校長となり、文部省並に帝国教育会より推奨せられし。

―関清輔『福島県人写真帳』大正五年より

◇生没年＝嘉永五年（一八五三）八月九日～大正二年（一九一三）十二月二十二日。

◇経歴＝白虎寄合《よりあい》隊（一番隊か二番隊か不明）、当時十六歳。父は会津藩士住吉貞次郎。会津若松南町十軒町居住。会津藩校日新館で文武を修得。会津戦争参戦。戦後、新潟師範学校、東京師範学校（東京高師前身）、文部省で唱歌を学ぶ。若松小学校長在勤。墓は会津若松清林寺。

◇北海道の足跡＝第十一代小樽尋常高等小学校長（小樽最初の小学校、平成二十四年閉校）。小樽で病没。小樽天上寺裏山に大きな「住吉校長之碑」がある。

◇歌手ペギー葉山＝貞之進の令孫。ヒット曲「南国土佐を後にして」「学生時代」「ドレミの歌」ほか。

文部省で唱歌を学んだ元白虎隊

北越の野に住吉貞之進は出陣した。戦雲の迫る慶応四年（一八六八）七月十二日、白虎寄合一番隊、白虎寄合二番隊の少年たちに出動の命令が下った。

早朝、一番中隊は原早太隊長（子孫は苫小牧で原学園経営）の邸へ、二番中隊は太田小兵衛隊長（札幌琴似《ことに》屯田兵村入植）の邸へ参集し、いったん鶴ヶ城へ入り、北出丸（追手門）から北越方面へ向かった。

このときが白虎寄合隊の初陣であり、出陣する兵を会津城下の端れまで見送ったと、後に白虎士中《しちゅう》二番隊飯沼貞吉が回想した。貞之進が寄合一番隊に属していたのか、二番隊だったのか、詳《つまび》らかでない。

七月十七日、鶴ヶ城から遠方の会津領津川（新潟県阿賀野町津川）へ到着した。ここには会津藩津川代官所が置かれ、代官や村方三役が領内を運営した。会津城下から津川へ至る街道は越後街道と呼び、同じ街道ながら越後側から呼称する際は会津街道と呼んだ。その呼び方は昔も今も変わらない。

白虎寄合両隊は、約一七〇人が出兵したとみられ、少年たちは敵軍と交戦し、多数が戦死した。飯盛山には、「白虎隊自刃十九士墓」があり、寄合隊を中心に「白虎隊戦死三十一士墓」があり、共に参拝者の香煙が絶えない。

住吉貞之進は会津戦争から生還し、その後は教育ひと筋の人生を歩んだ。

明治　六年、若松県第一大区二十七小区小学校上等訓導。

明治　八年、新潟師範学校に入学。

明治十五年、東京師範学校に入学。

同　　年、文部省体操講習を受講。

同　　年、文部省音楽取調所に入学、唱歌初歩業証書を得る。

住吉貞之進

貞之進は東京では、更に唱歌、生理、物理、化学、修身、漢文、算術、幾何、動物、地質、地理、歴史、習字を学ぶ。会津藩校日新館時代から俊才の誉れが高かった。

明治二十四年（一八九一）、三十九歳のとき郷里の若松小学校長に就任した。それ以来七ヵ年、会津において教育の改善と発達に力を尽くし、明治三十年に北海道視学（教職員監督）の座に栄転した。

おじいさまに似たのね

明治三十一年（一八九一）八月二日、住吉貞之進は北海道庁地方視学の要職から、小樽量徳尋常高等小学校の校長に就任した。小樽在住の旧会津藩老翁、大竹作右衛門の引き抜きだったという。

熱血漢の教育者である貞之進は、名校長として知られるようになった。ところが大正元年（一九一二）、

白虎寄合隊住吉貞之進と孫ペギー葉山略系図

会津藩士
住吉貞次郎
　│
白虎寄合隊
貞之進 ＝ サト子
　├ 長男 貞夫（明治三十八年没）
　├ 二男 貞人（相続、旧北海道銀行・昭和二十四年没）――貞行（昭和六十一年没）
　├ 貞勝
　├ 貞英
　└ 郁子（昭和五十七年没）＝ 小鷹将明
　　　├ 喜久代
　　　├ 安津子
　　　└ 森繁子（ペギー葉山、平成二十九年没）＝ 根上淳

浄土宗清林寺墓
会津若松市馬場本町三―一
墓は本殿東方

元小樽市立量徳小学校教頭栗原俊男氏調べ

秋より病気が再発し、再起の望みはないと悟り、愛する教え子、教師たちへ死の床から、「永訣の辞」を綴って贈った。

「諸子よ、拮据黽勉《きっきょびんべん》学業に励み、進んで市の良材たらんことを期せよ　大正二年十月二十日」

その二ヵ月余り後の大正二年十二月二十二日、住吉貞之進は小樽で惜しまれて逝去した。

すぐ浄土宗天上寺に「住吉校長之碑」が建てられた。

「先生の姓は住吉、名は貞之進という。父君は貞

住吉貞之進校長の碑（小樽天上寺裏山山上）

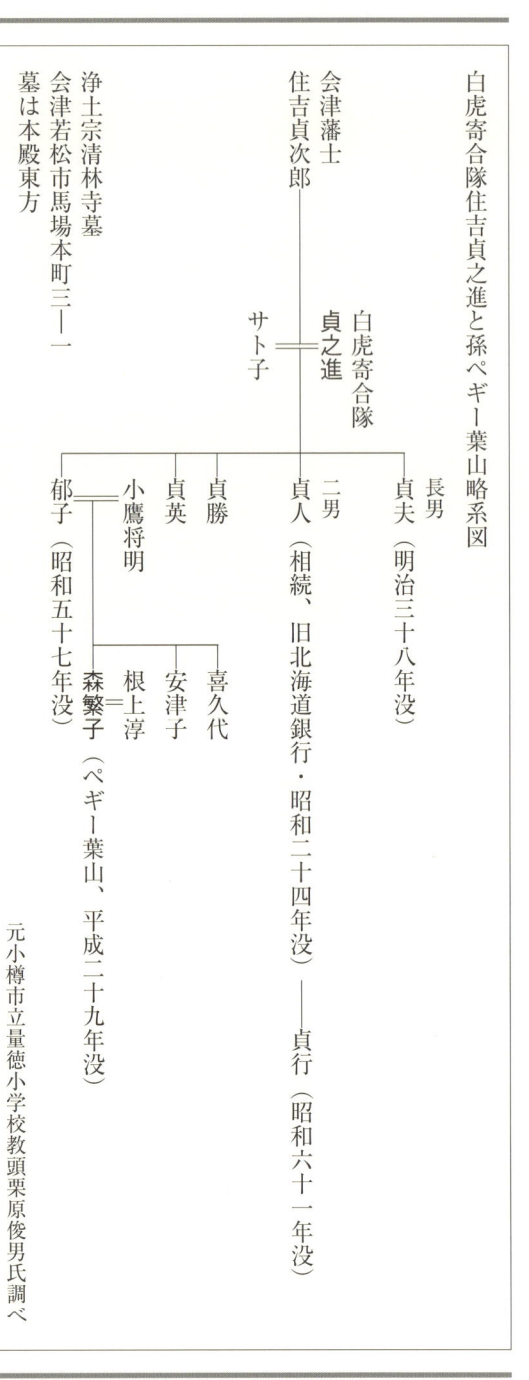

次郎といい旧会津藩士なり。幼にして藩の学校日新館に入り国学漢学を修めた。（中略）先生は人と為り至誠恪勤で在職前後四十四年間、一日もその職を休まず精励された。

　大正三年九月二十二日之を建つ　量徳尋常高等小学校々友会」（読み下し文）

平成二十四年六月一日、この碑を鮮やかなブルーのスーツを着た女性が訪ねた。貞之進の孫、歌手ペギー葉山（本名・森繁子）である。そして語った。

「余り知られていないことですが、私の祖父は白虎隊員の一員、大変進歩的な教育論を持っていて、ルーマニアのリトミックダンスを体育に取り入れたり、また障害者に対しての教育にも深い思いを持った名校長と称されたそうです。私が可愛い子供の合唱団と『ドレミの歌』を歌う姿をみながら、いつも母は言っていました。『あなたの歌に対するチャレンジ精神は、おじいさまに似たのね』。この訪問でおじいさま孝行を小樽でできました」（ペギー葉山ブログ「小樽…祖父に思いをはせて」）

平成二十九年四月十六日、ペギー葉山急逝。圧倒的な歌唱力は、旧文部省で唱歌を学んだ、祖父譲りです、とお伝えできる機会を残念ながら失った。

山浦常吉《やまうらつねきち》

—山川男爵へ滝沢峠の激戦を手紙

常吉の証言

或《あ》る人は之を喰い止めんとして
刀を振り声を嗄《か》らして
トマレ々々を連呼し
止まらざれば
斬棄てると迄、威嚇《いかく》せらるる

—山川健次郎宛「山浦常吉書簡」大正十四年より

◇**生没年**＝嘉永六年（一八五三）八月二十九日～昭和十五年（一九四〇）九月十三日。

◇**経　歴**＝白虎足軽隊、当時十六歳。会津領主蒲生《がもう》氏郷《うじさと》以来の臣、数代帰農。会津藩士山浦常次郎、きの長男。会津若松南町仲之丁で生まれる。会津戦争参戦。東京松代藩で謹慎。斗南《となみ》藩移住。青森県庁などに出仕。妻せき。

◇**北海道の足跡**＝明治二十五年（一八九二）北海道庁勤務。各支庁長。会津会札幌支部。旧

斗南士族復禄期成会幹事長として帝国議会へ請願した。札幌市北区北九条西二丁目で没。札幌市里塚霊園に墓がある。

滝沢峠、天神口で防戦

滝沢峠は会津城下の郊外にある。

この峠を越えると、みちのく屈指の会津二十三万石の城下町だ。慶応四年（一八六八）八月二十三日朝、敵の大軍が峠を越え、白虎足軽隊の山浦常吉も防戦に加わった。

　会津戦争後、世の中の注目は、白虎隊の戦いに注がれた。白虎士中、白虎寄合の戦闘は徐々に解明されたものの、白虎足軽隊は分からなかった。

　やっと大正十四年（一九二五）、山浦常吉は、男爵山川健次郎（白虎士中《しちゅう》二番隊、東京帝国大学総長）へ、滝沢峠の戦いについて札幌から手紙を投じた。すでに北海道庁の要職を退き、少年は五十七歳になっていた。これは足軽隊士が伝える会津戦争唯一の史実と言ってよい。

「突如、滝沢坂上より負傷者続々引揚げ来るにぞ、誰れの号令にや一同進めの声と共に、坂上に向って進みし。退却し来るに会いたり折柄、或《あ》る人は之を喰い止めんとして刀を振り声を嗄《か》らして、トマレ々々を連呼し、止まらざれば斬棄てると迄、威嚇せらるるも、些《いささか》の障壁もなき処に在《あり》て、坂上より発砲しつつ敵を防がんことの無謀なるを知る故にや、誰れ一人止まる者なし。私は何の思慮もなく、人々と相前後して城内に入れり。

　私は城内に入りしも隊長からは何等の命令にも接せず、平常相知る者等と西出丸の一隅に雑居して夫等《それら》と行動を共にし、或る時は天神口の防戦に砲火を交えたることあり。他には戦線に参加したることなし」（大正十四年一月十五日「山浦常吉書簡」）

元白虎隊 山浦常吉（山浦常吉旧蔵）

このようにして山浦常吉の会津戦争は終わった。白虎足軽隊七十名のなかで自刃一人、戦死二人、それに常吉の祖父山浦常之助七十三歳は城中で戦死した。常吉の手紙は、会津戦後のことについても触れている。

「九月二十三日、開城に際し始めて隊員の列を造り、隊長の指揮の下に猪苗代は見禰山に三軒の民家に分宿し、後ち東京麻生の松代《まつしろ》藩邸に謹慎を表し、明治三年三月斗南に移住したり。私は中隊長新藤文左衛門の手に隷属し居れり」

山浦常吉は、斗南藩で下北半島川内村（現青森県むつ市）に住み、続いて明治六年に三本木開墾（現青森県十和田市）に従事し、翌明治七年六月に青森県地租改正係に職を得た。

「その喜びや手の舞ひ、足の踏む所を知らざりし」

（山浦常吉）

常吉二十三歳の初夏のことである。

元白虎足軽隊長 新藤文左衛門
（明治36年73歳、山浦常吉旧蔵）

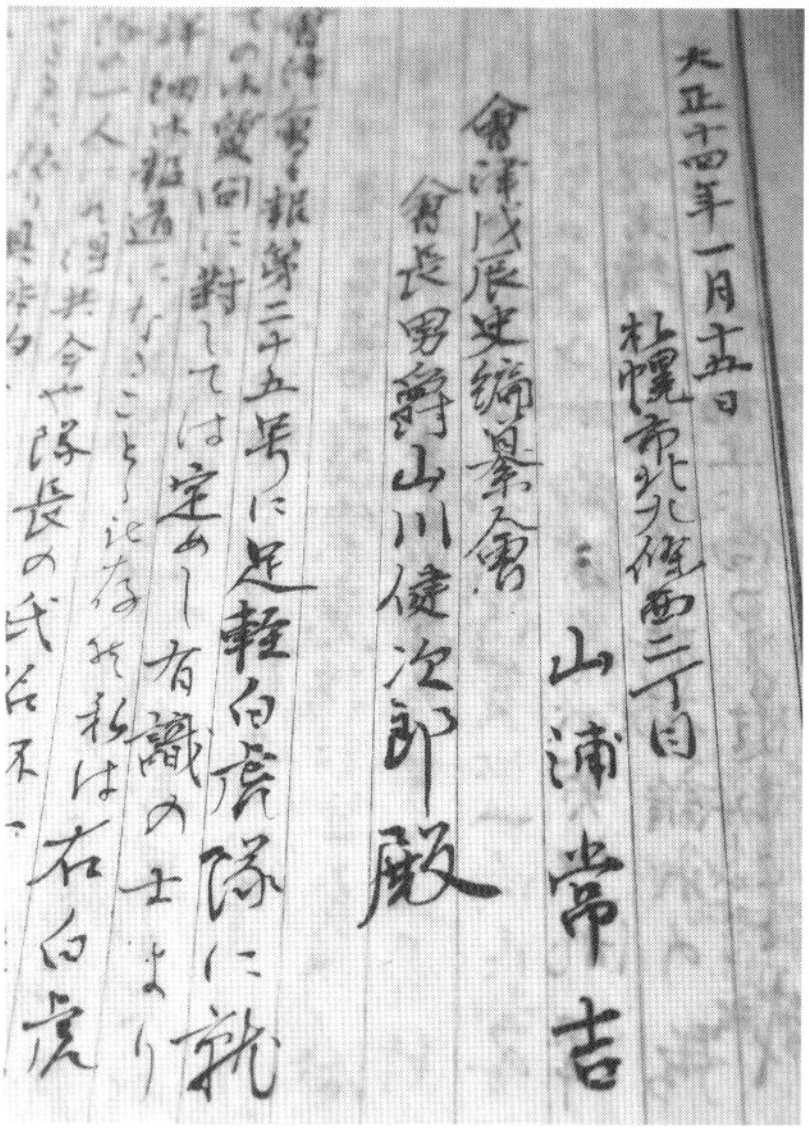

山浦常吉から山川健次郎宛て書簡控え
（山浦常吉旧蔵）

北海道庁支庁長

平成二十七年秋、札幌市教育委員会が主催した歴史講座の講師を引き受けたときのことである。主催者が設定したテーマに従い、第一回は白虎隊飯沼貞吉を、第二回は札幌の校長先生第一号になった会津藩士大庭《おおば》恭平を講じた。

受講者に質問を求めると、最近、会津若松から札幌に転住したという女性が手を挙げ、質問をした。

「札幌は会津人であることも、会津の話をすることも危険なことだと聞いておりましたが」

この質問には驚いた。

「それはまるで逆です。その証拠に市教委が会津講座を開いているではありませんか。むしろ薩長の方こそ賊軍と思っている人が多いと思いますよ」

そう答えると安心していたが、どうやらこの女性は北海道の会津史を知らない会津若松の研究家に吹き込まれたらしい。北海道は過去も今日も、実に会津人が多い。明治期の墓地を訊ねると、墓石には「会津藩旧臣」とか「旧会津藩士」とか堂々と刻まれ、運動会では白虎隊剣舞を舞った。官界、産業界、教育界で活躍する会津人士が目立ち、むしろ下級武士出身が上級武士出身を乗りこえて立身栄達する例が少なくなかった。

その一人が山浦常吉である。

そもそも山浦家の基《もとい》は江口市之丞と称し、知行一八〇〇石取の物頭《ものがしら》役として蒲生氏郷に仕え、保科《ほしな》正之《まさゆき》が会津へ入国すると浪人となり、城下材木町に帰農した。このころ姓を山浦に改めたという。

時代は流れ祖父山浦常之助の代に会津藩足軽に召し換えられ、父常次郎、母きのの長男として、会津城下南町仲之町で出生し、白虎足軽隊士として戦った。

常吉が書いた履歴書によると、戦後、青森県庁、高知県庁、愛媛県庁、熊本県庁、鹿児島県庁、農商務省、福島県庁、埼玉県庁、宮内省に勤務し、明治二十八年（一八九五）に北海道庁に入庁する。

明治四十年（一九〇七）北海道庁室蘭支庁長就任。

明治四十二年（一九〇九）北海道庁網走支庁長就任。

大正三年（一九一四）退官。

札幌市北区北九条西二丁目で晩年を送り、昭和十五年九月十二日、行年八十八歳で他界した。近年まで、札幌の名士としての常吉のありし日を知る人はいた。

最多の斗南藩名簿

山浦常吉は、部厚い斗南藩名簿を息子の建三氏に遺して死んだ。貴重な記録である。

計三六七一人もの斗南藩士戸主の名がイロハ順に並び、人名ごとに最初の入植地、次の入植地が記され、会津藩が滅びた後の旧藩士の動静がよく分かる。

正しい標題は、「明治八年六月　旧斗南士族名籍

便覧　戸籍係」と記され、記録から全藩士の廃藩後の動静を次のように分類できる。

［会津帰郷］　一八二七人（五〇％）
［斗南残留］　一〇三〇人（二八％）
［北海道転住］　二九二人（　八％）
［他県転住］　二一四人（　六％）
［東京転住］　一七四人（　五％）
［斗南脱走］　一三四人（　三％）

便覧をめくると、思案橋事件で獄死した永岡久茂は「亡」と記され、母ユキが戸主となり田名部《たなぶ》（現むつ市）に暮らしている。元新選組三番組長の斎藤一《はじめ》は会津転戦後、藤田五郎と名を変え斗南藩士として居住し、また北海道の屯田兵村へ再移住する斗南藩士の動静も分かる。

会津藩士は国破れて斗南に渡り、斗南で村々を転々とし、廃藩置県後は右記に分類した通り四散し、その後に更に散りぢりになったと思われる。斗南藩脱走の秘事も明記されているから、常吉は門外不出を守り、他界した。

この斗南士族名籍便覧は、北海道を含め斗南藩士のほぼ全体が収められている。誰が作成したか不明だが、推理してみよう。

大正六年（一九一七）十二月五日、会津会札幌支部を中心にして旧斗南藩士復禄期成会が結成され、弁護士を立てて強力に帝国議会に対して復禄運動が展開された。その幹事長が山浦常吉だった。

ところが斗南藩は短命な藩であったから、他藩に見られるような確たる「禄高帳」や「分限帳」を作成する時間がなく、運動の過程で斗南藩士を証する根拠になる記録が必要になった。このような中、当時の青森県庁が蔵していた「明治八年六月　旧斗南士族名籍便覧　戸籍係」なる標題の簿冊を見つけたのだろう。北海道の旧会津藩士はこの原簿に、「下宿帳」「米譲帳」「開拓司事」を参考にしながら、斗南藩士の最初の入植地、再移住地を付記して集大成したものと見られる。大変な作業だったに違いない。

山浦家の項をめくってみよう。

「元川内村　三本木村　山浦常次郎」

山浦常吉は、父親常次郎ら家族と共に村々を転住し、やがて札幌を棲《つい》のすみかにした。

第八章 屯田兵

三沢 毅
伊東山華
三瓶勝美

―鶴ヶ城天守閣に翻る進撃隊の旗

三沢《みさわ》　毅《つよし》

鶴ヶ城死守

白木綿に「進撃隊」という三字を書いて間に合せの槍に結び付け、これを隊旗として埋門の前に立てた。幹部のうち、生き残ったのは、甲長三沢与八（毅）、ただ一人であった。

―歴史小説『戊辰落日』綱淵謙錠より

◇生没年＝弘化元年（一八四四）五月～明治二十四年（一八九一）十二月三十日。

◇経歴＝会津藩進撃隊組頭。通称は初め与八、後に毅。実名は尚志。会津藩士の三沢牧右衛門亮温の長男。会津若松新川湯川端居住。鳥羽伏見戦争、会津戦争参戦。戦後、越後高田城下高安寺謹慎、斗南《となみ》藩大畑村の下北高安寺移住、青森県授産係。妻エイ。著作『幽囚録《ゆうしゅうろく》』。

◇北海道の足跡＝明治八年（一八七五）、開拓使最初の琴似《ことに》屯田兵村入植。西南戦争へ札幌から出兵。陸軍屯田兵大尉、新琴似屯田兵村初代中隊長へ栄進。琴似で病没、奥《おく》津城《つき》は札幌手稲平和霊園にある。

◇三沢毅の血縁＝孫に琴似屯田子孫会の三沢勝彦氏、曾孫の三沢英一氏、甥に啄木友人の詩人大島流人《るじん》氏、外曾孫に元札幌市長桂信雄氏の絢子夫人、桂元市長自身も会津の系譜。

天守五階へ駆け上がる大法寺住職

鳥羽伏見開戦二ヵ月前の慶応三年（一八六七）十一月三日、江戸で学問に励んでいた会津藩士子弟に対して、老中稲葉美濃守（淀藩主、春日局子孫）から直接、待機命令が下った。事態は緊迫していたのである。

老中稲葉の命とは、京都に非常のことが起きた場合は、江戸城和田倉門内の会津藩上屋敷に集結して京に出動することになるので、「待機しておれ」との指示だ。上屋敷は会津藩が親藩だったから、今の二重橋すぐそばの一等地に構えていた。

指示を受けた若者たちは、「会津藩諸生隊」と名付けられ江戸学校奉行の配下に入った。諸生隊とは書生隊と同じ意味だから、いわば学徒隊である。

この若い一団の中に、二十四歳の三沢毅がいた（『幕末会津藩往復文書』会津若松市刊）。

翌年の戊辰一月三日、京都で鳥羽伏見戦争が始まるが会津藩は敗走した。諸生隊の三沢は生還するが、同じ隊の山本三郎（新島八重弟）は重傷を負い、江戸に運ばれ絶命した。三郎の血染めの着物は会津の山本家へ届けられ、姉八重は形見のその着物を着て鶴ヶ城へ籠城し、男装して戦った話は余りに有名である。

慶応四年（一八六八）八月二十三日、鶴ヶ城は籠城戦に突入していた。しかし藩兵は国境警備で分散し、城中は極めて手薄であったため、八月二十四日に進撃隊がにわかに組織され、幹部に三沢毅が組み込まれた。

三沢　毅

進撃隊長　小室金五左衛門

副長　磯上内蔵丞

甲長　安藤監治

甲長　三沢　毅

甲長　梶原悌蔵

危急迫る鶴ヶ城の決死隊である。

進撃隊は、鎗組三隊、砲組三隊で編成し、味方兵の入城路を確保し、敵の侵入を死力を尽くして防戦した。進撃隊旗（縦一四三センチ×横三六センチ）を作り、大法寺住職は南無妙法蓮華経の旗を持って鶴ヶ城五階まで駆け上がり、戦勝を祈願した。その緊迫を進撃隊士荒川類右衛門勝茂が記録した。

「今日（八月二十四日）、白木綿へ進撃隊と三字の旗が出来、鎗に結付たり、但、照姫《てるひめ》様より南無妙法蓮華経の旗を下されたり、但、大法寺の方丈、御城中天守五階に上り、敵に向ひて御勝利を祈りし旗なりと云ふ、右旗を進撃の旗に添て真先に立たり」（星亮一編『荒川勝茂明治日誌』新人物往来社）

進撃隊からは夥しい数の戦死者が出た。

会津戦争が終わり、進撃隊生き残りの三沢毅、村松八太郎（筆者曾祖母の父）、荒川類右衛門ら四十二人は共に越後高田城下高安寺で謹慎し、なぜか三沢毅は戦後の明治三年二月十六日付で白虎士中《しちゅう》二番隊小隊長になっている（前記『荒川日誌』）。

その後、三沢一家は斗南藩大畑村高安寺に移住し、更に津軽の海を越えて北海道に渡った。

会津戦争進撃隊旗を持つ三沢毅の孫で現当主・勝彦氏（札幌・琴似神社境内で）

鶴ヶ城博物館へ送られた進撃隊旗

明治八年（一八七五）五月、三沢毅は開拓使最初の琴似屯田兵として北海道の開墾と警備のため移住した。あの鶴ヶ城に翻った進撃隊旗も三沢は肌身離さず携えて来た。

屯田兵村はこのときから北海道に三十七兵村が拓かれ、その総数七三三七戸四万人が入植し、北海道の礎を築き、会津人の移住は次の三兵村に集中した。

琴似兵村　札幌市西区（五十戸余）
山鼻《やまはな》兵村　札幌市中央区（五十戸余）
江別《えべつ》兵村　江別市（篠津《しのつ》分村）

三沢毅の入植した琴似兵村は、伊達藩亘理《わたり》領主の家臣団、続いて斗南藩（会津藩）の家臣団が多く、それぞれ五十世帯強が集団移住し、伊達衆も会津衆も肩を寄せ合い仲むつまじく暮らした。しかし笑えぬ伝承もある。ひとたび悪童たちの間で喧嘩が始まると、
会津の童《わらべ》が「仙台のドン五里《ごり》」（大砲一発で五里逃げる）とののしれば、仙台の童も負けずに「会津の侍腰抜け侍、刀抜かずに腰抜かす」とやりかえす。いまだ戊辰戦争から日も浅く、戊辰の傷痕は子供のいさかいにも見られた。
三沢毅の入植から二年後の明治十年（一八七七）、九州で西南戦争が勃発し、琴似兵村の屯田第一中隊、山鼻兵村の屯田第二中隊の約五〇〇人が、西郷隆盛軍征討で出兵し、三沢は屯田兵曹長として戦地に赴いた。戦さに勝利したが、屯田兵四人が戦死した。屯田兵の将校は薩摩が占めていたが、多くは敵が同じ薩摩の西郷軍だったから戦わなかったという。
明治二十年（一八八七）、三沢毅は会津屯田兵の出世頭として栄進した。頭脳に秀れ、腕力に強く、

気鋭の陸軍屯田兵大尉に昇り、新琴似屯田兵村（現札幌市北区新琴似・麻生一帯）の初代中隊長としてその名はよく知られた。新琴似中隊本部庁舎は、屯田兵村の遺構として札幌市有形文化財の指定を受けている。

屈強な三沢も病いには勝てなかった。

明治二十四年十二月三十日、胃病のため僅か四十八歳で両眼を閉じた。若林滋『新たなる北へ　会津屯田兵の物語』（中西出版）は、三沢毅の最期を次のように結んでいる。

「長患いで痩せ細っているとはいえ、自慢の髭を固く結んだ口元に、かつての進撃隊組長の面影を偲ばせた」

三沢家の会津時代は浄土真宗専福寺が菩提寺であったが、毅は神葬で送られた（曾孫三沢英一氏談）。輝ける「会津屯田兵の星」を惜しみ、大勢の会津勢がいつまでも見送ったという。

三沢は六人兄弟だった。

長女　なみ
二女　なを
長男　毅
二男　四郎八（鳥羽伏見で戦死）
三女　とよ―息子大島流人
三男　正

明治四十年（一九〇七）、放浪の詩人石川啄木は函館の土を踏んだ。三沢毅の甥に当たる大島流人は函館の文芸雑誌『紅苜蓿《べにまごやし》』の初代主宰者、その後を継ぐのが啄木である。

二人は仲が良かった。啄木は大島を「清潔な知識人」と言い、啄木第一歌集『一握《いちあく》の砂《すな》』で神のような人であると詠んだ。

とるに足らぬ男と思へと言ふごとく
山に入りにき
神のごとき友
啄　木

啄木が「神のごとき友」と畏敬した友人は、後にも先にも大島流人しか見当たらない。札幌農学校予科、一高に進学し病気退学、啄木との出会い、北海タイムス記者として札幌来訪の岩野泡鳴《ほうめい》を取材し、有島武郎とも親交を持った。父は薩摩出身の屯田兵士官大島幸衛、継母は会津のとよ。流人は神戸で病没した。北海道文学史に忘れられない人物である。

明治四十四年（一九一一）、琴似の会津人は郷里会津を偲び、心の拠りどころとして藩祖保科正之《ほしなまさゆき》公を祀る計画を立て許可を得たものの（『琴似兵村誌』）、なぜか祀られなかった。

　時を経て祀る声は再び沸き立ち、平成五年五月十五日の琴似神社創建一二〇年祭の好機に、福島県猪苗代町の土津《はにつ》神社から土津霊神（正之公）が分霊された。ここに琴似神社は北海道会津人の「聖なる地」になったのである。正之公分霊は有史初の神事であると土津神社宮司が語っていた。

　その日、会津松平家十三代の松平保定《もりさだ》氏が参列し、感懐を込めて挨拶した。

「土津様と琴似神社とが手を携えて、日本の平和、世界の平和のためにご神徳を活用されること祈念します」

　保定氏の風貌は、祖父松平容保《かたもり》によく似ていて、ふとした拍子に容保の面差しに重なった。式典には三沢毅の令孫三沢勝彦夫妻の姿も見かけられた。

　その後の平成二十一年、誇り高い進撃隊旗は鶴ヶ城天守閣の郷土博物館へ孫三沢勝彦氏が寄贈した。収まるべきところに収まったと言ってよい。

［参考文献］
　若林滋『新たなる北へ　会津屯田兵の物語』中西出版

伊東山華《いとうさんげ》

―官憲が狙う志士のごとき新聞人

熱烈に国を論ず

札幌の大《たい》した新聞ではないが、社長の伊東山華君が志士的な愉快な人だ。生れは若松藩（斗南《となみ》藩）だが、帝大の専科を出た文章家だ。言語も態度も洵《まこと》に純朴だが一旦《いったん》国を論じ、世を議するとなればその熱烈さに敬服した。汽車の中は山華氏と二人切りで、札幌に着いたのである。

―童謡詩人野口雨情《うじょう》の回想より

◇**生没年**＝明治四年（一八七一）一月三日〜大正二年（一九一三）九月十二日。
◇**経歴**＝札幌山鼻《やまはな》屯田兵の二世。北鳴新報社社長。本名は正三、号は山華。旧会津藩士伊東左膳三男、斗南藩三戸聖寿寺村で出生。三本木村移住。
◇**北海道の足跡**＝明治九年（一八七六）五月、山鼻屯田兵村二十三番地の東屯田通りに一家入植。山鼻学校卒（札幌市立山鼻小学校

前身）。十歳のとき開拓使編輯課《へんしゅうか》給仕に出仕。東京帝国大学法科大学中退。北門新報主筆、北鳴新報創刊。大日本労働至誠会を坂本直寛《なおひろ》、南助松と結成した三人衆の一人。大著『札幌区史』を書く。厚岸《あっけし》で牧場経営、釧路で客死。妻ヤエ。

北鳴新報創刊し雨情入社

伊東正三は、号を「山華《さんげ》」と称した。死を恐れない凄みを効かせた号である。六歳で札幌の中心部に近い、山鼻屯田兵村に入植した。藻岩山《もいわやま》の山ふところに抱かれた山鼻が好きだったらしく、号は地名をヒントに「山華《やまはな》」をあてがい、山華を名乗った。

山鼻屯田兵二世 伊東山華

　山華は死を意味する散華に通じるから、言論人の心意気を包み隠さず、号にした。

　俊才である。今の札幌市中央区南十四条西八丁目に当たる屯田兵屋《へいおく》に住んだ。その隣の山鼻二十四番地に住んでいた旧会津藩士竹田藤蔵の孫さき氏（明治四十年生まれ、北星女学校出身）は、伊東正三の堂々たる人柄を祖母カネから聞いている。

「正三さんは立派な人で、東大出身、みんなに尊敬されていたのですが、警察に狙われていたそうです」

　そう語る竹田さき氏は、山鼻屯田兵村に生まれ、同じ場所で他界した。兵村時代の語り部としてよく知られ、会津藩品川台場を襲った安政大地震の悲劇、土方歳三の会津妻の話を、生前、よく語っていた。

　山鼻兵村の俊才、伊東山華とはいかなる人物だったのか。

　伊東家の先祖は、伊豆国伊東から出た。会津戦争では、父親の会津藩士伊東左膳は、幌役並びに婦女子取締役、兵糧掛を務めた。敗戦後、猪苗代に謹慎し、続いて東京山下御門内屋敷に謹慎した。斗南藩の三戸聖寿寺村から三本木村へ転住し、明治九年五月に北海道山鼻屯田兵村に父左膳、長兄勝三郎らと

山鼻屯田兵村の語り部だった竹田さき氏（会津藩士竹田藤蔵の孫）

入植した。山華は伊東左膳の三男坊、六歳だった。

北海道立文書館の記録によると、明治十三年十月二十日付で伊東山華は十歳のとき、開拓使編輯課に給仕として仕え、それから各校で学んでいる。

名門戴星義塾入門
北海英語学校入学
東京帝国大学法科大学入学、中退

東京帝大在学中、はやくも新聞界で活動の幅を広げ、「山華耕夫」のペンネームで、北海道の北門新報、北海道毎日新聞にも寄稿した。

北門新報社長中野天門（二郎）から同社主筆に起用され、「豊巌」「北民」の号で秀れた評論を書いた。このころ東京帝国大学を中退したのであろうと思われる。

また中野天門が創立した北海露清語学校に協力して、国際公法を論じた。中野は中国、ロシア、東南アジアを放浪して政治活動をしていた日本人の一群、いわゆる「大陸浪人」の一人として知られた。中野天門も旧会津藩士の子弟、やがて挫折して北門新報を退く。

明治三十四年（一九〇一）、伊東山華は札幌で北鳴新報を創刊し、北海道の新聞界に新風を起こした。

六年後の明治四十年（一九〇七）五月、後の童謡詩人野口雨情が早稲田の恩師坪内逍遥《しょうよう》の世話で北鳴新報社に入社する。社屋は、今の札幌市中央区北一条西二丁目に構えていた。

北海道三人衆の「大日本労働至誠会」結成

明治三十五年（一九〇二）、黎明《れいめい》期の労働運動を支援する「大日本労働至誠会」が、坂本直寛、南助松、伊東山華という北海道の大物三人衆を中心にして結成された。

二年前の明治三十三年（一九〇〇）、言論や結社を封じる近代史に悪名高い治安警察法が公布されていたとはいえ、官憲は大物三人衆においそれと手を出せなかった。三人はそれぞれの立場から、至誠会を強力に支えるのである。

［龍馬甥の坂本直寛］　自由党土佐派の論客である。旧長州藩士伊藤博文首相の国政に異議を唱え、高知県会議員のとき上京し「言論の自由・地租の軽減・外交の刷新」を求めて、伊藤との面会を強く要求した。退去を命ぜられたがそれを拒否し、坂本は逮捕され投獄される。

明治三十年（一八九七）、坂本一族は一家を挙げて北海道へ移住、明治三十五年樺戸郡浦臼から札幌に転住し、坂本は同年に大日本労働至誠会の会長就任。この北海道坂本家の初代当主が北辰日報専用の原稿用紙に執筆した手記「予は昔し士族の友多かりしが、今は平民を友とせん。労働者は予が親しき友人なり」が北海道立文書館に現存する。至誠会にとって毛並みのよい坂本の存在は、力強かった（『坂本龍馬　志は北にあり』好川之範）。

［夕張炭坑夫の南助松］　明治後期の労働運動家である。書生、店員、漁師などを経て坂本直寛らとともに、労働団体の大日本労働至誠会を札幌で結成し、夕張に支部をおいた。足尾銅山に移り、暴動を教唆、煽動したとして逮捕されたが、裁判の結果、無罪（『北海道大百科事典』北海道新聞社）。

［会津屯田の伊東山華］　札幌の北門新報の主筆（同名の新聞は東洋のルソーと呼ばれた土佐の中江兆民が小樽で創刊した）。北鳴新報時代、初の北海道議会議員選挙に立候補し落選したあと、坂本直寛らと大日本労働至誠会を結成した。

北鳴新報廃刊のあと、『札幌区史』を書き上げる。明治四十四年（一九一一）、釧路国太田村（現厚岸町）で牧場経営に転じたが、二年後釧路で病没した。

大日本労働至誠会は、明治三十五年五月十二日に夕張の万行寺で発会式を挙行した。南助松が主唱し、集まったのは坑夫のほか新聞記者、クリスチャンたちがいた。

会長は坂本直寛が就任したものだから、官憲は至誠会の動向を探り、北海道庁警察部『北海道に於ける左翼労働運動沿革史』（北海道立文書館蔵）は札幌の動向を次の通りまとめた。

「明治三十五年中、当時、札幌区大通西六丁目十番地において、会長坂本直寛、副会長小山愼次郎等の労働ブローカー的人物をもって、労働者の社会的地位生活の向上と、相互扶助を中心スローガンとして組織されたる結社あり。以下略」

敬虔なクリスチャン坂本直寛を労働ブローカー呼ばわりするなど、当時の北海道庁の空気が読み取れて興味深い一文だ。

伊東山華を匿った会津の家々

衆議院議員だった渡辺惣蔵（社会党）は、著書『北海道社会運動史』の中で大日本労働至誠会の結成について、共感を寄せた。

「思想的に統一されたものではなく、炭鉱労働者の実体に対する不満と、これを向上させようとする、止むにやまれぬ情熱に取り立てられた人道主義ともいうべき人達の結合であった」

渡辺惣蔵は坑夫南助松と山鼻屯田兵村伊東山華（正三）との関係についても、次の通り触れている。

「南助松もまた『坑夫同盟』や『坑夫共済会』の結成運動に参加した一人であったが、南助松は、その後、運搬夫に従事しながら、伊東正三らと連絡をとり、夕張支社と兼務しながら秘かに機会を待った」

山鼻の伊東山華宅に、官憲が踏み込んだ話が伝えられている。きっと大日本労働至誠会の結成前後のこのころだろう。

伊東家の隣家竹田さき氏に、再び祖母から聞いた話を思い出してもらおう。

「正三さんが何かの運動に関係したとかで、警察が伊東さん宅を訪ねて来たそうです。そのようなとき、竹田家で正三さんを匿ったということでした。会津の人たちもそうしたようです」

屯田兵の会津の家々は、伊東山華を匿った。

北鳴新報を廃刊した後、山華は釧路で大正二年九月十二日、客死した。四十三歳の若過ぎる死だった。

明治四十三年（一九一〇）、野口雨情は上京して詩作に没頭した。童謡「七つの子」「赤い靴」「青い目の人形」、哀調歌謡「船頭小唄」「波浮の港」が広く歌われた。

［参考文献］
北海道庁『北海道に於ける左翼労働運動沿革史』
昭和六年、渡辺惣蔵『北海道社会運動史』レポート社

三瓶勝美《さんべかつみ》

―レルヒ直伝スキーを広めた屯田二世

三瓶勝美レルヒ回想

レルヒが旭川に来た。未《いま》だ日本語が堪能でない。「ワザコノトリコレサンベ」（技はこの通り、これ三瓶の意）という具合だ。日本の武士道の研究をするつもりであったと見え、「ソレニホンノブシドウアリマスカ」と妙なアクセントで言う。「如何《いか》に転んでも勇敢に滑れ」という意味であることが判った。

―佐藤徹雄『北海道のスキーづくり』より

◇生没年＝明治十六年（一八八三）三月八日～昭和十二年（一九三七）四月一日。

◇経歴＝篠津《しのつ》屯田兵（現江別《えべつ》市）の二世、陸軍少佐。代々会津若松本二之丁居住。会津戦争で祖父三瓶九右衛門は会津藩玄武隊に属し、鶴ヶ城甲賀町口門で戦う。戦後、越後高田藩謹慎、斗南《となみ》藩移住、三本木村転住。

◇北海道の足跡＝明治十四年（一八八一）、父三瓶留松が石狩国石狩郡篠津村八番地の篠津屯田兵村へ入植、二年後、長男勝美出生。陸軍士官学校卒業。明治四十五年（一九一二）、札幌月寒歩兵第二十五連隊中尉時代に、旭川でオーストリア軍人テオドル・フォン・レルヒ中佐から一本杖《いっぽんづえ》スキー術を学ぶ。同年、北海道初のスキー登山を札幌藻岩山《もいわやま》で決行し、北海道にスキー時代の幕が明ける。札幌スキー倶楽部理事長、北海道スキー連盟常任理事。妻は札幌山鼻《やまはな》屯田兵の旧会津藩永峰家娘キク。

北海道スキーの夜明け

日本スキーの発祥は、いつのことだったのだろう。スキー博士、と呼ばれた佐藤徹雄（元名寄高校教諭）は名寄叢書『北海道のスキーづくり』の中で、国内におけるスキー渡来時期を次の通り渉猟《しょうりょう》している。

明治二十八年（一八九五）、日清戦争の凱旋《がいせん》に際し、松川敏胤《としたね》大尉がスキー板を戦利品として持ち帰る。

明治三十五年、イタリア駐在日本武官が八甲田山雪中行軍の遭難を知り、陸軍省に軍用スキー一台を送る。

篠津屯田兵二世　三瓶勝美

明治三十六年、札幌月寒歩兵第二十五連隊にノルウェー式スキー三台が届き、苦心して滑ってみたが成功しなかった。

明治三十七年、青森県野辺地《のへじ》の素封家が外国雑誌でスキーを知り、東京丸善を通してスキー二台を購入して試乗するが、うまく滑走できなかった。

明治四十二年、東北帝国大学農科大学（札幌農学校後身、後の北海道大学）のスイス人ハンス・ゴラー教授が、本国からスキー一台を取り寄せ学生たちに滑らせたが失敗した。

右のように、日本人はスキーに対して強い憧れを抱いていたが、堂々と「日本スキー発祥！」と胸を張る段階には至らなかった。スキーが本物の姿で発祥し、それが人びとへ普及し、スキー製造へ結び付くためには、オーストリア軍人テオドル・フォン・レルヒというスキー指導者の来日を待たなければならなかった。

明治四十四年（一九一一）一月、軍人レルヒ少佐は新潟県高田（現上越市）で一本杖（ストック）による本格的スキー術の指導を開始し、ようやく日本スキーの発祥と呼べる段階に至った。

翌四十五年、中佐に昇進したレルヒは、雪質のよい旭川の配属を希望した。それが叶い同年二月二十日、旭川の陸軍第七師団でスキー指導を開始し、この日北海道スキーが発祥した。

新潟県高田、北海道旭川、雪の二都でスキー文明が花開き、レルヒは「日本スキーの父」「北海道スキーの父」と称され、今日に至っている。

北海道にスキーが始まった明治四十五年二月二十日、記念すべきスキー講習会初日の「第七師団日誌」に次のことが記録されている。

「積雪地方に於ける軍事上その他、一般交通上の補助たらしむる目的を以て各隊より委員を設け、約一ヵ月間オーストリア国参謀中佐テオドル・フォン・レルヒに従ひ研究を開始す」（佐藤徹雄『北海道のスキーづくり』）

この日こそ、退嬰的《たいえい》な冬の北海道にスキー文明の灯がともった忘れられない日である。受講生の中に、札幌月寒歩兵第二十五連隊の三瓶勝美中尉、旭川郵便局、ハンス・コラー教授の教え子稲田昌植たちもいた。旭川市春光台の鷹栖《たかす》神社境内に「北海道スキー発祥之地」が誇らしく建っている。一時期、旭川第七師団長の高級副官の任に、旧会津藩士松江豊寿（後に若松市長）が在任していた。

その前の年の明治四十四年一月十二日、三瓶勝美はひと足早く越後高田におけるレルヒのスキー講習会に参加していたらしい。勝美二男の本郷精一氏が回想している。

「父の三瓶勝美を含めて北海道から数人が選抜されて、高田のレルヒ講習を受けたと、私は父から聞いております」

越後高田は、三瓶家にとって因縁深い地である。祖父の会津藩士三瓶九右衛門は高田城下で会津戦争後に謹慎した。高田の金谷山頂にレルヒ像が建立され、その像の近くに明治期の初め、謹慎中に高田で死んだ大勢の会津藩士の墓がある。三瓶も目にしたはずだ。

本郷精一氏は筆者にこうも語っている。

「父三瓶勝美は軍隊は薩長ばかりで駄目だ。頼りになるのは畑俊六大将（旧会津藩士）だけだよ」

次に話は横道にそれる。来日前のレルヒとルーマニア・ハイリッヒ家の令嬢イルマとの悲恋秘話が伝えられている。イルマは絶世の美女で、外国まで知られていた。レルヒとの結婚にイルマの親が「相手はドイツ人武官」と頑迷に反対したため、二人は結ばれず、イルマは人の妻になり、やがて二児の母に。そのときレルヒは生涯独身と決めて来日した。

日本スキーの恩人レルヒとイルマが結ばれるのは時が大きく流れ、レルヒ五十三歳のときのことである。

三瓶勝美スキー登山と藻岩山レルヒ神社

札幌市の隣の江別市域では、二ヵ村の屯田兵村に計二十戸の会津人が入植した。内訳は江別屯田兵村十二戸、篠津屯田兵村八戸となっている。

篠津屯田兵村で二世として生まれた三瓶勝美は、文武に秀れた第一級の人物である。旧制札幌一中を経て、士官候補生として月寒歩兵第二十五連隊に入営し、陸軍士官学校（十五期生）に進んだ。日露戦争では、二〇三高地の激戦で負傷する。

明治四十五年、旭川でレルヒ直伝の一本杖スキー術を学び、その後の三瓶のスキー術に対する情熱は目を見張るものがある。

札幌に戻った三瓶は三月二十二日から、月寒練兵場、月寒小学校の裏山（くり山）でスキー指導を行い、連隊の軍人、学生、体育教師、民間人が受講した。

基礎技術として平地滑走、方向変換、快速方向変換、大滑走。応用技術として三月二十九日から藻岩山の山頂登山を決行している。原田広記氏の論考「三瓶勝美」によると、藻岩山ロープウエイ駅近くの東本願寺横からスキーを付け、最初は直線で登り、次はジグザグで藻岩山五三一メートルの山頂まで約一時間二十分で走破し、下り真駒内方面へ十四分八秒で大滑走したという。

これが北海道最初の札幌藻岩山のスキー登山であった。三瓶中尉ほか十名一班による挑戦の成功である。この北海道スキー史にとって輝かしい快挙を記念して、藻岩山中頂にレルヒ神社が建立され、スキーの発展と山の安全を祈っている。その後三瓶は、スキー演習を札幌の三角山、小樽へ遠征スキーにも挑んだ。

大正九年（一九二〇）八月、三瓶勝美は陸軍少佐で退官した。現職を退いた後もスキーへの情熱は消えず、大正十四年一月には札幌スキー倶楽部理事長となり、昭和四年十二月には札幌スキー連盟の常任委員に着任した。

札幌の大地主中野四郎（今井百貨店前で中野時計店を営む）は、「ツバメ印」の商標でスキーづくりに熱中した。中野は自社製のスキーに、雪原を疾風のように走るツバメを想像したのだろう。三瓶と仲が良かった。

古来のレルヒスキー術は、現代に受け継がれている。初代藻岩レルヒ会会長鈴木謙太郎氏、二代会長原田広記氏（福島県相馬藩士系譜）へ継承され、脈々と一本杖スキーは今も生きている。鈴木氏の長男謙二氏は'72さっぽろオリンピックで旗手を務めた。

三瓶勝美は昭和十二年、旅行中の汽車の中で倒れ病院に運ばれたが四月一日、北海道スキーの恩人は五十五歳で生涯を閉じた。

［参考文献］
佐藤徹雄『北海道のスキーづくり』名寄市教育委員会、原田広記論考「三瓶勝美」

第九章　石川啄木・有島武郎の周辺

向井永太郎
山口　喜一
小林　寅吉
星野　純逸

向井永太郎《むかいえいたろう》

―啄木を札幌に招いた会津藩若年寄の孫

> **明治四十年九月十四日**
> 札幌に在る詞友夷希微《いきび》向井永太郎君より飛電あり、来りて北門新報社に入れ、月十五金給せむと。（函館から）秋風一路北に向ひ翌九月十四日札幌に着き向井君の宿なる北七条西四丁目四、田中方に仮寓《かぐう》を定む。
> ―石川啄木「秋風記」より

◇生没年＝明治十四年（一八八一）八月十一日～昭和十四年（一九三九）九月二十九日。

◇経歴＝詩人。石川啄木の友人。本名は永太郎、号は夷希微、夢海漁夫、向井逸人。旧斗《と》南《なみ》藩領大畑村で出生。祖父は会津藩青龍士中三番隊長（若年寄格）の木本慎吾、父は国英、母はキチ。父母は結婚に反対され、永太郎はキチの向井姓を継ぐ。

◇北海道の足跡＝幼年期、別海、網走で暮らす。鹿児島造士館中学卒、一高中退。明治三十六年（一九〇三）、根室花咲尋常高等小学校教員、同僚教員に会津藩家老梶原平馬の二男水野文雄がいた。明治四十年（一九〇七）、函館と札幌で啄木と交遊を結ぶ。北海道庁林務課勤務、退職金で札幌初の詩集出版。上京、東京で没。妻イチ。墓は青森県むつ市川内の憶念《おくねん》寺にある。

◇孫の向井豊昭＝作家、平成七年『ＢＡＲＡＢＡＲＡ』が早稲田文学新人賞を受賞。元北海道三石《みついし》小学校教諭。

下宿屋田中方の漂泊二週間

明治四十年五月五日、薄幸の天才詩人石川啄木は、青函連絡船を降りて函館に到着した。

この日から函館、札幌、小樽、釧路の順に一ヵ年にも満たない生活を各地で過ごした。よく知られる啄木の北海道放浪である。

函館山中腹にも登った。ここでは箱館戦争で散った会津遊撃隊士らを祀る碧血碑《へきけつひ》の辺りを散策し、代表作『一握《いちあく》の砂《すな》』に次の一首を収めている。

函館の臥牛《がぎゅう》の山の半腹の
碑の漢詩《からうた》も
なかば忘れぬ

函館では、弥生尋常小学校の代用教員、次に函館日日新聞記者の職を得、函館の青春を楽しんだが、八月二十五日の函館大火で罹災し、啄木は途方に暮れた。

そんな矢先、既に顔見知りになっていた北海道庁勤務の向井永太郎が大火の救護活動のため札幌から函館入りした。職を失っていた啄木は向井に就職口の世話を依頼し、二通の履歴書を書いて向井に渡した。一通は小学校教師向け、もう一通は新聞社向けである。

札幌に戻った向井永太郎から、「就職口あり」の朗報がすぐ届き、九月十四日午後一時を過ぎて札幌停車場の駅頭に降り立った。そのときの啄木の風采は、こんなふうであった。

頭髪は丸刈り。
服装は色褪《あ》せた紋付袴。
持ち物は小さな鞄が一つ。

啄木が二十一歳の秋の日のことである。この日から二週間の漂泊生活が始まり、それから僅か五年後、啄木に死が待ち受けているとは、誰も知らない。

札幌停車場に向井永太郎、松岡政之助が出迎えた。札幌も札幌大火の直後であったので、市の中心部に貸家はなく、啄木は向井、松岡の下宿先であった駅のすぐ裏の田中サト方にころがり込む。田中方母屋の六畳間に啄木、松岡、札幌一中生、向井は田中方

向井永太郎

啄木札幌下宿の女主人 田中サト

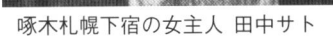

離れの小さな部屋に一家三人で暮らしていた。

下宿屋の女主人には、十八歳の娘田中久子、十一歳の妹英子がいた。『一握の砂』は姉妹を歌っている。

わが宿の姉と妹《いもと》のいさかひに
初夜過ぎゆきし
札幌の雨

秋の雨音を聴きながら、枕についた啄木のさすらい歌である。啄木は姉久子（札幌北星女学校卒）をのちのちまで「スイートピーの君《きみ》」と形容して懐かしんでいる。

九月十六日、北門新報社へ初出社。

九月十七日、啄木は校正係だったが編集局に札幌の印象記「秋風記」を執筆して渡した。

明治40年函館時代の石川啄木

「札幌は寔《まこと》に美しき北の都なり。初めて見たる我が喜びは何にか例へむ。アカシヤの並木を騒がせ、ポプラの葉を裏返して吹く風の冷たさ。札幌は秋風の国なり木立の市《まち》なり。おほらかに静かにして人の香よりは樹の香こそ勝りたれ。大なる田舎町なり、しめやかなる恋の多くありさうなる郷《さと》なり、詩人の住むべき都会なり。此処に住むべくなりし身の幸を思ひて、予は喜び且つ感謝したり」

この札幌の秋の讃歌は、翌九月十八日に掲載された。

九月二十一日夜、向井永太郎が「猫箱」と呼んだ向井宅の四畳半で、向井、啄木、北門新報社の小国露堂は口角泡を飛ばして、社会主義を論じた。

函館時代の啄木は向井を評して「学識多く同人の心に頼む所」と絶賛したが、この夜の議論で「其思想弾力なし」と言った。その日の啄木日記をのぞいてみよう。

「夜小国君来り。向井君の室にて大に論ず。小国の社会主義に関してなり。社会主義は（中略）必然の要求によって起れるものなりとは此の夜の議論の相一致せる所なりき、小国君は我党の士なり、此夜はいとも楽しかりき」

向井は啄木の五歳年長、小国が唱え、啄木が同調した考えに、向井は賛成しなかった。この日の啄木日記は向井批判で終わっている。

「向井君は要するに生活の苦労のために其精気を失へる人なり、其思想弾力なし」

この夜、小国が唱えた主義は北一輝の「純性社会主義」を指し、やがて国家主義に傾斜した。小国は岩手県に帰って宮古新聞主筆となり、青年弁論大会を主催し、後の総理大臣鈴木善幸が入賞した。次の一首は小国露堂をモデルにした。啄木『一握の砂』より。

平手《ひらて》もて
吹雪にぬれし顔を拭く
友共産《きょさん》を主義とせりけり

向井の同僚教師に梶原平馬の息子

向井永太郎は、旧斗南藩領の下北半島大畑村（現むつ市）で生まれた。

父は、会津藩若年寄木本愼吾の息子国英十四歳。母は、南部藩検断の娘向井キチ二十一歳。

二人の間に永太郎が産まれたものの、父の愼吾は若過ぎる国英とキチの仲を認めなかった。国英は生涯独身を貫き北海道増毛《ましけ》に渡り、同地で二十八歳の短い生涯を終えた。永太郎は会津藩の血統であることに、屈折した感情を抱いたに違いなく、会津への永太郎の思いを書いた記録は見当たらないのは、そんな事情からなのか。

永太郎の孫夫妻向井豊昭と恵子は『詩集北海道』（昭和五十七年）を書いた。その年譜から拾うと、永太郎は生後間もなく母向井キチの両親向井伝蔵とシナに引き取られている。

根室、網走で暮らし、叔父向井泰蔵の養子となり、鹿児島造士館中学に入学し、鹿児島メソジスト教会で洗礼を受け、東京の一高へ進学するが中退した。北海道に戻り、根室花咲尋常高等小学校の教師になり、この小学校の同僚に会津藩家老梶原平馬と貞子の間に生まれた水野文雄がいた。二人が同じ会津の血であることについて言葉を交わしたかどうか、それは分からない。

次に函館で暮らした永太郎は、北海道鉄道会社に勤め、英学塾を開いた。函館の同人誌『紅苜蓿《べにまごやし》』を通じて同人の啄木と交遊を結ぶのである。

永太郎の妻イチは、啄木の思い出を回想している。札幌下宿田中家には、永太郎、イチ、娘アヤの三人

函館青柳町から札幌の向井永太郎宛て啄木書簡の封筒（向井豊昭氏蔵）

が肩を寄りそい住んでいた。

「外出から帰って来た石川さんが、わたしたちの部屋に入って来てね、『お土屋を買ってきましたよ』って言うんだよ。『石川さん、玉蜀黍《とうもろこし》でしょう』わたしがそう言うと、『奥さん、よく分かりましたね』って驚くのさ。『だってぷんぷん匂いがしますもの』って言ったら、石川さん笑ってね、羊《よう》羹色《かんいろ》の紋つき羽織のたもとから、玉蜀黍を出すんだよ。小樽にいた奥さんが札幌へ来た時もね、お金がなくて食事をとらせられないって言うものだから、わたし、奥さんに御馳走してあげてやってね」（向井豊昭「無名の凧　啄木と向井永太郎」より。歌誌『原始林』所収）

札幌下宿跡にはラーメン店主葛西茂雄氏作の啄木胸像、大通公園三丁目には玉蜀黍の啄木歌碑が建っている。

　しんとして幅広き街の
　秋の夜の
　玉蜀黍の焼くるにほいよ

明治四十年九月二十七日、啄木は向井永太郎と冷酒の別盃を交わし、田中家から人力車を飛ばし、札幌停車場から小樽へ旅立った。

大正五年（一九一六）、永太郎は函館の啄木墓を訪ね、一詩を詠じた。

　題「石川啄木の墓」
我は摘みけりたんぽゝを。
我は供へぬ其花を、
我が逝ける友石川啄木と
そが恋妻の墓の前に。
　向井夷希微『胡馬《こま》の嘶《いなな》き　北海道風物誌』より

[参考文献]
向井豊昭・向井恵子『詩集北海道』

山口喜一《やまぐちきいち》

―あの石川が天下に名を成すとは

北海タイムス編集長
ある日、雨情《うじょう》から「友人の石川という男をタイムスに採用してくれまいか」と頼まれた記憶もあるが、これが後の啄木である。この石川が数年ならずして天下に名を成すとは、思いもよらなかった。
―山口喜一『老新聞人の思い出』より

◇生没年＝明治十四年（一八八一）十一月二十二日～昭和四十四年（一九六九）五月二十二日。

◇経　歴＝北海タイムス編集長。本名は山口喜一、号は政民。福島県大沼郡旭村（現会津美里町）生まれ。東京政治学校卒業。片山潜の社会問題研究会へ参加。会津日日新聞主筆はじめ生っ粋のジャーナリスト。

◇北海道の足跡＝旭川の北海旭新聞に入り、明治四十年（一九〇七）九月、北海タイムス編集長となり、記者採用の件で啄木本人に面談した。昭和三十四年、北海道文化賞受賞。

啄木と牛鍋をつつきながら

札幌時代の石川啄木は、北門新報社校正係を退いて、札幌の北海タイムス社に入るか、それとも新しく創刊される小樽日報に移るか迷っていた（啄木書簡）。名を取るなら一流紙の北海タイムス、給料を優先するなら新興の小樽日報の方がはるかに条件が良かった。

当時、花の北海タイムス編集長の山口喜一は、二十六歳の若手である。福島県会津地方の生まれで、片山潜、幸徳秋水が組織した社会問題研究会に加わったこともある。

新聞界に入り、信濃実業新聞、会津日日新聞、東京毎日新聞、北海道に渡り北海旭新聞を経て明治四十年九月、北海タイムス社理事の東武《あずまたけし》に懇望されて、同社編集長に就任した。

若年ながら根っからの新聞人だ。札幌に来て野口雨情と懇意になり、山口喜一は雨情の仲立ちで啄木のタイムス採用で、啄木本人と札幌の西洋料理屋で対面した。山口は次のように回想している。

北海タイムス編集長 山口喜一

「会見の場所は米風亭ということにして、約束の日時に出かけると、すでに野口は石川と思われる青年と二人で二階の座敷で私の来るのを待っていた」（山口喜一の自叙伝『老新聞人の思い出』）

米風亭というのは、そのころ札幌で評判の店で、ここで山口、啄木、雨情の三人は牛鍋を突っつきながら二時間ほど雑談した。啄木は沈黙を通したと、山口の自叙伝は言っている。

「私は石川に少ししゃべらせようとして、何か話かけても彼はただハイとか、イイエとか、ほとんど一言か二言しかしゃべらないのである。性来の無口か、それとも意識なのか判らないが、私の受けた印象は、内気な文学青年らしく、活動的な社会部記者には向かないのではあるまいか、というようなことであったと思う」

山口の記憶によると、この会見は札幌の路上が雪で覆われていたころと言うから、啄木が札幌を引き払い小樽にいたころ来札したのであろう。北海タイムスの件について啄木は書簡に綴っている。

「目下北海道の第一なる札幌の北海タイムス社及び、中西高橋両代議士が新たに札都に起す一新聞と、両方より交渉有之候」（渋民村伊五沢丑松宛て「啄木書簡」）

会津日日新聞そして北海タイムス

啄木の北海タイムス入社の件は、どうなったのだろう。山口喜一は言っている。

「無論はっきり返辞したわけではないし、雨情からもその後催促らしい言葉もなかったので、ついそのままになってしまったが、まあ態《てい》よくお断りしたというのが、本音であろう」（『老新聞人の思い出』）

ウヤムヤのうちに北海タイムス入社は、実現しなかった。それにしても山口は啄木を「内気な文学青年」などと、およそ本来の啄木の気質とはまるで異なる観察をした。この夜、啄木はどうしたものだろう。

「この石川が数年ならずして天下に名を成すとは、思いもよらなかった。全く人間の命運は予断を許さないもので、彼が若しタイムスに入社していたとしたら、おそらくは、平凡な一地方記者で終ったかも知れない」

この山口の自叙伝は、啄木との出会いから半世紀余り経た昭和三十二年の発行だった。

明治四十五年（一九一二）四月十三日、石川啄木は東京で二十六歳の生涯を閉じ、その直後から啄木人気が沸騰した。

会津の人山口喜一は、福島県大沼郡旭村で生まれ、北海道で名の通った新聞人として活躍した。啄木が入社した小樽日報事務長として会津人小林寅吉を紹介したのは、この山口である。

昭和二十二年、山口は公職追放令に触れて新北海道新聞社社長を辞任した。同二十八年、北海道知事田中敏文《としぶみ》の推薦で北海道人事委員会委員、同三十三年に人事委員会委員長に就任した。昭和三十四年北海道文化賞を受賞。

会津若松に柔道場柳風館を開設したことがある。著書に『老新聞人の思い出』、歌集『追憶』がある。

小林寅吉《こばやしとらきち》

―小樽で記者啄木に鉄拳パンチ会津蛮寅《ばんとら》

啄木の眼から涙

（小樽日報）事務長の小林寅吉がやって来て、石川は毎日のやうに札幌へ行くやうだが、社を怠けるとは怪しからん。（中略）啄木が異様な姿で帰って来た、今小林に社で殴られて来た、血走った眼からボロ〳〵涙を零《こぼ》してある。

―小樽日報沢田信太郎「啄木散華」より

◇生没年＝明治十二年（一八七八）四月二日〜昭和三十七年（一九六二）七月五日。

◇経　歴＝小樽日報社事務長、会津選出衆議院議員、会津法界寺住職。福島県大沼郡赤沢村雀林（現会津美里町）出身。父は小林清三郎。寅吉は東京専門学校卒業（現早稲田大学）、警視庁巡査。

◇北海道の足跡＝小樽駅助役。明治四十年（一九〇七）小樽日報社事務長就任、同社三面主任に記者石川啄木。北海道庁警部。

◇中　野　姓＝北海道時代に余市郡の会津出身士族中野家へ養子入りし二児あり、離縁して小林姓に復籍。東京時代に別の中野家へ養子入りし、同家継承。

啄木は小樽日報で三面主任

小樽は商都として繁栄した町だから、会津戦争後、旧会津藩士たちが早くからこの町で暮らした。明治二十七年版（一八九四）の「旧会津藩士履歴書」には二十六人もの旧会津藩士が確認されており、その中から三人の人物を掲げておこう。カッコ内居住地の高島郡は今の小樽市である。

会津藩家老北原采女《うねめ》二男　北原光近
（高島郡手宮町）

会津藩主松平容保側近　辰野宗城
（高島郡稲穂町）

箱館戦争参戦老翁、歌人　大竹作右衛門
（高島郡稲穂町）

現会津美里町出身の小林寅吉と石川啄木は、明治四十年、秋の日にそれぞれ札幌駅から汽車に乗り込み、石狩の海を車窓から眺め、新しくできた小樽日報社で初めて会った。

九月二十七日、啄木は小樽に着いた。小樽駅長だった義兄宅で、札幌の友人たちに手紙を書いた。

九月二十八日、小樽日報社へ出社。社屋は小樽駅近くの稲穂二丁目、今は本間内科医院が建っている。

十月一日、初の編集会議が開かれ、啄木は野口雨《う》情《じょう》と共に三面主任（社会面）になった。

十月二日、花園町で啄木、妻節子、長女京子、母かつの四人で小樽の新生活が始まった。次は、小樽の活況を詠んだ啄木の歌である。

かなしきは小樽の町よ
歌ふことなき人人《ひとびと》の
声のあらさよ
『一握の砂』より

十月十五日、小樽日報創刊。第一号で啄木は「初めて見たる小樽」の記事を書き、小樽の風土を評論している。

新聞記者啄木は評判が高かった。同僚記者沢田信太郎「啄木散華」は、次のようなことを書いている。

啄木という記者は、仕事に取りかかると実に真剣で、煙草を吸わず、口も利かずに、セッセと原稿用紙に毛筆を走らせた、快心の記事を書くときは、愉快そうにニコニコして書き、自分の原稿を工場に下げに行った。

小樽日報社跡

工場では啄木の原稿は大歓迎で、非常に人気があった。それは第一に字が綺麗なこと、次に文章の巧みなこと、それに消字が少なく読みやすいこと、小樽日報の文選長はすっかり啄木崇拝者になっていた。

ところが問題が起きた。啄木は編集が終わると、ひんぱんに札幌に出かけ、ときには札幌から帰らない日もあった。札幌に有力な札幌新聞ができるので、そのための札幌がよいであったらしい。

小樽日報社を取りしきる事務長は、会津人小林寅吉が就任した。東京専門学校（現早稲田大学）を貧しい中で、苦労して卒業した人物である。会津同郷の北海タイムス編集長山口喜一の世話で事務長になっていた。

寅吉は、啄木の好き勝手な行動を許さなかった。

啄木二十一歳、寅吉二十九歳

十二月十二日、啄木は札幌で山崎周信という人物と初めて会い、中西六三郎代議士が札幌で創刊しようとしている新聞（明治四十一年「札幌新聞」として創刊）について熟議した。

夕刻、汽車で小樽に帰り、小樽日報社に立ち寄ったところ、事務長小林寅吉は啄木に向かって札幌行きを咎《とが》め、口論のあげく小林は啄木に鉄拳を食らわした。そのときのことを記者の沢田信太郎が詳しく回想している。

最初、小林は沢田に怒りをぶちまけていたというのだ。

「石川は毎日のやうに札幌へ行くやうだが、社を怠けるとは怪しからん奴だ、事務に届を出さして下さいと偉い権幕で怒鳴って来たが、私も虫が納まらず、事務長の越権的な干渉を排撃して一先《ひとま》づ問題は片づいた」（沢田信太郎「啄木散華」）

沢田は不快な気持ちで帰宅すると、啄木は怒り狂って沢田のところへやって来て語った。

「今小林に社で殴られて来た、僕を突き飛ばして置いて足蹴にした。僕は断然退社する、アンナ畜生同然の奴とどうして同社できるものか、血走った眼からボロ〳〵涙を零《こぼ》してる」（沢田信太郎「啄木散華」）

かなりの暴力だった。羽織の紐《ひぼ》が結んだまままちぎれ、袖口から痩せた腕を出して手の甲に擦過傷があり、額に二つばかりの大瘤をこしらえていたとも、沢田信太郎は回想している。

啄木は退社を決めた。

明治四十一年（一九〇八）一月十九日、単身、小樽停車場から釧路へ向かった。

子を負ひて
雪の吹き入る停車場に
われ見送りし妻の眉《まゆ》かな　『一握の砂』より

妻節子は長女京子をおんぶして、小樽を離れる啄木をさびしく見送った。後に啄木は、小林に対してこんな歌も詠んだ。

殴らむといふに
殴れとつめよせし
昔の我のいとほしきかな　『一握の砂』より

その後、啄木は釧路新聞記者として働き、一ヵ年に満たない北海道の放浪を閉めくくり、四月二十五日に東京へ向かった。啄木は日記帳に綴っている。

「函館、札幌、小樽、釧路を流れ歩いて暮らした一ヶ年間の事が、マザマザと目に浮ぶ」

一方、小樽日報は四月十八日に廃刊となり、小林寅吉はその年明治四十一年六月に北海道庁警部に戻り、翌年九月に退職した。その後、台湾総督府警部、朝鮮総督府警部を務めている。

大正九年（一九二〇）五月、第十回衆議院議員選挙では、郷里の福島県会津を地盤として当選し、戦後も第一回衆議院選挙で当選するなど、計六回当選を果たしている。国会では舌法鋭く時の政府を攻め立て、「会津蛮寅」の異名で恐れられた。

晩年、仏門に帰依し、会津の法界寺住職として在職のまま、昭和三十七年七月五日、八十八歳の生涯を終えている。僧侶名は忍海と称した。

昭和六十年、石川啄木生誕一〇〇年を記念して、会津啄木会によって啄木第一歌集『一握の砂』から次の二首の碑を建立した。歌のモデルは申し上げるまでもなく、「会津蛮寅」である。

あらそひて
いたく憎みて別れたる
友をなつかしく思ふ日も来ぬ

敵として憎みし友と
やや長く手をば握りき
わかれていふに

啄木二十一歳、寅吉二十九歳、青春の日の啄木三十一文字である。

［参考文献］

沢田信太郎「啄木散華」（岩城之徳編『回想の石川啄木』所収）、三留昭男「啄木文学の周辺」（福島大学国語学国文学会編『言文』三十三号所収）

星野《ほしの》純逸《じゅんいつ》

―有島小説『星座』が描く札幌農学校の俊才

―字違いの星野清逸で登場

星野清逸《せいいつ》兄。俺はやっぱり東京は面白い所だと思うよ。室蘭か、函館まで来る間に、俺は綺麗さっぱり北海道と今までの生活とに別れたいと思って、北海道の土のこびりついている下駄を、海の中に葬ってくれた。

―有島武郎自伝小説『星座』より

◇**生没年**＝明治九年（一八七六）六月二十日～明治三十一年（一八九八）二月十五日。

◇**経歴**＝父は元白虎足軽隊星野平三郎義信、母は津軽綱元の娘加藤とよ、五男一女の長男として函館で生まれる。根室・三笠・歌志内を両親に従い転住。「青年よ大志を抱け」の札幌農学校予科入学。東京の療養先で死去。

◇**有島武郎と交遊**＝明治二十九年（一八九六）、武郎と純逸は札幌農学校予科で同級生。

◇父星野義信の記念碑＝歌志内市に教育の灯をともした事蹟を称えて「歌志内教育発祥之地」碑が建立されている。また義信、純逸の白虎隊父子の墓は歌志内市の市営墓地にある。

会津父子と薩摩父子

白樺派有島武郎の自伝小説『星座』は、明治期の札幌が舞台である。

作者は二度にわたって札幌で過ごし、最初は明治二十九年から同三十四年までの札幌農学校生徒時代、次は明治四十一年から大正三年まで東北帝国大学農科大学（札幌農学校後身）の教授時代である。『星座』は大正十二年に完稿が上梓され、次の書き出しで始まっている。

「その日も、明けがたまでは雨になるらしく見えた空が、爽やかな秋の朝の光となっていた。

咳の出ない時は仰向けに寝ているのがよかった。そうしたままで清逸は首だけを腰高窓の方に少しふり向けてみた」

作中で「清逸」あるいは「星野清逸」の名で登場している人物が、札幌農学校の英才だった星野純逸

明治30年星野純逸の札幌農学校生送別記念。中央和服が純逸、右下坊主頭が有島武郎（北海道大学付属図書館蔵）

がモデルであることは疑いようがない。『星座』は星野清逸を主人公として、有島らしき「園」、社会主義者西川光次郎を思わせる「西山」らの青春小説だ。農学生の大望、学問、性欲、貧困、社会主義への混沌とした苦悩の姿を描いた。

有島武郎は作中で、「星野清逸」という固有名詞を百五十回近くも用いた。聡明で貧しい農学校生の清逸は、新井白石の自叙伝「折焚《おりた》く柴《しば》の記《き》」の研究に打ち込む横顔を描きながら、有島は清逸の精神の原型に迫ろうとしている。

小説から離れよう。実際の有島武郎と星野純逸の交遊は、明治二十九年九月に始まった。有島が学習院中等科から札幌農学校予科に編入学して来たときである。二人は同じクラスで学び、有島は純逸を称えている。

「君ハ吾級ノ首席ニアル人」

有能な星野純逸であったが、明治三十年に有島ら級友と別れを惜しみ記念写真を撮り明治三十一年二月十五日、療養先の東京麹町で客死してしまった。

東京では、札幌農学校時代に同級だった西川光次郎（そのころ東京専門学校に学ぶ）が、純逸の遺体を荼毘《だび》に伏した。

有島は日記帳に、

「忘ル、ナ、夭死セル英雄ヲ」

と書き込み、星野に永遠の友情を誓っている。

追悼会は札幌の中央寺で営まれた。

純逸の死後、有島は純逸の日記を目にし驚嘆した。

「故星野純逸氏の日記を取出して是れを見る。彼の勤勉と忍耐とハ実に彼の品性を高めし大動機なりしを見る。彼の衆徒に抜て夙に経済、哲学、歴史、文学の研究を為せしを見て殆んど驚嘆せずんばあらず。彼は偉大なる事業を成して死ねり。余は痛く刺戟《しげき》を与へられたり」（明治三十四年「有島日記」）

薩摩藩士を父に持つ有島武郎、白虎隊士を父に持つ星野純逸、北の地で結ばれた稀有《けう》の友情は、二十三歳で夭逝した純逸の死で幕を閉じた。

それから二十五年後、有島武郎は大正十二年（一九二三）に婦人公論の美人記者と情死し死出の旅に走った。

父は歌志内炭住街で寺子屋式教育

純逸の父星野平三郎義信は、少年白虎隊士として会津戦争を戦った。

戦後、斗南藩田名部村《となみたなぶ》（現むつ市）に移封となり、斗南藩学校掛を仰せ付かったことを機にして教育ひと筋の人生を歩んだ。津軽地方に転じ、自らの手で小泊《こどまり》の簡易小学校を創立している。

その後北海道へ渡った。明治九年七月十六日、函館に居を移していた義信にとって、一世一代の晴れがましい朝を迎えた。この日、一歳年長の明治天皇の御前で、義信が天覧授業するよう指命された。官立函館会所学校で算術の授業を見事に終えたという。

天覧授業の大任を果たして間もなく、開拓使に新たな職を得、根室支庁に勤務し、続いて札幌農学校ではウイリアム・ホイラーに気象観測の実務を学び、根室測候所の初代所長に栄進した。このころ、空知集治監技師として道内最古の水道敷設工事を行っている。

星野義信の生涯で特筆すべきことは、歌志内の炭住街で初めて寺子屋式の教育の灯をともした功績である。

明治二十三年（一八九〇）、義信は歌志内の炭住街で雑貨商を営みながら、子女教育を実践したのである。朝早くにカンテラを下げ、子に文字さえ教える暇のない砿夫の住む炭砿の住宅街から漢詩の素読が聴こえたという。

時には若者に英語の手ほどきを惜しまず、また本州からやって来た鉱山労働者の郷里宛て手紙を、来る日も来る日も代筆した。

それから一〇〇年後の平成二年（一九九〇）、歌志内の人びとは義信の情熱と恩儀を忘れず、歌志内歴史資料収集保存会（会長相川悳昭氏）が中心となり、星野義信を称えて、

「歌志内教育発祥之地」

と刻んだ記念碑を建てた。秋晴れの除幕式当日、歌志内の再生に情熱を傾ける若き市長堀内日出男氏（当時）が自転車で駆け付けた。

明治四十二年（一九〇九）、元白虎隊星野平三郎義信は五十八歳で歌志内で逝った。先立たれた長男純逸と共に、この白虎隊父子は歌志内市の市営墓地に眠っている。

［参考文献］
星野達男『会津白虎隊士の涙　北海道開拓に生きた星野平三郎義信』自家版

第十章　大正・昭和・平成

田中愛子
上原六郎
神山茂
斎藤清
益田喜頓
早乙女貢

田中愛子《たなかあいこ》

―祖父は中老田中玄純、長男は田中清玄

田中愛子の自決

知らせでかけつけた弟子はあまりにも無惨な姿に思わず、「先生！　苦しいですか」と声をかけると、カッと目を開き、「何んの苦しいものか、死ぬ気で呑んだ薬だ、苦しくはない」といって再び目を閉じました。

―佐野浜子「産婆《さんば》田中アイさんを偲ぶ」より

◇生　没　年＝明治十四年（一八八一）六月二日～昭和五年（一九三〇）三月五日。

◇経　　　歴＝助産婦、区立札幌病院看護婦長。アイ、愛子。会津藩中老田中玄純（第二章「田中玄純」参照）の孫。父は開拓使七重官《ななえ》園の外山友之輔、母は田中玄純四女八重。その三女として七飯《ななえ》村で出生。しかし会津藩士田中清造、タヨイの養女に。愛子は、長男清玄の件で函館の自宅は執拗に特高警察の監視と聴取を受け、自決。墓は七飯町田中家菩提寺の曹洞宗宝琳《ほうりん》寺墓地にある。また田中清玄家墓は、静岡県三島市龍沢寺に清玄が建てた。

◇長男田中清玄＝母田中愛子、父札幌の郵政職員伊藤幸助。旧制の函館中学、弘前高校を経て、東京帝国大学文学部美学科入学。戦前の日本共産党中央ビューロー・トップ（事実上の党委員長）。検挙され、手錠足錠をかけられ厳しい拷問を受ける。母の自決を知り獄中で転向宣言。昭和十六年、十ヵ年の刑期を終え出所。六〇年安保全学連委員長の唐牛健太郎（函館出身）を支援。左翼、右翼、黒幕と呼ばれた昭和史のフィクサーは、会津武士田中家の血統を誇り、余人の及ばない激しい生涯を貫く。平成五年十二月十日没。八十七歳。

郷里七飯で田中清玄出産

昭和史の証言者田中清玄の生家は、函館本線ＪＲ七飯駅前すぐそばの亀田郡七飯町にあった。

後年、清玄はたびたび七飯町を訪ね、自ら命を絶った母親田中愛子の墓参りをした。その折、清玄に同

行したのが田中輝彦氏（七飯町郷土史研究会元副会長、大正十二年生まれ）だ。同姓ながら血縁ではなく、同じ会津藩という縁で二人は心おきなく話し合う仲だった。

清玄はよく輝彦宅に立ち寄り、話を弾ませた。「清玄先生、あなたも戦前戦後と大変でしたなぁ」と水を向けると、清玄は無言でうなずいた。輝彦氏は二種の名刺を使い分け、一つは「旧会津藩士田中輝彦」、もう一つは「田中清玄北海道秘書田中輝彦」である。

清玄は晩年、自身の背広、記録など遺品類の多くを輝彦氏に託し、昭和六十一年中曽根康弘首相が靖国神社を公式参拝して大問題になったとき、これを清玄は諌め、次回の参拝を止めた。そのときの総理宛て書状もある。

田中清玄の母愛子（『道南女性史研究』創刊号）

「総理大臣中曽根康弘閣下玉机下　田中清玄拝」の控えも輝彦氏に渡し、筆者も拝見した。清玄は本殿に会津藩戦死者は合祀しない靖国神社を「長州神社」と呼んでいた。

以下、田中愛子については、田中輝彦氏のご教示、函館の女性史研究家佐野浜子氏の論考に負うところが大きい。

愛子の故郷は、戊辰戦争最後の戦い箱館戦争勃発の地の七重村である。明治三年（一八七〇）、この

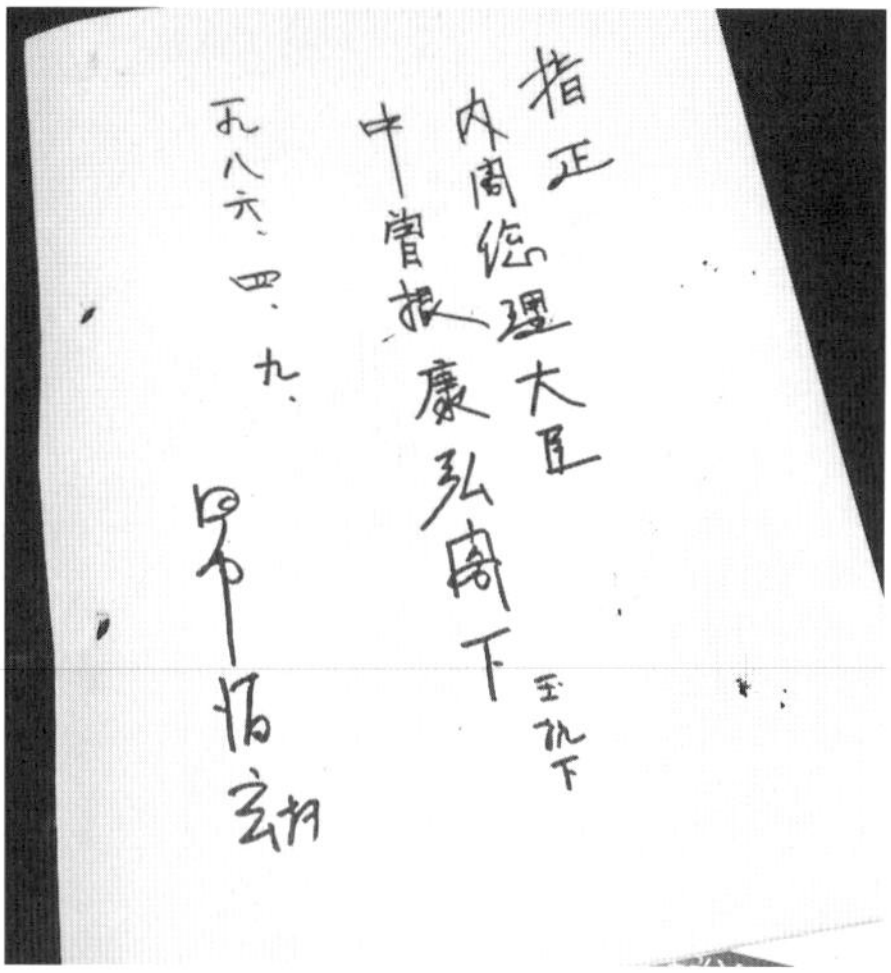

中曽根康弘総理へ靖国神社公式参拝を警告した田中清玄書状の自筆控え（1986年４月９日付、秘書田中輝彦氏蔵）

左から田中清玄と清玄北海道秘書田中輝彦の両氏（平成元年８月８日、七飯町田中輝彦宅）

村に近代農業実験の地として「開拓使七重官園」が置かれ、やがて七重村は近くの飯田《いいだ》村と併合して七飯村となり、今日の七飯町に至った。

明治十四年、愛子は七重官園に勤務していた父の新潟県人外山友之輔、母の会津人八重（会津中老田中玄純四女）の三女に生まれた。しかし翌十五年に旧会津藩士田中清造、タヨイの養女となり、偶然にも祖父の代と同じ田中姓を称することになった。

開拓使の廃止に伴い、体格のいい愛子は養父母を助け炭焼きを手伝った。炭に仕上がると、七飯から十七キロ先の函館に出かけ炭を売った。十四、五歳のころという。

十七歳になると、養父母を振り切って区立札幌病院の住み込み看護婦となり、三年経って立派な看護婦長になった。愛子は胸を患って入院した若者と結婚の約束をするが、愛子は養女、若者は母一人子一人、二人は結婚を諦め涙ながら別れたが、既に子を身ごもっていた。

明治三十九年（一九〇六）三月一日（五日ともいう）、愛子は七飯村に帰郷し男児を出産し、「清玄」と命名し、「きよはる」と読むが「せいげん」に通称されることが多かった。名は会津中老田中玄純、本家筋の会津大老田中玄宰家老、幕末田中玄清を彷彿させた。

愛子は養母タヨイに清玄を預け、函館に出て病院に勤め、ドイツ帰りの医師の勧めで産婆業（助産婦）

の講習会を受け、念願の免状を取得し、ようやく大正二年（一九一三）に函館新川町で開業することができた。

一人っ子の清玄には早くから英語塾で学ばせ、旧制函館中学、旧制弘前高校へと進学させた。更に東京帝国大学文学部美学科へ入学すると、すぐ清玄は日本共産党に入党した。

「神さま息子を助けて下さい」

昭和五年二月五日、母の田中愛子四十九歳は自決して涯て、このころ二十四歳の息子清玄は獄中で手錠足錠をかけられ、特高警察の強烈な拷問を受けていた。

それから四十七年の歳月が流れた昭和五十二年（一九七七）三月二十二日、函館湯の川一乃松旅館の一室で田中愛子の供養の席が設けられた。死後初めてのことである。

菊の花に囲まれた遺影の前に、存命だった愛子弟子の元助産婦、七十一歳の田中清玄と妻、会津藩士子孫では七飯町の田中輝彦夫妻が参列した。

同年七月、佐野浜子（函館市本町）が「産婆田中アイさんを偲ぶ」（『道南女性史研究』創刊号）の論考を発表し、田中清玄の母の一生、自決したときの真実に迫った。愛子の最期を伝える唯一無二の歴史記録を執筆した動機について、佐野は次のように書いている。

「アイ（愛子）さんは、私が幼い頃、母がよく話していた職業婦人の一人で、貧しい人々のために尽くし、辛抱で質素な上、我が子のために、自ら命を絶ってしまったその人なのです。このアイさんを正しく記録しておきたいと思い生き残っている弟子や、アイさんを知っている方から資料をいただくうちに、没して四十七年を経た今も、アイさんを慕い涙を流す人の多いのに改めて驚きました」

函館の女性史研究家佐野浜子氏が清玄の母田中愛子自死の真実を改めて追跡した『道南女性史研究』創刊号（昭和52年７月25日）

この論考をまとめた昭和五十二年の時点でも、特高の目が光っている幻覚に襲われながら書いたという。論考は次の通り続いている。

「特高とは思想専門取締りの警察で、とても口や筆で言い表すことのできない程、恐ろしい警察でした。清玄さんが共産党員になり、函館の警察から刑事がアイさんの家の前に張り込むようになりました。アイさんだけでなく出入りする人々を呼び止めて、調べたといいます。産家の人々も恐れてそれっきりアイさんの所へはこなくなったということです。そのうちにアイさんまで呼び出され、その取り調べはとても厳しいものでした」

特高警察の捜査は、七飯町の田中菩提寺まで及んだ。宝琳寺の家人が佐野に昔を語っている。

「宝琳寺のお婆ちゃんが言いました。お寺のどこかに清玄さんを隠しているのではないかと、何度も調べられ、心が疲れ倒れそうでした。私共でさえあんなに調べられたのですから、アイさんは特高にどれだけいじめられたか知れません」

愛子は厳しい取り調べで、肉体も精神もボロボロになり、自害しようとする。執筆者の佐野浜子は、何度も死のうとしたと記録している。

［一回目］点眼用の硝酸銀を飲んだ。警察の新田医師が胃洗滌《せんじょう》（洗浄）をして救命してくれた。

［二回目］再び自殺未遂。高砂町佐々木医師の手で救命。深い眠りから醒めたアイは声を震わせ、「誰が私を助けたのか」と怒った。

このころ愛子は仏教からキリスト教へ改宗し、昼夜、祈り続けた。

「神さま、我が息子を助けて下さい」

田中輝彦氏によれば、清玄収監中、郷里宝琳寺の先代住職が駒沢大学仏教学部生時代に差し入れしたという。

清玄母の武士のような最期

田中愛子はその日、湯の川美園旅館のお産を済ませ、弟子を残して帰宅すると、午前五時ころになっていた。

起きて待っていた弟子に「書きものがあるから先に寝るように」と言って、机に向かった。それは後で遺書だと分かった。愛子の自害について、佐野の論考は克明に報告している。

「机の上に昇汞錠《しょうこうじょう》がころがっているのが目に入りました。一箱を七〇〇ccの水に溶かして（アイ先

田中愛子墓（七飯町桜町の曹洞宗宝琳寺）

生は）呑んだのです。その毒性は強く、咽を焼き、胃を溶かし、生身の肉体が溶けていくのです。目はひきつり、口許からは、ダラダラと毒が流れ出ます。（中略）アイさんは牧師を呼び、遺書を手渡したが、署名捺印がないので、遺書にならないと教えられました。アイさんの紫色に変った手に生田産婆が筆を握らせ、『田中アイ』と三枚の遺書に、印を押させました」

緊急事態の知らせを受けて弟子たちが駆け付け、声を掛けた。

「アイさんは『ウーン、ウーン』とうなるだけになりました。吉沢産婆は『先生、もう直《じ》き楽になりますよ』と言ったのが聞えたのでしょう。『うん有難う』と返事をしてから、大きく息を吸いこみ『コトン』と息を止めました。その顔は不思議な笑みがただよって、美しい死に顔でした」

昭和五年三月五日午前十一時、田中愛子は会津武士を思わせる見事な最期だった。愛子が自ら命を絶って七日目、七飯の旧会津藩士田中徳治（田中輝彦氏祖父）が身許引受人となって、宝琳寺の養父の墓に埋葬された。

函館のメソジスト教会（現日本キリスト教団函館教会）で葬式が営まれたが、宝琳寺住職は「珠琳院愛雲室妙健雲大姉」（『道南女性史研究』）の戒名を付けて、手厚く葬った。

［参考資料］

佐野浜子「産婆田中アイさんを偲ぶ」（『道南女性史研究　明治生まれの女たち』創刊号　昭和五十二年）、田中輝彦提供「田中金次郎玄忠系譜」「田中輝彦手記」。『黒幕研究③向坂逸郎・武見太郎・田中清玄』新国民社

上原六郎《うえはらろくろう》

―悲運だった官選最後の札幌市長

GHQ占領下の札幌

上原市長は、実に聡明で端正なお方でした。昭和二十一年、あのとき上原市長から辞表を託され、内務省へ持って行ったのは秘書課長の私です。上野行き列車は大混雑でした。

―第七代札幌市長板垣武四の回想より

◇生没年＝明治二十七年（一八九四）十一月三十日～昭和三十九年（一九六四）二月三日。

◇経歴＝第四代札幌市長。在任は昭和二十年八月十四日～昭和二十一年十一月十二日。戦後復興に尽力、国家機関が選任した官選最後の札幌市長。父は旧豊平町平岸りんご園主上原喜六、母は札幌山鼻《やまはな》屯田兵村の会津人冨久。妻トシは山鼻屯田兵村の会津人。日本大学卒業。六郎は平岸生まれ、東京没。

◇箱館戦争軍資金十八万両＝六郎の祖母・福井富貴、実弟である会津藩士雑賀《さいか》孫六郎は、榎本武揚《たけあき》と共に大坂城から十八万両を箱館へ運んだ。後に孫六郎は開拓大主典。

◇八甲田山雪中行軍＝六郎の従兄福井重記が行軍し、生還した。

◇板垣武四＝第七代札幌市長。上原六郎退任時の札幌市秘書課長。

風のように消えた市長

今や戦後転換期の札幌市長上原六郎の名を知る人は、極めて少ない。

六郎は昭和二十年（一八四五）八月十四日、東京で札幌市長の辞令をもらい、急ぎ上野駅から青森行の汽車に乗り込んだ。次の日、日本敗戦の昭和天皇の聖断が告げられるとは、誰も知らなかった。

翌八月十五日、津軽海峡の洋上青函連絡船の船中で玉音放送を聞き、夕方に郷里の札幌駅を下車し、札幌市役所庁舎に向かった。当時、五十一歳だった。六郎は原田与作（第六代札幌市長）を伴い、札幌に乗り込んだ。

昭和二十年十月、札幌に占領軍が進駐し、豊平館、円山陸上競技場などがアメリカ軍に接収される中、戦後復興を成し遂げなければならない。市民は食糧に困窮し、市庁舎前に「米を寄こせ」と押しかけた。六郎は札幌市長として自ら、市庁前に立ち、群衆に両手を広げ、大声で絶叫した。

「皆さァーん、札幌市役所にも米はありませぇーん」

大事なのは小理屈よりも、真剣な一言だった。筆者の父親も群衆の一人として、六郎の絶叫を聞いていた。「堂々としていて立派だった」と終戦直後の札幌市長を語っていた。

六郎は第四代札幌市長に当たる。言い換えると国の機関が選任する「官選市長」である。軍制下の昭和二十年八月十四日付の辞令だから、ＧＨＱは市長継続を許さなかった。

第４代札幌市長 上原六郎

昭和二十一年、札幌市秘書課長に着任している板垣武四氏（後の第七代札幌市長）に、そのときのことを尋ねた。

「あのとき内務省（後の自治省）へ上原市長から辞表を託されて、上京したのは私だったと記憶しています。列車は超満員、大変な東京行きでした。上原市長は聡明で端正なお方でした。戦後の札幌市政の人材は上原市長がレールを敷いたのです」

そのころ板垣氏は三十歳だった。

六郎の在任は昭和二十年八月十四日から同二十一年十一月十二日まで、わずか一年四ヵ月で風のように市長の座から消えた。

その後、北海道知事に社会党系の田中敏文《としぶみ》が当選した。田中は上原六郎の行政手腕を見込んで副知事を六郎に内定したと新聞は報じたが実現しなかった。事情は分からない。

平成六年、上原六郎の長男信一郎・恒子夫妻（新宿在住）と札幌パークホテルで会ったことがある。札幌で上原一族のルーツを調べておられた。信一郎氏は大正十一年生まれ。気品漂う紳士だった。六郎が札幌市長就任の数年前、信一郎氏は東京大学を繰り上げ卒業し、学徒出陣で戦地に赴いた。

札幌市長会議室の上原肖像

上原六郎は会津藩の系譜である。みな会津戦争の戦火をくぐり、斗南《となみ》藩に渡り、北海道入りした人びとである。概略は次の通り。

［父上原喜六と母冨久］　父喜六は信州の人、開拓使工業局雇、豊平村役場収入役、平岸村りんご園主。母冨久は会津藩神官福井伊織、冨貴の娘。冨久の親冨貴は会津藩士雑賀孫六郎の長姉。雑賀は箱館入港のペリー黒船画を武士として初めて描き、また箱館戦争では軍資金十八万両を大坂城から移送した立て役者だ。

［六郎の妻トシ］　父は会津藩士角秀寿、母は山鼻屯田兵村福井トミ、その娘トシが六郎と結婚。

上原六郎は六女一男、姉妹に挟まれて育った。妹の文が明治期の六郎を回想している。

「六郎兄さんは男だから、どんなに勉強したかったか想像に難くない。北海道庁にお勤めしながら夜学の中学に通っておられた。毎日夜八時すぎるとおちよ姉さんと二人でチョウチンを下げて豊平の町の近くまで迎えに行くのが常だった。そして家に帰るとお母さん（冨久）がホカホカに暖めて待っていらっしゃったものである」（妹『思い出の記』）

六郎少年は顔立ちから明晰な頭脳に至るまで、「福井家中興」と家人が呼んだ祖母冨貴によく似ており、「おばあちゃん子」であったとは上原家の後々までの語り草であったという。

そして六郎は札幌創成高等小学校を中退し、北海道庁給仕を務め、苦学して日本大学を経て内務省出向、帝都復興院事務官、昭和十二年東京市収入役、市民局長、総務局長を歴任、昭和十八年四月に東京商工経済理事に就任した。

かくして昭和二十年八月十四日、札幌市長に栄転するが、しかし敗戦は市長の座を奪った。悲運だった。札幌市長会議室には、第二代札幌区長加藤寛六郎、第四代札幌市長上原六郎、第八代札幌市長桂信雄という三人の会津人士の肖像が掲げられ、なぜか六郎の顔が哀しげに見える。

昭和三十九年二月三日、東京で没す。

［参考文献］

上原信一郎『ぼくのおじいさんおばあさん』一九九二年

神山《こうやま》 茂《しげる》

―函館史研究家たたえ「神山茂賞」創設

神山繁樹藤原義武の銘

神山家は代々、会津藩に仕え、御徒士目付《おかちめつけ》を務めた。(旧上磯村の)清川寺《せいせんじ》の改築記念に石造の観音像、油絵の肖像画、よろい、びょうぶなどが寄進され、一点ごとに「旧会津藩士族神山繁樹藤原義武」(茂の祖父)の銘がある。

―落合治彦「ふるさと紀行」函館新聞より

◇生没年＝明治二十六年(一八九三)一月十五日〜昭和四十年(一九六五)十一月七日。

◇経歴＝教育者、郷土史家。函館区東川町生まれ。祖父神山繁樹は会津戦争後に斗南《となみ》藩田名部《たなぶ》村に移封、北海道上磯村清川口《きよかわぐち》に移住した。父は豊吉。孫の茂は函館中学校、札幌師範学校卒業。函館弥生小学校教師を早くに勇退し、歴史研究に打ち込んだ。函館市文化賞を受賞。函館市人見町の自宅で没、墓は北斗市野崎の清川寺にある。妻は元教師スキ。

◇主な著作＝『函館教育年表』『函館開港うつりかわり』『函館教育史』『函館市史資料集』など。雑誌『函館百点』『海峡』『タウン誌「街」』へ寄稿多数。

◇神山茂賞＝函館文化会が制定。平成元年、第一回受賞者は井上能孝「箱館英学に関する事績」。

祖父は斗南藩から上磯村清川へ

神山茂の墓は、昭和の大歌手三橋美智也が生まれた旧上磯町(北斗市)にある。

その場所は、函館駅から道南いさりび鉄道で五稜郭駅―七重浜駅―東久根別駅―清川口駅で下車すると、ほど近くにある曹洞宗清川寺である。

神山家の来歴に詳しい上磯地方史研究会会長の落合治彦氏に案内され、ひとまず住職と挨拶を交わし、墓域に向かった。正面にひときわ大きい神山繁樹墓と刻んである墓がある。落合氏が説明してくれた。

「この方が神山茂先生の祖父に当たります。墓には、会津藩と神山家の由緒がたくさん刻まれておりますよ」

会津藩士神山繁樹（与三郎改め）は、会津戦争後、移封地の斗南藩田名部村（「旧斗南士族名籍便覧」）を経て北海道に渡った。嘉永二年（一八四九）五月二日、父周平と母キサの間に生まれたというから、会津戦争のころは二十歳の若者だった。この繁樹が神山家の北海道初代に当たる。

二十四歳のとき、藩政時代からの友人佐川正と共に函館にやって来た。仕事は見つからず、路銀は底をつき、開拓使函館支庁に勤務していた浅井清一（旧会津藩士）から援助を受けた。そんな中、弁天町の竹柴屋で思い切って牛肉を食らい、うまさと高い値段に仰天した。しかし繁樹は「これからは牛肉だ」と思った。

神山　茂

早速、旧斗南藩領の青森県南部地方から七頭の牛を買い入れ、函館会所町で牛肉店を開業したところ、これが大当たりした。これが弾みになり、次は明治十四年（一八八一）に大黒町に大きなホテル、西洋料理店を開くと業績を伸ばした。これをあっさり従業員に譲って函館近郊の上磯村清川に農耕地数百町歩を取得し、ここに転住して自ら農業作物の改良、更に林業を興して成功する。

その後、上磯村の村惣代、上磯村村会議員を務め村の名士に収まっている。かたわら、沖川小学校や清川寺の改築で資金を惜しみなく援助し、村の中心的な人物として活躍した。

昭和九年（一九三四）十二月六日、行年八十七歳で没した。孫の神山茂は繁樹存命中の明治二十六年、

神山家之墓。裏側には「旧会津藩士族」と刻まれている（北斗市の曹洞宗清川寺）

裕富な環境の中で隣の函館東川町で生まれている。

特高警察も憲兵も図書館に手は出さない

函館は幕末に開港場として発達した町だから、青森県の旧斗南藩領から多くの旧会津藩士や子弟たちが集中した。そのような時代、神山茂はエキゾシズムの充満した自由な空気に包まれながら成長した。

明治四十四年（一九一一）、北海道庁立函館中学校卒業。

明治四十五年（一九一二）、札幌師範学校卒業。

明治四十五年、函館区新川小学校教諭に着任。

大正九年（一九二〇）、函館区弥生小学校教諭に着任。

しかし茂は昭和十五年（一九四〇）、四十二歳の若さで弥生小学校を勇退し、歴史研究に没頭する。蔵書家であった。そのことを、当時、市立函館図書館司書の岡田弘子氏（後に館長、現函館市中央図書館）がありし日を次のように回想している。

「それは五十年も前のことで、私は図書館講習所を出たばかりの新米図書館員でした。たまたま、調査に終始立合ったことから図らずも神山先生の旧蔵書の一部にふれることが出来たのです。部厚い『資本論』、高畠素之の訳です。それに関連してカウツキーの『マルクス資本論解説』、河上肇の『マルクス資本論略解』……。禁止図書の印がありました。この印が私には何か勲章のように見えたものであった」（神山茂郎編『函館郷土史家神山茂の追憶』所収）

弘子氏は函館に図書館を興した岡田健蔵の娘に当たる。岡田健蔵は神山茂の名と共に忘れられない大御所であり、後に阿部たつお、須藤隆仙らへと函館の歴史研究は継承されて行く。

神山茂はあらゆる文献を慈しんだ。戦前、二男神山茂郎が旧制函館中学二年のときの思い出として、こんな風に父親が図書館へ本を寄贈する背景を語っている。

「万一、特高や憲兵隊の人が人見町の家に来てこれらの本を見たとき『神山茂は共産主義者だ』と決め付けられる。本を図書館へ寄付しておけば永久に安全なのだ」（前同『神山茂の追憶』を要約）

神山の労作に「箱館戦争幕軍戦死者氏名考」（函館市中央図書館蔵）がある。その中で神山は「実行《じつぎょう》寺《じ》に会津遊撃隊長諏訪常吉の墓あり」と記述したが、昭和五十年代に函館の老研究家三原直太郎が探墓したが諏訪墓はなかなか見つからない。三原は妻を伴い弁当を持参し、四〇〇基の無縁墓からやっと諏訪の墓を発見した。

これに感激した実行寺の先代住職望月一正師は寺費で墓を寺正面へ移し、今では会津からの参拝者が増えている。神山研究が死後に、形を変えて発展した。道南を代表する会津藩士墓であろう。

平成元年、神山茂賞が創設された。

個人名を冠した北海道では珍しい賞である。神山の功績を称え、函館市及びその近郊の郷土史などの文化活動を対象にした賞である。表彰式は神山を偲んで命日の十一月七日に開催されている。

神山茂は会津藩に特定した本を刊行しなかったが、元図書館に勤務した近江幸雄氏によると、生前に一度だけ、

「僕は会津藩の血だ」

と誇らしく語る声を聴いたという。

【参考文献】

神山茂郎編『函館郷土史家神山茂の追憶』平成五年、落合治彦「ふるさと紀行」函館新聞　平成十年十二月二十七日付

斎藤《さいとう》清《きよし》

―雪の美を極めた木版画の巨匠

会津の冬

雪におおわれ余計なものが取り去られ単純化された中に美しさを感じるのです。郷《さと》に帰り人の心に触れる喜びも重なり、「会津の冬」は描き続けたいと思います。

―斎藤清「独白」より

◇生没年＝明治四十年（一九〇七）四月二十七日～平成九年（一九九七）十一月十四日。

◇経歴＝木版画家、文化功労者受章。福島県河沼郡会津坂下《ばんげ》町生まれ。父は斎藤清作、母はルイ。昭和十五年（一九四〇）、「会津の冬」第一号を制作。心温まる木版画シリーズ「会津の冬」は感動を呼び続けている。会津若松市の病院で逝去。

◇斎藤清美術館＝福島県河沼郡柳津町立。

◇北海道の足跡＝会津から夕張へ少年時代に移住、小樽、札幌で生活。小樽時代に棟方志功と邂逅した。

夕張で小樽で札幌で

斎藤清は会津坂下町に生まれ、幼少期に炭鉱の町夕張へ移住し、上京して羽ばたいた木版画界の巨匠である。

平成七年、栄えある文化功労者章に輝いた。

父の斎藤清作は、明治四十四年（一九一一）に北海道最大の産炭地夕張へ渡った。清作を追って翌年、母ルイと五歳の清が夕張へやって来た。父は初め、夕張本町二丁目の借家でそば屋を営んだ。

清は夕張第一尋常小学校へ入学した。成績はよく、絵や文字を書くことに興味や喜びを示し、また生《き》まじめな性格がかわれ級長を任された。父はその後、そば屋を閉じ、坑夫になった。

清は少年時代の思い出を、元夕張市美術館長の上木和正氏に語っている。

「炭鉱会社の事務労働者の子どもたちから、『坑夫の息子のくせに』とからかわれ喧嘩になったこともあった。学校から帰ると川へドジョウをとりに行った。私は好きでなかったが、母が好きでよく食べていた。母が喜ぶ姿を見たくて網をもって川岸に走った」（「100年前夕張の斎藤清さんは」）

自作「会津の冬」の前で作品論を話す斎藤清（平成５年、第２のふるさと夕張の斎藤清展で）

十一歳ころ、『赤い鳥』など文芸誌を読み、絵や詩文に魅せられた。清少年に転機が訪れるのは六年生のとき、母ルイを失い、葬儀が終わると泣きじゃくって、自宅へ戻ったという。寺小僧に出されたが寂しくて、すぐ逃げてきた。

辛い少年時代だった。慰めは読書しかなく、『赤い鳥』の石版刷りのカラーの表紙絵、童話や童謡に添えてあるカット絵、手書き文字に見入るのが好きだった。

ついに進学を諦め大正十年（一九二一）、小樽の薬局に奉公し、後に小樽で看板店「すずらん堂」を自営したこともあった。昭和四年（一九二九）、成田玉泉《ぎょくせん》に師事し、成田の紹介で棟方志功と初めて出会ったのも小樽である。小樽駅に到着した棟方を出迎えたのも成田と斎藤であり、棟方と斎藤という後の巨匠はこのときから、友情以上のものを感じていたかも知れない。

次に清は、札幌の富田活動看板店に移って働いた。大正十三年（一九二四）に棟方志功は津軽から「わたば、ゴッホになる」の志を抱いて上京し、続いて六年後の昭和五年に斎藤清も北海道から上京して絵画の勉強に励む。

空襲から版木「会津の冬」を守る

上京して清は羽ばたいた。

昭和十五年、初めて「会津の冬」（坂下）を制作。

昭和十七年（一九四二）、銀座の鳩居堂《きゅうきょどう》画廊で初の版画個展を開催。

昭和十九年（一九四四）、朝日新聞社入社、文字、カット、表紙などを描く。

昭和二十年（一九四五）、「会津の冬」の版木のみを家族に持たせ、会津に疎開させる。

昭和二十六年（一九五一）、第一回サンパウロ・ビエンナーレ展で「凝視」（花）がサンパウロ日本人賞に輝く。

昭和二十七年（一九五二）、ニューヨークなど世界各地で斎藤清版画展を開催。

昭和三十一年（一九五六）、棟方志功・斎藤清の二人展（中央公論画廊）に出品。

昭和四十一年（一九六六）、斎藤清「会津の冬」版画展（村上画廊）を開催。

昭和四十五年（一九七〇）、鎌倉市に転居。

昭和五十一年（一九七六）、福島県知事から県外在住者知事賞を受賞。柳津町名誉町民。昭和六十二年、柳津町に居を移す。

昭和五十九年（一九八四）、札幌市民ギャラリー（主催札幌市教育文化会館）、平成五年夕張市美術館（主催夕張市）、平成二十八年市立小樽美術館で斎藤清版画展が開催された。

夕張展では斎藤清一家が夕張を訪ね、清が自ら作品の前に立ち、ユーモアにあふれる解説をした。少年の日の思い出に満ちた夕張の旅は、最良の日だったに違いない。

斎藤清の野仏のような風貌、会津人らしい土性骨のある人物と作品は、会津人ならずとも人気は今も続いている。

［参考図録］

札幌市教育文化会館主催『斎藤清展』神奈川県立近代美術館編

益田喜頓《ますだきいとん》

—渥美ちゃんは今に天下を取るよ

母と祖母の前で

私にとって今日まで何かことあるごとに、思い出される重荷を背負わされるような気がするできごとでした。母と祖母の前に正座させられ、一時間余こんこんと我が家の家系について聞かされました。先祖は会津藩の武家だったのです。

——『キートンの人生楽屋ばなし』より

◇生没年＝明治四十二年（一九〇九）九月十一日〜平成五年（一九九三）十二月一日。

◇経歴＝俳優、コメディアン。本名は木村一《はじめ》。芸名は、チャップリン盟友の喜劇王バスター・キートンをもじり益田喜頓。会津藩士子孫。祖父は木村鹿蔵。父辰彦、母ヒデの長男。母の実家七飯《ななえ》町で出生して函館育ち。小説家志望の野球少年。旧制函館商業学校、北海中学校を経てノンプロ函館太洋倶楽部へ。鈍足《どんそく》のため野球を断念し演劇界入り。ボードビリアン・ミュージカル・映画・テレビドラマ・舞台・CMで活躍。早くから会津藩士系譜の渥美清の芸を絶賛した。エッセイ多数。妻ツヤ子。

◇函館帰郷＝平成二年、半世紀を過ごした浅草を離れふるさとへ。初の函館市栄誉賞。函館実行寺《じつぎょうじ》本堂左手に木村家墓がある。

小説家志望から役者の道

益田喜頓がエッセイ集『益田喜頓作曲　下町交狂曲』（昭和五十五年）を出版したとき、親しい森繁久弥は「力弱い人間へのあったかい思いやり、生きるもののきびしさに満ちた道しるべ」と推薦文を送り、森光子は「惜しみなく、やさしい愛を下町に。あの柔和なマブタに、いいお話がぎっしり」と称賛した。この本にはエノケン、北海中野球部のチームメイト坊屋三郎、アチャコ、伴淳三郎らとのエピソードが詰まっていて面白い。

若いころ、トルストイを愛読し、小説家を志望しただけに、巧みな筆致で綴られ必読の一冊である。

夢多い少年時代の喜頓は、アメリカの喜劇映画に魅せられ、本名木村一を三大喜劇王「バスター・キートン」をもじり、益田喜頓を芸名にした話は、よく知られるところだ。

益田喜頓

啄木の歌で有名な函館青柳《あおやぎ》町《ちょう》で育った。出生地は母親ヒデの実家がある七飯町だったが、生後間もなく青柳町に移ったと、喜頓の再従兄《またいとこ》になる田中輝彦氏から聞いた。この町には旧会津藩士が多く住んだ。

小学校時代から野球にこり、函館商業から北海中野球部、ノンプロの函館オーシャン（函館太洋倶楽部）の名三塁手として知られた。しかし生来の鈍足で野球の道を断念せざるを得なかった。

二十歳の秋、函館から上京し、演劇のメッカ浅草へ進出することになった。青函連絡船の甲板《かんぱん》から、遠ざかってゆく函館山へ向かってつぶやいた。

「必ず立派な役者になって帰って来ます。どうか

益田喜頓墓（函館実行寺）

お守り下さい」（『キートンの人生楽屋ばなし』）

そう誓い祈りを込めて、函館を旅立った。

川田晴久らと「あきれたぼういず」を結成し、昭和十四年（一九三九）に「ロッパの大久保彦左衛門」に出演してからは、約百本の映画に出演し、俳優として喜劇役者として、舞台やテレビで大活躍した。

平成二年五月、長年住みなれた浅草を離れ、郷里の函館に居を移した。毎朝、函館山を望み、キリスト教会の鐘の音を聞き、赤く染まる函館の夕焼けを楽しみながら暮らしたという。平成二年九月、木戸浦函館市長は喜頓に初の函館市栄誉賞を贈り、最大級の敬意を表している。

ふるさとに帰って、北海道の新聞、テレビはひんぱんに喜頓の動静を報じたが、平成五年十二月一日、北海道人を代表する役者益田喜頓は他界した。行年八十五歳。

函館実行寺の本堂左手に墓があり、奇しくも斜め対面に会津遊撃長諏訪常吉の墓もある。

十九歳下の会津藩系譜渥美清を絶賛

「寅さん」こと渥美清は少年時代、元小学校教員の母親に厳しくしつけられた。

「人を笑わせても、人に笑われてはなりません」

浅草時代は結核と闘いながら、下積み生活を送った。そして『男はつらいよ』シリーズ一作に絞り、寅さんを晩年まで演じ続けた。ところが渥美はプライベートを、ほとんど明かさなかった。本名は田所《たどころ》康雄、東京都台東区上野の生まれ。

父の友次郎は元地方新聞記者、ペンネーム宮下愛山。母の多津は会津藩士田所三男也《みおや》重成の子孫、元代用教員（『知られざる渥美清』大下英治）。

母親はじっと父の専横に耐え、黙々と家事と手内職をこなし、康雄は体が弱く小学生時代は長期欠席が多かった。

そんな渥美清だったが、昭和三十五年（一九六〇）二月、日本テレビのバラエティドラマ「きょうも朗らか」に出演することになった。

主演の益田喜頓と一緒に初リハーサルに臨んだ渥美は、浅草仕込みのアドリブを連発しスタジオを爆笑の渦に巻き込んだ。

その日、益田喜頓は、帰りの車の中で、渥美清を惜しみなく絶賛した。後に渥美専属の初代マネジャーになる森口健氏が回想している。

「帰りの車の中で、喜頓さんが『渥美ちゃんは、今に天下を取るよ』としきりに感心していました」（『拝啓渥美清様』読売新聞社会部編）

渥美清の芸に感心した喜頓は、十九歳年長である。喜頓の予言通り、渥美は『男はつらいよ』連続三十作主役を演じギネスブック入り（昭和五十八年）、国民栄誉賞を受けた（平成八年）。

平成八年八月四日没。遺言は「骨にしてから世間に知らせて欲しい」。墓は東京都新宿区の源慶寺にあり、渥美墓の近くに思案橋事件で刑死した旧会津藩士墓がある。

［参考文献］
益田喜頓『益田喜頓作曲　下町交狂曲』毎日新聞社、益田喜頓『キートンの人生楽屋ばなし』北海道新聞社

早乙女《さおとめ》貢《みつぐ》

—歴史を知らぬ者に明日はない

運命の明治元年九月二十二日

容保は城中に重臣将校らを召して、開城の意を懇《こん》諭《ゆ》した。切々たる言葉に、そこここに嗚咽《おえつ》が洩れ、さざなみのように広がった。誰もが泣いていた。その嗚咽と涙が容保の目をも潤《うる》ませずにはいなかった。

この日、開城に慷慨《こうがい》悲憤して自刃した武士が三人いた。三人とも老人である。

翌二十二日巳《み》の刻《こく》（午前十時）、北追手門に白旗が掲げられたのであった。

—早乙女貢『會津士魂』落城の巻より

◇**生没年**＝大正十五年（一九二六）一月一日～平成二十年（二〇〇八）十二月二十三日。
◇**経　歴**＝作家。会津藩士の曾祖父が戊辰戦争を戦う。本名は鐘ヶ江《かねがえ》秀吉《ひでよし》、旧満州ハルビンで生まれた。ペンネーム早乙女貢、「女に貢ぐ」の遊び心であったという。山本

周五郎の門下。「僑人《きょうじん》の檻《おり》」で直木賞。歴史大河小説『會津士魂』（全十三巻、吉川英治文学賞）と『続會津士魂』（全八巻）は読者の圧倒的な共感を得た。日本ペンクラブ専務理事。妻英子。

◇早乙女貢画文集『会津の詩』＝『會津士魂』のふるさと会津を水彩画とエッセイで綴る。昭和六十一年、新人物往来社発行。

◇早乙女貢会津士魂碑＝会津若松市天寧《てんねい》寺、墓と並んで建つ。

◇北海道の足跡＝平成五年、最後の北海道入り。会津藩士雑賀《さいか》孫六郎テレビロケで、函館、室蘭、札幌を巡った。

会津戦争の真実を描く長編『會津士魂』

作家早乙女貢の長編『會津士魂』『続會津士魂』（全二十一巻）は、半生を賭けて書き続けた超大作である。

残忍な戊辰戦争を「明治維新」と美化して呼んで偽装する勝者側の一方的な「薩長史観」を排除し、歪められた歴史を、敗者の側に立った「会津史観」と呼ぶべき大河小説である。主人公は架空の会津藩士鮎川兵馬を設定し、他の登場人物は実在の実物だ。

会津藩士を曾祖父に持つ早乙女貢は、旧満州ハルビン市に生まれ、その後、大連、奉天などの地を転々として育ち、昭和二十年八月十五日の敗戦を機に、一家で日本へ引き揚げて来た。このとき二十歳の早乙女は、敗戦という歴史の変転を曾祖父と同じように体験したのである。

早乙女は、満州と日本人としてプライドの原点について、ある対談で率直に語ったことがある。

「私の場合は満州生まれ。国家的にもあいまいな

新宿で開催された早乙女貢作家生活五十年祝賀会で。日野新選組同好会は誠の旗をかざし祝いに駆け付けた

形で存在した満州でしたが、一番先に何かあれば『会津』を意識させられたものです。つまり、会津武士の子孫だということがすべて、自分の身を律することになったということですね。それだけがすべてなのですね。（中略）絶対的に日本人であるというプライドを持つことが大事で、そのプライドの根幹がどこにあるか、というと『日本人の精神』であり、日本人の精神はすなわち『会津武士の気持ちだ』ということなんです」（『ならぬものはならぬ　会津武士の精神が日本を救う』）このような気持ちをベースにして『會津士魂』を執筆した。

第一回連載は、『月刊歴史読本』（新人物往来社）の昭和四十六年一月号である。連載は六年もあれば充分と思ったらしいが、書き進むうちに登場人物も増え、加えて史料の提供や新発見も多く、構成も変わらざるを得なかった。雑誌シリーズは単行本化され、正編十二巻が平成元年度に吉川英治文学賞を受賞している。やがて文庫本にもなった。

『続會津士魂』を引き続き書くことにした。

正続二十一巻を書き終えたのは、平成六年四月のこと、早乙女は完結編のあとがきで次のように書いた。

「こんなに長くかかるとは思っていなかった。三十年という長さに疲れたのか、最後のピリオドを打って、脱稿の虚脱から快復するまで暫く間があった。満開の桜を縁側でぼんやり見ているうちに、漸く実感が湧いて来た。今年の桜は寒気が急に弛んで、ぱっと咲きはじめると、早くも満開になった。書き終わってみると、三十年の歳月も数年の感じがする」（『続會津士魂』第八巻完結編）

完結の達成感がひしひしと伝わり、あとがきを「何よりも嬉しいのは、長州や薩摩から、父祖のあやまちがよくわかったという便りが増えたことだ」と結んでいる。

その後、東京と会津若松で完結を祝うパーティーが開催され、会津若松平安閣では平成十三年九月二十四日に開かれた。人生最良の日だったに違いない。

このころＮＨＫ教育テレビの「人間講座」で、早乙女はこうも語った。

「この講座は八回に及ぶが、その核心部分を、わかり易く提示してゆきたいと思っている。真実を知ることは、ある意味では恐ろしいかもしれないがそれをおそれていては、生きてはゆけない。歴史を知らぬ者に明日はないのである」

敗者から見た戊辰戦争の講座は、このようにして始まり、会津の人びとが屈辱と汚名を雪いで立ち上がったことを講義した。

早乙女貢の北海道ロケ

平成五年夏、早乙女貢は北海道にやって来た。テレビロケ「北辺の会津士魂　雑賀孫六郎」（福島中央テレビ）で、雑賀孫六郎ゆかりの函館、室蘭、札幌を駆け巡り、札幌平岸霊園では孫六郎の姉の墓はじめ旧会津藩士の墓がたくさんあることから、ここで早乙女と筆者は対談した。

早乙女は男っぽい風貌、絽織《ろおり》の着物姿で、大通公園では歩き語りするエンディング・シーンを収録した。

夜のススキノでは、早乙女、筆者、制作スタッフ、アナウンサー、スポンサーら十人ほどで一杯やった。話題は興に入り、戊辰戦争最後の戦い箱館戦争の大鳥《おお》圭介《とりけいすけ》にまで及んだ。大鳥は会津戦争へ転戦し、更に箱館戦争へ転戦し、箱館で陸軍奉行として会津遊撃隊を差配した幕臣である。

話は大いに盛りあがった。ところが妙な盛りあがりだった。どうみても、漫才コンビの啓助・唄子の「鳳啓助《おおとりけいすけ》」と勘違いして話に割り込んだ人間が一、二人いた。それを店を出た直後、気が付いた。だが愉快な夜だった。蛇足ながら、鳳啓助は幕末の大鳥圭介を尊敬して、これを芸名にしたらしい。残念ながらこのコッケイな勘違いを早乙女と語り合う機会はめぐって来なかった。

北海道ロケについて、早乙女貢はエッセイにしている。

「久しぶりに函館の地を踏んだ。今回は福島中央テレビで会津藩士雑賀孫六郎の足跡を辿るためであった。函館では楽しみにしていた朝市でイクラ丼を食べ損ねた。ここの雰囲気と美味はノルウエーの朝市に勝る」（北海新聞文化欄）

翌日、移動のマイクロバスで、お気に入りの鶴岡の旅館の女将、「あの馬鹿者」とののしった大臣、思いがけない会津藩士子孫の国文学者……、楽しい車中移動であった。

早乙女が気がかりだった北海道会津人は、『會津士魂』第一巻の冒頭に登場する大庭《おおば》恭平だった。札幌の校長先生第一号だ。

「大庭恭平、大事な人物です。詳しく知りたい」と語っていた早乙女だが、これをお伝えするチャンス

左から早乙女貢墓と会津士魂碑（会津若松天寧寺）

を見逃してしまった。

平成二十年十二月二十三日、早乙女貢没。行年八十三歳。夫人に先立たれ、独り火葬場で妻を葬送する姿は見事だったと側近はいう。

なお本のタイトル『北の会津士魂』は、かつて早乙女から頂戴した次の書の言葉を思い出して付けさせていただいた。

「北海の地に会津武士あり、いま平成に士魂燦《さん》たり　早乙女貢」

会津若松市の天寧寺に、早乙女貢会津士魂碑と墓があり、大作を書きあげた誇りを抱きしめて深い眠りの中にある。

〔参考文献〕
早乙女貢ほか『ならぬものはならぬ　会津武士の精神が日本を救う』財界21

人物略年表

年　号	西　暦	出来事（**太字**は各章の人名見出し掲載）
文化五年	一八〇八	○第一次会津藩北方警備。軍将**内藤源助**（家老）が宗谷駐屯、**高津泰**が樺太守備、**新島八重**の祖父**山本権八**（父も同じ権八）は利尻島銃士として出兵した。
嘉永七年	一八五四	○箱館港にペリー黒船が強行入港、歴史的一景を十九歳の**一瀬紀一郎**が絵図に描く。
安政二年	一八五五	○第二次会津藩北方警備。**一瀬紀一郎**、**南摩綱紀**、**秋月悌次郎**が蝦夷地代官としてオホーツク沿岸に駐屯。
文久元年	一八六一	○会津中老（若年寄）の**田中玄純**が蝦夷地巡見中に急死。
文久三年	一八六三	○**大庭恭平**が足利将軍木像梟首事件に連座、後に札幌の校長先生第一号に着任。
慶応四年	一八六八	○正月三日、戊辰戦争開戦。**雑賀孫六郎**が大坂城御金蔵から榎本武揚と共に古金十八万両を、幕府軍艦富士山丸で江戸へ移送。 ○四月、東北の運命を決する関宿会談に、**梶原平馬**が会津藩全権として臨む。 ○五月、会津育ちの**平山金十郎**が新政府軍に明け渡した箱館五稜郭クーデターを主謀、失敗。 ○五月、奥羽越列藩同盟樹立。 ○八月二十三日、会津鶴ヶ城籠城戦に突入。家老**梶原平馬**が政務総督、**新島八重**、**中野優子**、**水島純**が籠城。
明治元年	一八六八	○九月八日、明治改元。九月二十二日、会津戦争終結。 ○十月、戊辰戦争最後の戦い箱館戦争開戦。家老**西郷頼母**、**雑賀孫六郎**、**大庭久輔**、**日下義雄**、**安部井政治**、**小野権之丞**、**赤城信一**、頼母弟の**山田陽次郎**が転戦。

明治二年	一八六九	○五月十一日朝、旧幕府軍三〇〇〇と新政府軍八〇〇〇が箱館で市中総決戦。この日朝、元新選組副長**土方歳三**闘死。 ○五月十六日、箱館編成の会津遊撃隊長**諏訪常吉**が箱館病院で戦傷死。 ○五月十八日、箱館戦争終結。 ○**宗川茂友**が旧会津藩士を率いて小樽信香浜へ上陸、後に余市へ入植しリンゴづくり。
明治三年	一八七〇	○斗南藩成立。北海道斗南藩領に**好川喜五右衛門**らが移封。 ○斗南藩士**川崎尚之助**が開拓使で厳しい取調べを受けるが、強い姿勢で臨む。
明治四年	一八七一	○廃藩置県。**松平容保**、喜徳父子、梶原景雄（平馬）ら主従十二人が函館入港。
明治八年	一八七五	○開拓使最初の屯田兵村が札幌琴似に開村。琴似の**三沢毅**、山鼻屯田二世の**伊東山華**、篠津屯田二世の**三瓶勝美**が活躍。
明治十三年	一八八〇	○函館高龍寺に会津戦争弔魂「傷心惨目」碑が建立され、除幕式で**三井勝用**が祭文を奉読。
明治二十年	一八八七	○会津戦争後初めて、**新島八重**と幼なじみ**日向ユキ**が札幌で再会。
明治二十五年	一八九二	○元会津藩家老の**丹羽五郎**、北海道に丹羽村を開く。
明治二十八年	一八九五	○**大竹作右衛門**が、小樽の海で会津向井流の泳ぎを復活。
明治三十年	一八九七	○会津若松の**穴沢祐造**らが北海道で若松農場を開く。
明治三十一年	一八九八	○白虎隊士の長男**星野純逸**が早逝、札幌農学校の校友有島武郎が自伝小説『星座』で星野を偲ぶ。
明治三十五年	一九〇二	○第二代札幌区長に**加藤寛六郎**が就任。

明治三十七年	一九〇四	○謎に包まれた会津武道家の**武田惣角**が函館入り。
明治三十八年	一九〇五	○元白虎隊士**飯沼貞吉**が札幌郵便局工務課長に着任。他に北海道の土を踏んだ元白虎隊は、判事**永岡清治**、小樽小学校長**住吉貞之進**、北海道支庁長**山浦常吉**ら約五十人を数える。
		○白虎隊士中二番隊長日向内記の長男**日向真寿見**の記念碑がある。
明治四十年	一九〇七	○石川啄木が北海道放浪。詩人と**向井永太郎**、**山口喜一**、**小林寅吉**が交遊を結ぶ。 ○**西忠義**が種馬牧場を創立、日高馬産の恩人は生き神様として祀られる。
大正四年	一九一五	○北海道医師会初代会長に**関場不二彦**が就任。
昭和五年	一九三〇	○会津藩中老**田中玄純**の孫**田中愛子**が特高警察の厳しい事情聴取により自害、長男田中清玄は母の死を知り獄中で転向宣言。
昭和二十年	一九四五	○**上原六郎**が官選最後の札幌市長に就任。
昭和六十三年	一九八八	○会津藩最後の筆頭家老**梶原平馬**墓が根室で見つかる。
平成元年	一九八九	○**神山茂**の歴史研究と、神山に続く歴史研究家を称え「神山茂賞」が創設される。
平成二年	一九九〇	○旭川の白虎隊**酒井峰治**孫宅の仏壇引き出しから、峰治自筆の「戊辰戦争実歴談」が見つかり、愛犬クマの忠犬物語が感動を呼ぶ。
		○俳優**益田喜頓**がふるさとの函館市栄誉賞を受賞。
平成六年	一九九四	○**早乙女貢**が会津戦争の真実を追求した『會津士魂』正続二十一巻の大作が完結。
平成九年	一九九七	○日本版画界の巨匠**斎藤清**が死去。

協力者一覧　ありがとうございました

〈文化機関〉

北海道立文書館／北海道立図書館／北海道博物館／北海道大学附属図書館／函館市中央図書館／市立函館博物館／函館碧血会／函館土方・啄木浪漫館／五稜郭箱館奉行所／江差開陽丸青少年センター／稚内公園北方記念館／斜里町立知床博物館／利尻町立博物館／利尻島郷土資料館／標津町ポー川自然公園／別海町加賀屋文書館／会津若松市立会津図書館／白虎隊記念館／会津甲賀茶屋／福島県立図書館／博物館会津武家屋敷／会津新選組記念館／会津弔霊義会／琴似屯田子孫会／上磯地方史研究会／大野文化財保護研究会／北斗市郷土資料館／国立国会図書館／東京国立博物館／大宅壮一文庫／銀座長州屋／斗南藩歴史研究会／京都府立総合資料館／同志社大学／同志社女子大学／青森県郷土館／弘前市中央図書館／斗南会津会／三八斗南会津会／小樽向井流水法会／会津向井流水法会／高遠町郷土館／七ヶ宿旅館関本陣

〈寺社〉

根室耕雲寺／室蘭満冏寺《まんけい》／札幌祖霊神社／札幌琴似神社／函館実行寺／函館称名寺／八戸御前神社／鶴岡天沢寺／京都西雲院／京都長徳寺／京都等持院／会津大龍寺／会津天寧寺／会津建福寺／会津常慶寺／会津実成寺／猪苗代土津神社／東京平田神社

〈研究者・会津藩士子孫など〉

石村えりこ／石田孝喜／石橋藤雄／近江幸雄／小野金造／大出俊幸／奥川俊造／奥田達弥／落合治彦／池田光枝／青木義雄／相田泰三／赤城源三郎／一瀬久雄／一ノ瀬須摩子／井深守三／榎本隆充／遠藤健一／遠藤ヒロ子／大庭紀元／上原信一郎／尾谷清／尾崎行恭／井上礼吉／大竹邦洋／枝沢隆敏／石田サチ／小沼正俊／梶原美津子／梶原景昭／川島広守／川島忠夫／栗城栄／栗原守一／桂信雄／北篤／菊田道彦／関尚彦／日下康子／

川上淳／小桜真弓／佐々木修／佐々木教子／佐藤潤／酒井峯男／塩谷七十郎／佐藤ヒサエ／早乙女貢／佐藤徹雄／佐藤豊／椙田光明／鈴木謙太郎／須藤隆仙／関秀志／園田肇彦／西郷吉太郎／高橋昭夫／竹内力雄／竹原史子／長川清悦／西野治俊／野崎正二／原田広記／本田克代／前田克己／玉川芳男／田中輝彦／田中秀信／竹田さき／綱淵謙錠／内藤信俊／永峰貴／仲田正之／浪打磐根／新井田敏夫／丹羽松子／新国辰男／野村三平／内藤晋／内藤光枝／早川喜代次／早川広行／福井陽子／星野正夫／星野達男／前田徳泰／山本博司／古田信行／水島勝寿／水島幸雄／向井豊昭／松平保定／松平保興／松平勇雄／宗像雄三／三沢勝彦／三沢英一／満山芳郎／宮崎長八／宮崎十三八／水野実／門馬正照／村岡章吾／宮沢重徳／南彩子／山野恵理子／好川忠／好川寅作／好川隆雄／好川裕晴／山浦健三／柳田担／簗瀬真知子／簗瀬辰之助／山崎栄作／山本光一／若林滋／渡辺良三／中村正勝

（順不同、敬称略）

〈主要参考文献〉

『会津人物文献目録』『会津人物文献目録Ⅱ』野口信一編纂（歴史春秋社）。他の文献は本文中に掲載した。

〈歴史春秋社〉

阿部隆一／編集、校正スタッフ

著者略歴

好川之範　よしかわ・ゆきのり

1946年、札幌生まれ。
歴史作家。会津藩士好川範之丞の玄孫、旧斗南藩領藤坂村（現十和田市）村長好川範之助の曾孫。駒沢大学卒。札幌市教育文化会館館長、札幌市環境計画部長歴任。

［著　書］
『道新選書―幕末の密使　会津藩士雑賀孫六郎と蝦夷地』北海道新聞社
『箱館戦争全史』新人物往来社
『坂本龍馬　志は北にあり』北海道新聞社
『幕末のジャンヌ・ダルク　新島八重』KADOKAWA
『八重とその時代　幕末と明治を生きた人々』歴史春秋社
『土方歳三最後の戦い　北海道１９９日』北海道新聞社
『啄木の札幌放浪』クマゲラBOOKS

［編著書］
『北海道の不思議事典』新人物往来社
『高田屋嘉兵衛のすべて』新人物往来社
『箱館戦争銘々伝・上下巻』新人物往来社
『北海道謎解き散歩』KADOKAWA

［共　著］
『幕末・会津藩士銘々伝』新人物往来社
『幕末の悲劇の会津藩主松平容保』KADOKAWA

［テレビ出演］
BS－日テレ『片岡愛之助の解明！ 歴史捜査』
BS－ＴＢＳ『田辺誠一のにっぽん！ 歴史鑑定』

戊辰150年記念出版
北の会津士魂

2018年５月28日初版第１刷発行

著　　者　好川 之範
発 行 者　阿部 隆一
発 行 所　歴史春秋出版株式会社
〒965-0842　福島県会津若松市門田町中野8-1
電　話（0242）26-6567
ＦＡＸ（0242）27-8110
http://www.knpgateway.co.jp/knp/rekishun/
e-mail　rekishun@knpgateway.co.jp

印　　刷　北日本印刷株式会社